# 불신자들에게 열린 교회가 성장한다

조지 G. 헌터 3세 지음 | 한대훈 옮김

서로사랑

CHURCH FOR THE UNCHURCHED
Copyright ⓒ 1996 by Abingdon Press
All rights reserved.
Originally Published by Abingdon Press
Korean Translation Copyright ⓒ 1998 by
Seorosarang Publishing

2판 1쇄 발행 | 2007. 8. 13

지은이 _ 조지 헌터 G. 3세
옮긴이 _ 한대훈
펴낸이 _ 이상준
펴낸곳 _ 서로사랑(알파코리아 출판 사역기관)

편집 _ 이소연, 박미선, 안현숙, 김현수
이메일 _ publication@alphakorea.org
영업 _ 김관영
컨퍼런스 _ 이정자, 정낙규
행정 _ 한대훈, 박미경, 김희정, 주민순
사역 _ 윤종화, 김윤관, 이진경, 엄지일
등록번호 _ 제 21-657-1
등록일자 _ 1994. 10. 31
주소 _ 서울시 서초구 방배동 918-3 완원빌딩
전화 _ (02)586-9211~4
팩스 _ (02)586-9215
홈페이지 _ http://www.alphakorea.org

* 이 책은 서로사랑이 저작권자와의 계약에 따라 발행한 것이므로
  본사의 허락 없이는 어떠한 형태나 수단으로도 이 책의 내용을 이용하지 못합니다.
* 잘못된 책은 바꿔 드립니다
* 가격은 뒷표지에 있습니다.

차례

**추천사** 5
**머리말** 9

**1장**
다시 등장한 사도적 교회 21

**2장**
사람들이 어떻게 변할 수 있는가? 51

**3장**
문화적으로 적합한 교회의 사례 93

**4장**
어떻게 소그룹이 사도적인 회중을 형성하는가? 145

**5장**
어떻게 평신도 사역이 기독교운동을 앞으로 나아가게 하는가? 213

**6장**
사도적 교회는 어떻게 세상 사람들에게 다가가는가? 269

**부록** 313

# 추천사

이 책은 개혁, 즉 이 땅의 교회들이 그리스도의 지상명령을 이루고 성취할 때 일어날 개혁을 위한 책이다. 또한 불신자를 전도하는 교회에는 '평신도'란 말이 없어져야 한다는 것을 이야기하고 있다.

초대 교회 때부터 하나님께서는 그분의 교회인 모든 믿는 자들이 제사장으로서의 사명을 다하고 우리 모두가 열방의 제사장이 되는 것을 꿈꿔 오셨다(출 19:6). 초대 교회의 첫 300년 동안 소위 '성직자'라고 하는 계층은 존재하지 않았다. 오히려 우리가 당시 '성직자'들이었다고 믿는 이들은 그리스도께서 사도로 세우시거나, 혹은 복음을 전하기 위해 보냄받은 사람들이었다. 양적 성장과 함께 커다란 영향력까지 행사할 만큼 폭발적으로 성장했던 초대 교회에는 두 종류의 사람들이 존재했다. 바로 리더들과 목격자들이었다. 목격자들은 온전한 교리를 배우고, 찬양과 기도를 하며, 설교를 듣고 재정적인 일들을 처리하는 사람들이었다. 하지만 "교회가 왜 이러저러한 일들을 하지 않습니까?"라는 질문을 받을 때 여기서 교회란 '성직자' 란 말로 쓰였다.

나는 개인적으로 오늘날 교회에 대해 쓰인 책들 중 가장 중요한 두 권의 책이 모두 조지 헌터의 책이라고 믿는다. 그의 첫 번째 책인 「세상 사람들에게 어떻게 다가갈 것인가」(How to Reach Secular People)는 사도적 교회가 되기 위한 역사적 과정을 설명하고 있으며, 두 번째 책인 「불신자들에게 열린 교회가 성장한다」(Church for The Unchurched)는 그 방법을 설명해 주고 있다. 이 책은 다양한 전통을 갖고 있는 다양한 지역에서 불신자들에게 성공적으로 복음을 전하고 있는 사도적 교회들을 연구하고 있다. 그리고 이 책 안에는 사도적 교회들 안에서 벌어지고 있는 일들을 중대하게 받아들이고 있는 성도들이 그대로 사용할 수 있는 방법들로 가득 차 있다. 이 책을 모든 장로들과 집사들, 교회 임원들, 목사들 그리고 성직자들에게까지 직접 구입해서 나눠 주고 싶을 뿐이다. 이 책이 교회들에게 코페르니쿠스의 혁명과 같은 결과, 즉 평신도들에게 능력이 부어지는 결과를 가져올 것이기 때문이다.

샌프란시스코 자이언츠의 3루수인 매트 윌리엄스(Matt Williams)가 얼마 전 다음과 같은 말을 한 적이 있다. "야구는 직접 하기에는 정말 멋진 게임이다. 하지만 내가 야구선수가 아니라면 솔직히 관전하는 일은 없을 것이다. 너무 지루하기 때문이다." 교인 수가 줄어드는 교회에 대해 「뉴스위크」지는 사람들이 교회가 지루하다는 것을 알게 됐기 때문이라는 결론을 내렸다. 그런데 조지 헌터는 교회의 지루한 바로 그 부분을 연구해 왔다.

조지 헌터는 우리 시대에 성장하는 교회들이 만들어 가고 있는 몇몇 강력한 개념들을 보고하고 있다. 그중 하나가 '잠재적 그리스도인'(Pre-Christian: 그리스도인이 되기 이전의 사람)이라는 개념으로, 우리가 '교회에 다니지 않는' 혹은 세상 사람, 죄인들, 회의론자, 무신론자라고 부르는 이들이다. 이러한 긍정적인 마음 상태는 전도에 있어 가장 중요한 열쇠이다. 성장하는 또 다른 교회가 강조하고 있는 것은 평신도가 사역자이고 목회자는 관리자라는 개념이다. 그러한 개념을 가진 한 교회의 목사는 다음과 같이 설명하고 있다. "교회 임원들은 관리 차원에 필요한 대부분의 의사결정을 하게 됩니다. 그렇게 되면 대부분의 교인들은 그들을 활동하지 못하게 하고 분열시키며 지치게 만드는 일들로부터 자유롭게 되고, 결국 그들은 시간과 열정을 다른 데 사용하지 않고 지역 사회에 나아가 전도하는 데 사용하게 됩니다." 이 교회의 목표는 청중인 교인들을 군대로 만드는 것이다.

내가 아는 한 교회에서는 이와 같은 내용을 분명히 알리기 위해 교회 주차장 출구와 주도로 진입로에 다음과 같은 간판을 붙여 놓았다. "당신은 지금 선교 현장으로 들어가고 있습니다." 아멘!! 예수께서 세상에게 교회로 나아오라고 하신 것이 아니라 교회에게 세상으로 가라고 하셨음을 명심하자.

단순히 좋은 책을 찾아다니는 마음으로 이 책을 읽지 말라. 직접 당신의 상황에 적용하기를 강권하는 바이다. 능력 입음은 모든 하나님의 백성들을 위한 것이다(행 1:8). 우리는 그리스도 이전의 구약 시대를 살고 있는 것이 아니라 그리스도께서 오신 신약 시대를 살고 있다. 이 시대 대부분의 교회에는 '재건'이 아니라 '새로움'이 필요하다.

    교회가 아닌 세상이 우리의 활동 무대가 되고, 그곳에서 평신도들이 사도적인 대리인이 되며 성령의 능력을 입게 될 때, 우리는 위대한 미래를 맞이하게 될 것이다.

브루스 라슨(Bruce Larson)

수정교회 담임목사

# 머리말

지난 25년간 구 삼위일체 교회(Trinity Church)의 등록 교인 수와 출석 교인 수는 꾸준히 감소해 왔다. 최근에는 재정까지 줄어들었고, 오르간도 보수가 필요할 정도로 오래된 데다, 교회 직원 월급을 감당하지 못해 해고해야만 했으며, 남아 있는 이들의 사기는 떨어질 대로 떨어진 상태였다. 그러는 사이, 삼위일체 교회 지역을 대상으로 한 조사에서 지역 사람들 중 60퍼센트가 교회에 다니지 않고 있고, 40퍼센트는 한 번도 교회에 등록한 적이 없다는 사실이 확인되었다. 밥(Bob) 목사는 교회 위원장 헬렌(Helen)과 이사회장인 잭(Jack)과의 회의 자리에서 이렇게 물었다. "이렇게 많은 불신자들이 우리 지역에 살고 있는데 교인 수가 줄어드는 이유가 무엇입니까?"

"사람들이 종교적이지 않아서일 겁니다. 전혀 그럴 사람들이 아닌 거죠. 우리 교회에 좀처럼 오지 않는데다 찾아온다고 해도 다시 오는 경우는 없으니까요. 심지어 작년에 있었던 사순절 전도 초청 행사에도 사람들은 오지 않았습니다. 뿐만 아니라 이 지역의 주요 교회들도 우리처럼 교인 수가 줄어들고 있지 않습니까?"

"그럴지도 모르죠." 헬렌도 인정했다. "하지만 아래쪽에 있는 공동체 교회는 엄청나게 성장을 하고 있는데다, 새로이 참여한 사람들 대부분이 불신자들이라고 하더군요. 그 교회는 오르간이나 성가대, 심지어 우리가 쓰는 찬송가도 가지고 있지 않습니다. 제가 들은 바로는 대부분의 사역을 평신도들이 담당하고 있는데, 모여드는 사람들이 너무 많아서 세 번으로 나눠서 예배를 드린다고 하더군요. 그 교회가 불신자들을 전도하는데 우리나 다른 교회가 못하는 이유가 무엇입니까?" 잭이 대답했다. "하지만 그 불신자들은 대부분 우리가 믿는 것이나 그 가치를 조금도 알지 못하고 있습니다. 그들 중 50명이 우리에게 온다고 해도, 우리가 그들에게 해 줄 수 있는 것이 뭐가 있겠습니까?"

구 삼위일체 교회의 리더들이 경험한 것은 다름 아닌 북미의 전통 교회들과 그 교회들이 전하는 것이 무엇인지 전혀 알지 못하는 가운데 점점 늘어 가는 '세상 사람들'과의 관계가 그대로 자신의 지역에서도 벌어지고 있는 내용이었다. 대부분의 지역 공동체들과 전통 교회들은 자신들의 지역에 사는 불신자들에게 전도는 고사하고 대화마저도 하지 못하고 있다. 대부분의 지역 교회들은 자신들의 전통적인 회중과 함께 '선한 전도 프로그램' 같은 것들을 시도해 볼 수도 없을 뿐더러, 그로부터 무언가 바랄 수 있는 상황도 아니다. 대부분의 전통 교회의 교인들이 충성스럽고 목회자들을 성실하게 대함에도 불구하고 지역 사회에 복음을 전하지 못할 뿐만 아니라 많은 교회들이 교회로 찾아온 청년들을 유지하지 못하는 실정이다.

반면, 똑같은 이 세대 안에, 우리는 한 특별한 형태의 교회가 일어나서 퍼져 나가고 있는 것을 목격하고 있다. 내가 '사도적 교회'라고 부르는 교회가 그것이다. 사도적 교회는 다양한 문화권 안에서 초대 기독교운동으로부터 존재해 왔으며 오늘날 많은 제3세계 선교 현장에서 두드러지게 그 모습을 드러내고 있다. 이 형태의 교회는 1970년대 미국에서 시작되어 1980년대를 거치며 확산되었고, 현재에는 북미 대부분의 지역에서 찾아볼 수 있게 되었다. 몇몇 교회들이 더 잘 알려지기는 했지만, 북미 전 지역을 거쳐서 현재 수백 개에 달하는 사도적 교회들이 있으며, 21세기에는 수천 개의 교회로 확산될 것으로 기대된다.

이 교회들은 북미에 존재하는 주요 교회들 중 침체해 가고 있는 두 종류의 전통 교회들과 분명한 차이를 보이고 있다. 이 두 종류의 전통 교회는 (1) 19세기의 전도 방법들을 고수하고 있는 '전통 복음주의 교회'와 (2) 1950년대에 한창 번성했던 '자유주의 교회'들이다.

표면상으로 사도적 교회와 이들 두 전통 교회들 간에는 네 가지의 분명한 차이점이 있다. 먼저, 사도적 교회는 미국의 선교 현장에서 수많은 불신자들과 비그리스도인 그리고 세상 사람들에게 다가가고 있다(사실, 이것이 그들에게 가장 중요한 일이다). 두 번째, 전통적인 언어와 음악과 같은 것들을 사용하기보다는 자신들이 전도 대상으로 삼은 사람들이 쓰는 언어와 음악을 사용하고 있다. 세 번째, 그들은 교단의 영향을 거의 받지 않고 있다(혹은 어떠한 교단에도 가입하지 않기도 한다). 네 번째, 보수 교회이건 자유주의 교회이건 개신 교회이건 간에 이 새로운 사도적 교회를 간절히 바라며 쉽게 비판을 하기도 하지만, 교회에 다니지 않는 잠재적 그리스도인들에게 빠르게 다가가는 능력을 부러워하고 있다.

이 사도적 교회에 방문하는 사람들 거의 모두가 위의 두 가지 전통 교회와는 분명히 다르다는 것을 느끼고 있다. 이 프로젝트는 다름 아닌 사도적 교회가 수많은 세상 사람들에게 다가가는 것을 가능케 하는 근본적인 차이점을 내면으로부터 끄집어내는 것으로, 전통 교회의 지도자들은 이러한 차이점들을 심각하게 받아들여야만 한다. 이는 전통 교회가 자신들의 전통적인 전도 방법에서 벗어날 수 있게 해 주기 때문이다!

분명한 것은 신약 시대 교회들이 다양했던 것만큼 오늘날의 사도적 교회들 또한 다양하다는 사실이다. 사실 거의 모든 일반화된 개념 안에서도 예외를 찾을 수 있을 만큼 다양한 모습을 보게 된다. 그럼에도 사도적 교회들 안에는 몇몇 공통점들이 존재하며, 이 공통점들은 그들의 힘과 전파 능력에 좋은 영향을 주고 있다. 지난 30년간 세상 사람들에게 다가가기 위한 노력들을 반영하고 있는 배경들을 연구하는 동안 나는 여덟 개의 사도적 교회를 만나게 됐다. 연구를 목적으로 이 여덟 개의 교회들을 구분해 내는 데는 다음과 같은 기준을 사용했다.

- 교회의 사명이 교회에 다니지 않는 잠재적 그리스도인들을 전도하는 것에 있는가.
- 교회의 성장이 다른 교회에서도 재생산이 가능한 전략적인 원리와 방향의 결과인가.
- 대상들 가운데 성장한 주된 이유가 담임목사의 카리스마인 경우는 제외시켰다. 그런 교회를 통해 전도된 이들은 대부분 재생산이 불가능하기 때문이다.
- '기복 신앙'이나 '애국 기독교'를 강조하는 몇몇 교회도 제외시켰다.
- 근본적으로 자신들만의 '사도적 행동'을 개발한 교회인가.
- 제한된 시간과 비용 때문에 가능성 있는 교회들을 더 많이 연구하지는 못했지만, 현재 동일한 원리들을 계속해서 접해 가고 있으며, 다른 교회의 몇몇 리더들과의 전화 통화를 통해 더 이상 연구를 하는 것은 필요 이상임을 알게 됐다.
- 나는 첫 번째 다섯 교회를 선정했다. 그 이유는 이 다섯 교회들이 각각 매년 한 번 이상 자신들의 사역이 어떻게 진행되고 있고, 왜 그렇게 하고 있는지 알고 싶어 하는 이들을 위해 세미나를 열고 있었기 때문이다.

1972년, 존 에드 메디슨(John Ed Mathison)은 프레이저 기념 연합감리교회(Frazer Memorial United Methodist Church)의 담임목사로 초청받고 앨라배마 주 몽고메리로 이사를 했다. 이 교회는 평균 150명이 예배에 참석하고 있었고, 등록 교인 수는 약 400명 정도였다. 몽고메리 시 고속도로가 교회의 성가대석을 지나가도록 계획되었기 때문에, 교회에서는 교회 자체를 옮기기로 결정을 했다. 현재 프레이저 교회는 43,000명이 예배에 참석하고 있으며 등록 교인이 75,000명으로 성장했다. 매년 600명이 넘는 사람들이 새로이 등록하고 있고, 다른 연합 감리교회나 타 교단으로부터 이적해 오는 이들보다 더 많은 새 신자들이 들어오고 있다. 이 교회는 평신도들이 사역에 참여하는 것으로 가장 잘 알려져 있다.

같은 해, 데일 겔러웨이(Dale Galloway)는 오리건 주 포틀랜드에 뉴 호프 커뮤니티 교회(New Hope Community Church)를 세웠다. 이혼을 한 후, 겔러웨이는 자신의 교단이었던 나사렛 교회를 떠나(웨슬리 신학 자체를 떠난 것은 아니었다) 새로운 희망을 찾아다니는 상처받은 사람들을 위해 어느 교단에도 소속되지 않은 뉴 호프 커뮤니티 교회를 세웠다. 이 교회는 회복 사역이라고 하는 개척자적인 사역과, 엄청나게 많은 소그룹으로 잘 알려져 있다. 뉴 호프 커뮤니티 교회에는 63,000명의 등록 교인과 매년 500여 명이 새로이 등록하고 있고, 그중 80퍼센트가 어느 교회에도 소속되지 않았던 사람들이다. 주일 평균 3,000명이 예배에 참석하고 있으며 약 52,000명이 주 중에 열리는 소그룹 모임에 참석하고 있다.

1975년, 빌 하이벨스(Bill Hybels)와 혁명적 선교 훈련을 마친 한 그룹의 청년들이 하나님을 믿기 원하지만 전통 교회에 적응하지 못하는 '불신자들을 위한 교회'를 세우기로 결심하고 시카고의 북서부에 위치한 윌로우크릭 극장에서 첫 모임을 갖는다. 현재, 윌로우크릭 커뮤니티 교회(Willow Creek Community Church)는 46,000석

규모의 자체 건물을 가지게 되었으며, 오늘날 미국에서 가장 두드러진 사도적 교회의 시험 모델이 되었다. 윌로우크릭 커뮤니티 교회는 주 중에 열리는 다양한 '구도자 예배'(Seeker Services)로 잘 알려져 있다. 이 예배는 오케스트라, 현대음악, 드라마 등과 같은 예술 공연과 매주 15,000명 이상을 매료시키고 있는 '설교'로 이뤄져 있다.

1978년, 월트 칼라스터드(Walt Kallestad)는 세워진 지 4년이 된 기쁨의 공동체 교회(Community Church of Joy)에 담임목사로 부임한다. 이 교회는 애리조나 주 피닉스의 글렌데일 지역에 위치해 있었고, 등록 교인이 약 200명 정도였다. 이 1세대 루터 교회는 '침체기'에 빠져 있었고, 얼마 안 되어 전통적인 교회가 되어 버렸다. 고통스러운 변화 과정을 거친 후, 칼라스터드는 교회 지도자들이 '큰 꿈'을 꾸도록 설득하여 불신자들에게 다가가는 헌신된 주류 교단 교회가 되었다. 칼라스터드와 협력 목사인 팀 라이트(Tim Wright)는 매주 다섯 차례 예배를 드렸는데, 이 예배들은 두 번의 전통 예배와 한 번의 '컨트리 스타일' 그리고 두 번의 '현대식 예배'로 이루어져 있었다. 평균 2,600명이 예배에 참석하고 있으며 아이들을 포함해 6,000명이 등록돼 있다.

1980년, 릭 워렌(Rick Warren) 목사는 캘리포니아 주 오리건에 새들백 공동체 교회(Saddleback Valley Community Church)를 세웠다. 남침례회 소속의 이 새로운 형태의 '목적이 이끄는 교회'는 교회를 다니지 않는 잠재적 그리스도인을 대상으로 삼았다. 수년 동안 고

등학교 체육관, 나이트클럽 등과 같은 장소를 빌려 예배를 드렸고, 지금은 자체 대지에 최첨단 시설을 갖춘 2,300석짜리 천막에서 예배를 드리고 있다. 현재 등록 교인이 4,600명인 새들백 교회는 '지상 대명령과 대위임에 헌신할 때 위대한 교회로 성장한다'라는 믿음으로 매 주말 네 번 열리는 '현대식' 예배에 9,000명 이상이 몰려들고 있다. 짧은 역사에도 불구하고 스물네 개의 지 교회를 세웠다.

지금까지의 다섯 교회는 각각 다른 다섯 교단의 전통과 분명히 다른 다섯 대상 그룹 그리고 선교 현장들을 대표하고 있다. 수개월 동안 관찰과 인터뷰, 테이프와 매뉴얼, 문서 그리고 이들 교회들로부터 수집한 여러 자료들을 연구했고, 그로부터 '사도적 교회'의 현대적 실례로 그 모양을 갖춰 갔다.

이 책에서 제시하고 있는 열 개의 주요 주제들은 이 다섯 교회들의 현재 모습이며 또한 갈망하는 바이기도 하다. 위 다섯 교회 외에 각각 다른 배경 가운데 자신들의 사명을 완수하려고 하는 세 교회를 짧은 기간 동안 연구하고 그 방향을 확인한 후, 그러한 실례를 구체화시키기 위해 다음의 자료들을 추가시켰다.

1969년, 톰 울프(Tom Wolf) 목사는 브래디 교회(The Church on Brady)의 담임목사로 부임했고, 1973년 캐롤 데이비스(Carol Davis)가 사역 감독으로 합류했다. LA에 위치한 남침례회 소속의 브래디 교회는 멕시코, 라틴, 필리핀, 중국, 베트남, 한국과 심지어는 레바논이나 이란 출신의 중동인들과 같은 빈곤한 소수민족들을 대상으로 삼았다. 매년 약 100명에게 침례를 베풀고 있으며, 평균 1년에 한 교회를 개척하고 있다. 또한 등록 교인 수가 불과 700명뿐임에도 현재 남침례회 소속 교회들 중 가장 많은 스물한 명이 지구 반대쪽에서 교단 소속 선교사로 활동 중이다. 수년 동안 이 교회는 신분상승으로 인해 다른 지역으로 이주해 가는 이들과 지교회로의 파송 때문에 매년 10퍼센트의 교인들을 잃어 왔다.

1986년, 디터 잰더(Dieter Zander)가 세운 새 찬양 교회(New Song Church)는 미국의 '베이비 버스터' 세대(Baby Busters, 1965년에서 1976년 사이에 태어난 세대-역주)를 대상으로 한 첫 번째 교회였다. 1994년, 잰더 목사는 윌로우크릭 커뮤니티 교회의 교육 목사로 떠나가면서, 이 혁신적인 보수 침례교회를 팀으로 이뤄진 리더들에게 넘겨주었다. 이들은 폴 카액(Paul Kaak), 프랭크 셀바곱(Frank Selvaggop), 지니 레더러(Jeannie Letherer) 그리고 듀크 드레거(Duke Dreeger)였다. 이렇게 리더십이 이전되는 과정에서도 '록음악을 좋아하는 양 떼들'이었기에 교회 예배자들은 큰 어려움을 겪지 않았다. 매주, 캘리포니아 웨스트 코비나의 한 중학교 체육관에서 세 차례 드려지는 새 찬양 예배에는 약 11,000명이 참석하고 있다. 새 찬양 교회의 리더들은 자신들의 전도 대상들을 내가 이 책에서 긍정적인 용어로 사용하고 있는 '잠재적 그리스도인'들이라고 말하고 있다.

1979년, 마이크 슬라우터(Mike Slaughter)가 103년 된 깅햄스버그 연합 감리교회(Ginghamsburg United Methodist Church)의 담임목사로 부임할 당시 이 교회는 재적이 137명이었다. 25가구만이 살고 있던 오하이오의 이 작은 마을은 북쪽에 위치한 대도시 데이튼에서 보면 전혀 발전 가능성이 있어 보이는 그런 큰 그림을 제공하는 교회가 아니었다. 현재 이 교회는 900여 명의 노동직, 사무직 종사자들이 제자 훈련과 리더십을 심각하게 받아들이는 교회가 되었다. 최근 보고에 의하면 네 차례 드리는 예배에 1,450명이 참석하고 있으며, 새 건물로 이전한 후 1,800명이 모이고 있다고 한다. 또한 매주 소그룹 모임에 1,600명이 참여하고 있다. 이 교회에 새로이 등록하는 이들 중에는 연합 감리교단 소속의 다른 교회나 타 교단에서 이적하는 이들보다 새로 그리스도를 영접한 이들이 더 많다.

이상의 여덟 교회들은 완벽한 교회가 아니며, 그렇게 될 수도 없다. 오히려 잃어버린 영혼들에게 다가가는 교회로 변모하기 위해, 그러한 과정에서 자신들만의 모습을 만들어 간 교회들이다. 그럼에도 전통 교회들은 이 개척자적인 교회들로부터 배워야 할 것들이 많다. 북미의 전통 교회들이 우리 시대의 가장 가능성 있는 기독교운동에 합류할 만큼 충분히 배울 준비가 되어 있느냐가 관건이다.

이 책은 「세상 사람들에게 어떻게 다가갈 것인가」의 몇몇 주제들과 비전을 이어 가고 있다. 「세상 사람들에게 어떻게 다가갈 것인가」로부터 받은 피드백을 통해 몇몇 교회 지도자들은 그들이 처음으로 접한 지상명령의 열기를 충분히 경험하지 못했음을 알게 됐다. 4월의 어느 날, 한 목사가 내게 전화를 걸어 왔다. "세상 사람들에게 다가가는 것에 대한 정말 훌륭한 책입니다. 내년에 꼭 그대로 하려고 합니다." 나는 이렇게 물었다. "멋진 일입니다. 올해는 무엇을 하실 작정이신지요?" "교회 응접실을 고치고 있습니다"라고 목사는 대답했다. 나는 그 다음 해의 계획에 대해 물었고, 목사는 새로운 목사관에 대한 희망을 이야기했다!

북미를 비롯한 전 세계의 늘어만 가고 있는 세상 사람들에게 다가가는 이유가 일시적인 유행이나 새로운 프로그램 혹은 한 해 동안 시험해 볼 흥밋거리가 아닌 것을 이야기하는 바이다. 이는 다름 아닌 선교 현장에 있는 모든 그리스도인들의 정체성과 사명 못지 않은 문제이다. 이 책은 정체성을 찾아 가고, 사명을 확인하며, 효과적으로 세상 사람들에게 다가가고 있는 여덟 교회들로부터 나온 것이다.

자신들의 교회가 가진 위험에도 불구하고 이 책이 가능하도록 협력해 준 교회의 리더들과 지체들에게 감사를 전하는 바이다. 자유로이 현장 연구와 저술 활동을 할 수 있도록 안식년을 허락해 준 애즈베리 신학교와 애즈베리 세계 선교 대학원의 동료 론 크렌달(Ron Crandall), 유니스 어윈(Eunice Irwin), 밥 터틀(Bob Tuttle), 데럴 화이트먼(Darrell Whiteman), 매트 제나이저(Matt Zahniser), 팻 리치몬드(Pat Richmond), 특히 이번 학기 대학원장으로 섬긴 에버릿 헌터(Everett

Hunt)에게 감사드린다. 또한 현장 연구가 가능하도록 재정 지원을 아끼지 않은 캐롤 차일드리스(Carol Childress), 프레드 스미스(Fred Smith) 그리고 텍사스 리더십 네트워크의 밥 버포드(Bob Buford)에게 감사드린다.

# 1장_ 다시 등장한 사도적 교회

지난 3세기 동안 서양의 기독교운동은 가장 커다란 기회를 맞이해 왔다. 그리스도인들 또한 윌리엄 블래이크(William Blake)가 다음과 같은 말을 남겼을 때보다 확신을 가지고 미래를 바라볼 수 있는 일종의 보증서를 갖게 되었다.

> 나는 정신적인 싸움을 멈추거나
> 내 칼이 나의 손에서 잠들게 하지 않으리
> 우리가 영국의 푸르고 영화로운 땅에
> 예루살렘을 세울 때까지

사실, 미국이나 유럽에 있는 그리스도인 대부분이 기독교의 미래에 대해 그러한 확신을 갖거나 느끼지는 못하고 있다. 그들은 북미의 주류 교회와 유럽 국교회들의 사기가 떨어지고 있으며 그 수가 감소하고 있는 모습을 보고 있다. 많은 사람들이 과학이나 의학, 혹은 치료요법, 교육, 마약, 전문가나 '홀로서기'를 이야기하는 책들과 세미나들이 필요를 채워 줄 것이라고 믿는 모습들을 지켜보고 있다. 많은 사람들이 마치 하나님이 없는 것처럼, 아니면 적어도 하나님이 아무런 도움도 되지 못하는 것처럼 살아가고 있다. 점성술이나 동양의 '선' 사상에서 비롯된 다른 종교들의 공격과 확산, 또한 모든 종교가 '같다'라는 사상이 사실처럼 널리 퍼져 있는 것을 보고 있다. 이러한 모습들 때문에, 기독교의 미래는 널리 퍼져 나가고 있는 운동들보다도 세력이 약해질 것처럼 보인다. 뿐만 아니라, 불신자들을 전도하는 것보다 스스로의 이력이나 정치적인 위치, 교회 업무에 신경을 더욱 쓰고 있는 교단 목회자들을 보게 될 때, 사람들은 교단들이 여전히 복음을 전하기 원하는 비전을 가지고 있는지를 의심하게 된다.

다른 한편으로, 좀처럼 일어나지 않는 패러다임의 전환과 같은 일련의 진보를 교단 조직이나 일들에게서 기대하지 말아야 할 것을 배우고 있다. 우리는 오늘날, 진정한 기독교의 미래를 개척자적인 사역을 하고 있는 지역 교회에서 발견하게 된다. 뿐만 아니라, 세상을 '세속성'(Secularity)과 '현대성'(Modernity)이라는 두 개의 렌즈를 통해 보아야 할 것을 배우고 있다. 이 두 개의 렌즈는 21세기로 들어가기 위한 기회를 이해하는 중요한 열쇠를 제공해 주고 있다.

## 세속성

세속화란 교회가 주는 삶과 사상에 대한 영향을 저버리는 것을 의미한다. 이 세속화는 지난 500년간 계속해서 아무런 방해도 받지 않고 진행되어 왔다.[1] 사실, 제1차 세계대전 후에는 유럽에서, 제2차 세계대전 후에는 미국에서 점점 더 가속화 되어 왔다. 교회들은 점점 서양 역사상 '교회 시대'에 경험했던 '안방에서의 혜택'을 잃어 갔다. 이 교회 시대 동안 지역 교회는 사실 역사상 모든 사람들에게 영향을 끼쳤었다. 그러나 결과적으로, 우리는 교회가 주는 중요한 영향을 등지고 삶을 살아가고 있는 '세속적인 사람들'의 수가 늘어 가는 모습을 지켜보게 되었다. 그들은 기독교에 대한 기억이나 배경, 혹은 말들도 거의 잊었을 뿐만 아니라, 대부분이 우리가 하는 말이 어떤 뜻인지를 알지 못하고, 또한 '교회'에 대한 기억조차 거의 없는 상태이다.

그러한 세속적인 사람들의 수는 지금까지의 어떤 때보다 이 시대에 가장 많은 증가를 보이고 있다. 이러한 사실은 사람들이 살아온 배경 속에 있는 영적 훈련에 대한 조지 갤럽(George Gallup)의 연구에 잘 드러나 있다. 1952년 갤럽의 무작위 샘플 보고에 의하면 6퍼센트의 미국인들이 종교적인 훈련을 받지 못한 사람들이었다. 1965년에 9퍼센트였고, 1978년에는 17퍼센트가 되었다.[2] 1978년 이후 그래프가 불규칙적으로 움직이기는 했지만 증가하는 방향은 계속 유지되었다. 이러한 상태라면 21세기에는 미국

1장 다시 등장한 사도적 교회 | 23

의 십 대와 성인들의 3분의 1이 종교적인 훈련을 조금도 받지 않은 상태가 될 것을 예상할 수 있다. 이러한 숫자에 종교적인 훈련을 받기는 했지만 정확히 이해를 하지 못한 사람들, 즉 배운 것을 기억하거나 삶에 전혀 적용하지 못하는 이들을 포함한다면, 미국에 있는 사람들 중 대부분이 '세속적'(Secular)인 사람이라고 보아야 할 것이다.

이제 그리스도인들은 '세속성'을 위협으로 간주할 수 있게 됐지만, 동전의 양면처럼 반대측면이 존재하는 법이다. '세속적'이란 말은 기독교에 충분히 영향을 받지 못했다는 뜻일 뿐이지, 그들이 '종교적'이지 않다는 뜻은 아니다. 그런 이들이 있기는 하지만, 오늘날의 많은 세상 사람들은 종교를 추구하고, 인생의 어느 시점에는 모든 사람들이 자신들의 삶의 의미를 찾고 있는 것이 사실이다. 「뉴스위크」(Newsweek)지에서 '신성을 찾아 영적인 의미를 추구하는 미국인들의 여정'[3]이라는 내용의 기사를 통해 최근 많은 사람들이 종교를 추구하고 있으며, 심지어 '영혼, 거룩, 영적인 것, 죄'[4]와 같은 영적인 단어를 사용하는 것이 고상한 이들에게까지도 아무런 문제가 되지 않고 있다. 이러한 현상이 너무도 널리 퍼져 있어서 '구도자들이 어디에도 맞지 않음에도'[5] 그들은 기독교의 내면만큼이나 외적인 것들을 추구하며 한두 개의 다른 종교를 '선택'하기도 한다. 이 물질 세계에서 오감으로 이해할 수 있는 것들로 살아온 날들이 사람들에게 공허감을 주게 된 것이다. 노스웨스트 대학의 로이 라슨(Roy Larson)은 "이러한 현

시대를 사는 것은 마치 투명한 지붕 아래 사는 것과 같다"[6]라고 보고 있다. 사실, 불교나 뉴에이지 혹은 마술, 중세 음악이나 천사들 혹은 십자군 환경과 같은 것들에 관심을 갖는 것은 사람들이 얼마나 받아들일 준비가 되어 있으며 절대적인 존재를 적극적으로 추구하고 있는지에 대한 증거이다. 예수께서는 첫 번째 제자들에게 "눈을 들어 밭을 보라 희어져 추수하게 되었도다"(요 4:35)라고 가르치셔야만 했다. 앞으로 보게 되겠지만, 우리가 세상을 선교 현장으로 여기고 그것을 적절한 방법으로 대할 때, 어마어마한 추수를 거두게 될 것이다.

## 현대성

많은 역사적 사건들의 공동작업 덕분에, 서구 세계는 '세속화' 되었을 뿐만 아니라 '현대화' 되어 왔다. 그 시작은 '계몽운동' 혹은 '이성시대'[7]였다. 초기 르네상스운동을 기본으로 계몽운동은 인간의 이성을 앞세우며 18세기 중앙 유럽을 위협해 왔다. 그로 인해 2세기 동안 서구 사회에 지적 기반이 되어 버렸다. 사람들은 점점 더 기독교의 가르침보다는 계몽운동의 가르침을 믿기 시작했고, 최근에는 그것이 대부분 현대인들의 관점을 기독교가 아닌 현실에 두도록 만들어 버렸다. 그러한 가르침이 어떠한 것들인가? 이 복잡한 계몽운동을 간략하게 요약해 보면 서양 사람들의 세계관을 형성해 가는 데 중요한 역할을 한 여덟 가지 가르침으로 다음과 같이 요약할 수 있다.

- 인간은 기본적으로 합리적인 존재이다. 인간이 들이나 숲, 정글의 야생 동물과 다른 점은 하나님의 형상을 따라 지어졌기 때문이 아니라 합리적인 사고 능력 때문이다.
- 인간은 본질적으로 선한 존재이다. 계몽운동은 기독교에서 가르치는 원죄(Original Sin)에 도전하며, 인간의 근본적인 선을 확신한다(물론 계몽운동의 지도자들은 인간이 항상 합리적이고 선한 행동을 하지만은 않는다는 것을 알고 있다. 이러한 것들은 사람들이 사는 환경에 의해 영향을 받은 것이라고 설명하고 있다. 제도를 고치면, 인간의 합리성과 선함이 드러날 것이라는 반쪽짜리 진실이 처음부터 우리에게 있었다).
- 아이작 뉴턴(Isaac Newton)이 만유인력을 발견한 후 규칙적이고, 예측 가능하며, 기계와 같은 우주 체계를 만들어 내면서, 많은 서구 세계 사람들은 더 이상 기적을 믿거나 받아들이지 않게 되었고, 초자연적인 것들은 단지 선택적으로 믿어질 뿐, 하나님조차도 그 안에 포함돼 있지 않았다. 소위 말하는 이신론(Deism)이 이것이다.
- 사람들에게 계시나 종교적인 도움 없이 이성만으로도 도덕성을 이룰 수 있다고 가르쳤다.
- 교회의 가르침이나 리더십 없이 이성만으로도 도시와 사회를 건설할 수 있다고 가르쳤다.[8]
- 과학과 교육이 빈곤이나 범죄, 부정 그리고 전쟁과 같은 문제들로부터 인간을 해방시킬 수 있다고 확신했다.
- 모든 문제가 해결 가능하기 때문에 진보(발전)는 너무도 당연한 것이라는 확신을 퍼뜨렸다.
- '자연 종교'라고 하는 계몽 철학은 모든 종교가 근본적으로 같다고 가르쳤

다. 기독교나 힌두교, 불교, 이슬람교가 겉으로 보기에는 완전히 달라 보이지만, 깊이 들어갈수록 그 내용이 같아짐을 알 수 있으며, 그것은 모든 종교가 인간 안에 있는 일반적인 종교성에서 비롯되는 것이기 때문이라고 가르쳤다.

## 왜 서양 세계가 후기 근대화되어 가고 있는가?

하지만 현대성은 대부분의 약속을 지키지 못했고, 계몽사상적 세계관은 점점 더 비판을 면치 못하게 됐다. 여러 영역의 많은 학자들은 우리 세계가 후기 근대화되고 있다는 결론을 내렸다. 현대 서양 세계의 지적 기반이 되어 왔던 계몽사상에 의문이 제기되거나 버려졌고, 서양 세계에 일치된 세계관을 전해 주지 못했다.

구체적으로 말하자면, 대부분의 사상가들은 인간의 본성이 선하고 합리적이라는 계몽주의의 맹목적 낙천주의 인간관을 포기하고 말았다. 다름 아닌 제3제국인 나치의 대학살이 그 신비를 드러내고 말았기 때문이었다. 과학자들은 뉴턴의 시계장치 패러다임이 제공해 주던 것들보다 현미경과 망원경을 통한 천체 관측을 통해 점점 더 많은 신비와 경이로움을 발견했고, 점점 더 많은 사람들이 이전 세대들보다 더 자주 영적인 세계와 초자연적인 것들을 경험하게 되었다.[9] 합리적으로 일치된 도덕성이 전혀 만들어지지 않았다. 부분적으로 가치체계가 아직 드러나지 않았다는 것을 기본 가치가 뒷받침해 주고 있다면 그것은 단지 문화, 기호 혹은 선호도에 관한 것임을 사람들이 알고 있기 때문이었다(예를 들어, '인류의 존엄성'을 믿는 합리적인 근거가 무엇인가?). 두 세기 동안 그 어느 누구도 합리적인 사회를 건설하지 못했다(선거운동을 하는 이들의 정치적인 발언을 듣고 확인해 보기 바란대!). 원자탄이 만들어 내는 버섯구름을 본 이후, 사람들은 과학이 인간을 구원한 만큼이나 쉽게 자신들을 파괴할 수 있음을 목격했다. 또한 환상에서 깨어나지 못한다면 교육이 무엇을 이루어 낼 수 있는지에 대해 점점 더 현실적으로 되어 갔다. 많은 사람들이 여전히 사회가 발전해 가는 것이 가능함을 믿고 있지만, 아무도 그것이 꼭 필요하다고는 믿지 않음을 발견하게 되었다. 사회는 계몽운동이 예상했던 그런 합리적이고, 자비로우며, 체계적인 모습이 되지 않았다.

자연 종교 철학이 만들어진 이후로 학자들은 세계 종교를 더욱 포괄적으로 연구해 왔고, 이제 우리는 그로부터 계몽주의가 가르쳤던 모든 종교가 근본적으로 같다는 말이 180도 잘못된 관점이란 사실을 알게 됐다. 우리는 종교가 겉으로 보기에는 같다는 것을 알고 있다. 예를 들어, 모든 종교가 사람들을 뽑아 성직자와 같은 역할을 하게 하고, 모든 종교가 기도와 명상을 하며, 엄숙한 의식이나 거룩하게 구별한 장소와 같은 것들을 가지고 있다. 하지만 점점 더 깊이 들어갈수록 더욱더 달라진다. 우리는 세계의 주요 종교가 그들만의 분명한 세계관에 뿌리를 두고 있으며 그것이 다른 종교와 조금도 '같지' 않음을 알고 있다. 그렇기 때문에 기독교의 독특함에 대한 논쟁은 모든 주요 종교의 독특함에 대한 것임을 알고 있다.

## 새로운 사도 시대

최근에 생겨난 교회의 기회의 형태는 다음과 같다.

- 기독교를 국교로 하는 나라들은 크게 줄어들고 있으며, 유럽과 북미에 있는 사람들은 점점 더 세속화되어 가고 있다.
- 세속화된 서구 사회의 세계관을 제공해 준 계몽운동은 이미 그 힘을 잃은 상태이다. 계속해서 사람들은 자신들을 만족시켜 줄 만한 세계관을 받아들이려고 하며, 또한 추구하고 있다.
- 다시 한번 우리는 초대 교회가 직면했던 사도 시대를 거의 동일하게 맞이하고 있다.

우리는 이 새로운 사도 시대가 뜻하는 바와 요한복음 4장 35절(앞에서 인용한)과 예수께서 '추수'를 비유로 말씀하신 내용을 근거로 대부분의 교회들이 사용하는 정책이 의미하는 바를 극적으로 표현할 수 있다. "이르시되 추수할 것은 많되 일군이 적으니 그러므로 추수하는 주인에게 청하여 추수할 일군들을 보내어 주소서 하라"(눅 10:2).

이 구절 안에는 오랜 옛날과 현재에 세 가지 유사점이 존재함을 보여 주고 있다.

첫 번째, 서구 세상의 대규모 세속화와 계몽운동의 쇠퇴로 인해 우리에게 커다란 추수의 기회가 다시 한번 찾아왔다. 점점 더 사람들은 만족할 만한 세계관과 영적인 성취를 필요로 하며 추구하고 있다.

두 번째, 그러한 세상으로부터 교회가 추수를 하지 못하는 이유는 여전히 추수할 것들을 보지 못하고 있기 때문이다. 기독교 국가의 유물로, 대부분의 교회들은 마치 우리가 사는 지역의 모든 사람들이 그리스도인들이고, 자신들의 사역이 단순히 현재 존재하는 그리스도인들을 양육하고 돌보는 것뿐인 것처럼 교회를 운영하고 있다. 많은 교회 리더들이 자신들의 지역에서 세속적인 잠재적 그리스도인들의 숫자가 늘어 가고 있음을 부인하고 있다. 많은 상황에서, 교회의 리더들은 교회에 다니지 않는 세상 사람들을 많이 알고 있지 못하기 때문에 마치 그들의 숫자가 대수롭지 않은 것처럼 생각하고 있다.

세 번째, 기독교운동은 여전히 추수를 하기에는 일꾼의 수가 턱없이 부족하다. 대부분의 전통 교회는 사람들에게 복음을 전하고 사람들을 교회로 초청하라고 말하지만, 그들은 그렇게 하지 않고 있다. 많은 전통 교회는 사람들에게 믿음을 나누고 초대하라고 권고하지만 그들은 그렇게 하지 않고 있다. 몇몇 전통 교회에서 좋은 전도 훈련을 제공하고, 훈련받는 사람들은 그것을 좋

아하며 전도가 정말 중요한 것이라고 믿기는 하지만, 여전히 전도를 하지 않고 있다.[10]

그렇게 우리는 오늘날의 몇몇 요소들이 초대 교회에서 겪은 것들과 비슷하다는 사실을 확인할 수 있다.

## 오늘날 기회의 새로운 형태

우리는 초대 교회뿐만 아니라 지난 반 세기와 다른 몇 가지 현재의 모습을 확인할 수 있다. 먼저, 우리는 현재 우리가 하고 있는 노력들에도 불구하고 아무런 수확도 하지 못하고 있다. 두 번째, 많은 전통 교회들은 자신들의 사역지에서 복음을 받아들일 수 있는 사람들에게 더 이상 다가가지도 받아들이지도, 그들을 유지하거나 양육하지도 못하고 있다.

이 두 가지 요소들에는 공통점이 존재한다. 말하자면 추수할 내용이 옥수수에서 밀로 바뀌었다는 것이다. 우리는 옥수수를 어떻게 추수할지는 알고 있지만, 밀을 수확하는 데는 전혀 경험이 없다. 그렇기 때문에 우리가 알고 있는 방법대로 옥수수 따는 도구를 들고 밀밭에 들어가고 있는 것이다. 결국 추수를 전혀 하지 못할 뿐만 아니라, 수확하려고 하는 밀까지 망쳐 놓고 있다! 자세히 말하자면, 교회들은 보통 다음과 같은 결론을 내린다.

- 우리에게 동기를 부여하는 것들이 똑같이 사람들에게 동기를 부여한다.
- 우리에게 다가왔던 방법이 동일하게 사람들에게도 사용될 수 있다.
- 그들은 이미 우리가 무슨 말을 하고 있는지 알고 있다.
- 사람들은 모든 것들에 전적으로 찬성할 만큼 교회를 좋아한다.

그렇게 우리가 보통 사용하는 접근 방법은 지난 반 세기가 가져다준 중요한 변화를 무시하고 있다. 이미 유럽이 경험한 것처럼, 북미 지역의 세속화는 본회퍼(Bonhoeffer)가 "구세대의 녹슨 검은 오늘이나 미래의 악들을 대항해 싸우는 데 아무런 도움이 되지 않는다"라고 했던 말 만큼이나 진행된 상태이다.

더 자세히 말하자면, 20세기 초반의 주일 저녁 전도 집회, 주일학교, 부흥회, 천막 전도 집회, 개혁운동, 일대일 전도와 같은 것들이 미국 문화에 잘 맞았고 많은 영혼들을 거둬들였다. 그러나 오늘날 이러한 전통적인 전도 방법들은 거의 그 효력을 상실한 상태이다. 몇몇 교회들에서는 여전히 전도의 열매가 줄어들고 있음에도 같은 방법을 사용하고 있고, 다른 교회에서는 아무런 대책 없이 이 방법들을 버렸다.

결과적으로 수많은 교회들이 진정으로 세상 사람들을 전도하거나 훈련시키는 일이 없어져 버렸다. 많은 교회들은 이러한 일들이 벌어지면 놀라기까지 한다. 자신들의 영향력이 미치는 지역 내에서 그러한 시도조차도 해 보지 않고 있기 때문이다. 그들에게 가장 중요한 일은 현재 있는 신도들을 돌보는 것이 돼 버렸다.

여기에 다른 문제가 합세했다. 세상 사람들에게 몇몇 전도 방법들과 시도들이 효과가 있기는 했지만, 미국 내 전도 대상자들의 세속화가 너무도 심각한 나머지, 대부분의 지역에서 더 이상 전통 교회에 새로운 전도 방법을 시도하거나 그로부터 많은 이들을 전도하게 될 것을 기대할 수 없게 되었다. 이유가 무엇인가? 그리스도인들이 초청을 하지 않을 뿐더러, 설령 한다고 해도 세상 사람들이 오지 않기 때문이다(또한 한 번 온다고 해도 다시 돌아오지 않는다. 나는 「세상 사람들에게 어떻게 다가갈 것인가」를 통해 전도 대상 그룹들의 사회적, 역사적, 문화적 배경을 이해하고 받아들이지 않는 이상, 전도가 효과적일 수 없다고 주장한 바 있다. 이제 나는 그리스도인들이 믿지 않는 이들에게 다가가고, 또한 그들을 효과적으로 받아들이는 그런 교회들을 이해하지 않고서는 효과적인 전도를 할 수 없다고 주장하는 바이다).

## 어떠한 교회가 교회에 다니지 않는 불신자들에게 다가가고 있는가?

이 모든 것들을 고려하면서, 나는 두 가지 질문을 갖게 됐다. 어떤 교회가 이 땅에 늘어만 가고 있는 세상 사람들에게 복음을 전하고 그들을 제자로 만들 수 있을까? 복음을 증거하고 사람들을 초청하게 하기 위해 교회가 할 수 있는 것은 무엇인가?

이러한 질문들은 나로 하여금 수년간 현장 연구를 하게 만들었다. 나는 그리스도인들에게 "한 번이라도 믿지 않는 이들에게 복음을 전하거나 교회로 초청한 적이 있습니까?"라고 질문을 던지기 시작했다. 그리스도인들이 "아니요"라고 대답했을 때, 나는 다음과 같이 대답해야 할 것을 배웠다. "당신이 전도해야 한다고 느끼게 하기 위해 당신의 교회가 어떻게 변해야 한다고 생각하십니까?" 그들의 대답을 통해 몇 조각의 퍼즐을 맞출 수 있었다.[11]

또한 몇 년 전, 나는 효과적으로 세상 사람들에게 다가가고 있는 몇몇 교회에 있는 사람들을 관찰하고 인터뷰를 하기 시작했다. 현재 많은 교회가 성장을 하고 있기는 하지만, 어쩌면 그들은 세상 사람들에게 복음을 전하고 있지 않거나, 그 자체가 목표가 아닐 수도 있다. 우리는 이러한 사실을 리 스트로벨(Lee Strobel)의 「교회에 다니지 않는 해리와 메리의 내면」(Inside the Mind of Unchurched Harry and Mary)으로 제시한 분류를 통해 약간은 다른 관점으로 볼 수 있게 됐다. 스트로벨은 다음의 네 가지로 사람들을 분류하고 있다.[12]

1. 교회에 다니는 그리스도인들(Churched Christians)
2. 교회에 다니는 비그리스도인들(Churched Non-Christians)
3. 교회에 다니지 않는 그리스도인들(Unchurched Christians)
4. 교회에 다니지 않는 비그리스도인들(Unchurched Non-Christians)

이 분류들 중 어떤 부류를 목표로 하느냐에 따라 교회도 구분된다. 많은 성장하는 교회들이 교회에 다니지 않는 그리스도인들, 즉 믿지만 어느 곳에도 소속되지 않는 사람들을 대상으로 삼고 있다. '회복'을 지향하는 많은 교회들은 '양적인 성장' 보다는 '왕국 성장'을 보여 주고 있는데, 이는 그들이 교회에 다니는 비그리스도인들을 대상으로 삼기 때문이다. 이름뿐인 교인들을 다시 하나님과 만나게 해 주고 진정한 제자로 삼는 일을 말한다. 몇몇 교회들은 교회에 다니는 그리스도인들, 즉 다른 교회 교인들을 목표로 삼기도 한다. 이 책에서 우리는 계속해서 교회에 다니지 않는 비그리스도인들에게 다가가는 교회들을 강조할 것이다.[13]

나는 하나님께서 1970년대에 교회에 다니지 않는 비그리스도인들을 목표로 복음을 전하는 새로운 사도적 세대에 걸맞는 '사도적 교회들'을 세우시기 위해 일하시고 그분의 가능성을 드러내기 시작하신 것을 발견했다. 특별히 서론에서 나열했던 여덟 개의 교회들을 연구해 왔다.[14]

1. 프레이저 기념 연합 감리교회, 앨라배마, 몽고메리
   (Frazer Memorial United Methodist Church, Montgomery, Ala.)
2. 뉴 호프 커뮤니티 교회, 오리건 주, 포틀랜드
   (New Hope Community Church, Portland, Oreg.)
3. 윌로우크릭 커뮤니티 교회, 일리노이 주, 베링톤
   (Willow Creek Community Church, Barrington, Ill.)
4. 기쁨의 공동체 교회, 애리조나 주, 글렌데일
   (Community Church of Joy, Glendale, Ariz.)

5. 새들백 공동체 교회, 캘리포니아 주, 오렌지카운티

    (Saddleback Valley Community Church, Orange County, Calif.)

6. 브래디 교회, 캘리포니아 주, 이스트 LA

    (The Church on Brady, East Los Angeles, Calif.)

7. 새 찬양 교회, 캘리포니아 주, 웨스트 코비나

    (New Song Church, West Covina, Calif.)

8. 깅햄스버그 연합 감리교회, 오하이오, 팁 시티

    (The Ginghamsburg United Methodist Church, Tipp City, Ohio)

## 사도적 교회: 많은 교회들 중 새로운 형태의 교회

사도적(Apostolic)이란 말은 교회 전통에 있어 중요한 단어이지만, 오늘날의 교회들에 아무렇게나 갖다 붙일 수 있는 단어가 아니다. 사실, 저자들은 비전통 교회들(다양한 형태의)을 다음과 같은 엄청난 범위의 용어들로 표현하고 있다

부머 교회들(Boomer churches)

버스터 교회들(Buster churches)

현대식 교회들(Contemporary churches)

예배가 충만한 교회들(Full Service churches)

기대가 높은 교회들(High Expectation churches)

혁신적인 교회들(Innovative churches)

대형 교회들(Megachurches)

메타 교회들(Metachurches)
선교 중심적 교회들(Mission Driven churches)
새 종족 교회들(New Tribe churches)
목적에 이끌림받은 교회들(Purpose Driven churches)
구도자 교회들(Seeker churches)
일주일 가동 교회들(Seven-Day-A-Week churches)
방향을 전환한 교회들(Turnaround churches)
사람들에게 친근한 교회들(User-Friendly churches)
활발한 교회들(Vibrant churches)
생기 넘치는 교회들(Vital churches)
윌로우크릭 형태의 교회들(Willow Creek type churches)

나는 교회에 다니지 않는 잠재적 그리스도인들을 목표로 삼은 교회들을 표현할 때 위에 나열된 용어들로 정의 내리라는 유혹을 이겨내기 위해 싸워 왔다. 두 가지 이유에서이다. 첫 번째, 위의 그 어떤 단어도 사도적 교회를 타당하게 설명하지 못하고 있다. 특히, 위 단어들은 이 교회들이 드리우고 있는 깊은 뿌리들이지만, 그들이 차지하고 있는 높은 영역들을 드러내 주지 못하고 있다. 두 번째, 이들 교회들을 특별하게 만들어 주고 있는 것은 기도, 소그룹, 기타를 사용한 찬양, 한 주 내내 계획된 프로그램과 같은 단순히 한 가지로만 이뤄진 것이 아니라 다양한 기능들이 함께 상호 작용을 하는 모습들이다.[15]

그렇기 때문에 몇몇 사도적 교회에서는 '베이비부머'(Baby

Boomers, 미국에서 출산율이 급격히 상승한 1946년에서 1965년 사이에 태어난 사람들-역주)들을 타깃으로 삼지만 다른 곳에서는 그렇지 않은 것이다. 몇몇 사도적 교회들은 대형 교회이지만 몇몇 다른 교회들은 적어도 지금까지는 그렇지 않다. 새로 세워진 교회들이 있는가 하면, 기존 교회들 중 급격히 교인 수가 줄어드는 가운데서 전환에 성공한 교회들도 있다. 사도적 교회들이 '구도자'를 대상으로 하기는 하지만, 그렇지 못한 이방인들 또한 그들의 대상이다. 대부분의 사도적 교회들이 현대적이고, 높은 기대와 혁신적이며, 목적에 이끌리고 있고, 적응하기 쉽지만, 그러한 말들 자체가 그들의 근본적인 모습을 완전히 드러내 주는 것은 아니다. 윌로우크릭 커뮤니티 교회가 가장 눈에 띄는 사도적 교회이긴 하지만, 첫 번째 사도적 교회는 아니며, 많은 교회들이 여러 가지 중요한 면에서 윌로우크릭과는 다른 모습을 가지고 있다. 대부분의 사도적 교회가 '구도자 예배'(Seeker's Service)를 드리고 있지만, 그 또한 빙산의 일각일 뿐이다. 이 프로젝트의 목적은 그 빙산을 물 밖으로 끄집어내서 이 사도적 교회가 어떻게 교인들을 보내 교회에 다니지 않는 잠재적 그리스도인들에게 복음을 전하고, 초대하고, 그들에게 다가가 제자로 만드는지를 알기 쉽게 설명하려는 것이다.

한 가지가 더 필요하다. 아무리 사도적 교회에 대한 의식이나 집념이 강하다 하더라도, 교회에 다니지 않는 잠재적 그리스도인들만을 전도하는 교회는 없다는 사실을 발견했다. 복음을 분명하고 적절하게 세상에 알리며 전하는 교회는 교회에 다니지 않는 잠재적 그리스도인들뿐만 아니라 교회에 다니는 많은 비그리스도인들 또한 대상으로 하고 있다. 한 단계 더 나아가, 교회에 다니지 않는 많은 그리스도인들 또한 이러한 교회들을 찾아다녀 왔고, 교회에 다니는 그리스도인(교회들의 지루한 회의나 사교 모임이 돼 버린 교회들에 지친)들도 잃어버린 영혼들에게 복음을 전하는 비전 때문에 교회를 옮기지 않을 수 없다고 느끼고 있다. 교회에 다니지 않는 잠재적 그리스도인들만을 대상으로 삼았던 몇몇 사도적 시도들을 통해 그러한 이들을 거부할 수 없다는 것을 발견하게 되었다. 엄청난 수의 이교도들이야 말로 개종해야 할 전형적인 마지막 영역이다. 어려움을 겪고 있거나 마약 중독과 같은 문제를 가진 가난한 사람들(몇몇 사도적 교회에서는 이들을 대상으로 삼고 있다)은 자신들이나 다른 이들이 필요로 하는 사역을 절대 찾지 못할 수도 있다.

그럼에도 사도적 교회는 상당한 수의 교회에 다니지 않는 잠재적 그리스도인들을 대상으로 그들에게 다가가고 있다. 예를 들어, 6,000명의 기쁨의 공동체 교회 교인들 중 38퍼센트가 한 번도 교회에 다녀 본 적이 없으며, 60퍼센트는 한 번도 교회에 등록해 보지 못한 이들이었다. 적어도 5년 전 이 교회에 참여하게 되기 전까지는 그러했다고 한다.

## 사도적 교회를 정의하다

내가 이 교회들을 '사도적'이라고 부르는 데는 다음과 같은 이유들이 있다. (1) '사도'라는 말의 어원의 의미와 초대 교회 사도[16]들의 경험처럼 그들의 리더들은 자신들과 자신들의 교회가 교회에 다니지 않는 잠재적 그리스도인들에게 복음을 전하기 위해 하나님으로부터 '부름' 받고 '보냄'을 받았다고 믿고 있다. (2) 그들의 신학과 말씀은 초대 사도적 기독교의 복음에 중심을 둔 것으로, 전통 교회에서 볼 수 있는 편협한 독단주의나 애매한 유신론 혹은 틀에 박힌 도덕주의 같은 것들이 아니다.[17] (3) 초대 교회 사도들과 그들의 공동체와 같이, 이 교회들은 오래된 복음의 진리를 대상 그룹에 전하기 위해 그들의 언어와 문화를 받아들이고 있다. (4) 이들 교회는 분명하게 우리가 초기 사도적 기독교에서 볼 수 있는 몇몇 중요한 점들이 비슷하다. 재세례파, 경건주의, 종교 개혁 가운데 나타난 감리교 사도적 운동, 또한 제3세계의 성장하는 많은 교회들이 그러하다.[18] 그렇기 때문에, '사도적 교회'는 새로운 형태의 교회가 아니라 지속돼야 할 교회의 모습이며, 특히 선교 현장에서는 더욱 그렇다.[19] 하지만 앞으로 언급될 일반적인 모습들 외에는, 초대 교회의 모습들만큼이나 오늘날의 사도적 교회들 또한 한 교회도 같은 교회가 없다.

## 사도적 교회의 10대 특징들: 첫 번째

사도적 교회는 적어도 다섯 가지 면에서 전통 교회들과 다르다. 인생에 있어서 최고의 법칙이라 불리는 파레토의 20:80 법칙에서처럼, 나는 80퍼센트의 다른 점들을 통해 사도적 교회들의 열 가지 다른 점들을 분명히 찾아냈다. 첫 번째 네 가지 것들은 놀라운 것이 아니다.

1. 사도적 교회는 끊임없이 믿는 자들을 견고히 세우고 성경을 추구한다.
2. 사도적 교회는 훈련되어 있고 전심으로 기도하며, 하나님께서 응답으로 역사하실 것을 기대한다.
3. 사도적 교회는 교회에 다니지 않는 잃어버린 잠재적 그리스도인들을 이해하고, 사랑하며, 긍휼히 여긴다.
4. 사도적 교회는 지상명령에 순종하며, 이것을 단순한 의무가 아닌 사명이자 특권으로 여긴다. 사실, 그들의 가장 주된 일은 복음을 들어 보지 못한 이들이 믿음을 받아들이도록 하는 것이다. 전도란 교회의 다른 사역들과 비교될 수 있는 그런 단순한 사역이 아니다.

우리들 대부분은 그리스도인들(그리고 교회들)이 (1) 성경을 연구하고, (2) 소망을 품고 기도하며, (3) 잃어버린 영혼을 사랑하고, (4) 전도가 가장 중요한 일이 될 만큼 지상명령에 순종하는 이들이며, 믿음을 전하고 사람들을 그 믿음으로 초대한다는 결론을 맺게 될 것이다. 그러한 가정들은 이렇게 확인된다. 이 각각의 내용을 굳이 설명할 필요는 없다고 본다. 이미 이 장을 통해 충분히 언급됐다고 본다.

첫 번째 특징인 '사도적 교회는 끊임없이 믿는 자들을 견고히 세우고 성경을 추구한다' 라는 내용은 여덟 개의 교회들 중 어느 교회에서든지 확인해 볼 수 있는 내용이다. 하지만 하나만으로도 충분하다. 깅햄스버그 연합 감리교회는 성경적 진리에 몰두하는 것이야말로 교회의 정체성과 관점들 그리고 사도적 비전을 분명히 해 준다고 믿고 있다. 그들은 믿음이 들음에서 나고, 하나님의 말씀에 의해 자라나며, 성경이야말로 종교와 철학의 혼란 시기에 그리스도인의 마음의 가장 중요한 근원이며, 존 웨슬리(John Wesley)와 다른 종교 개혁자들처럼 교회들도 '성경의 사람들' 처럼 살아야 한다고 믿고 있다. 깅햄스버그 교회의 담임목사인 마이크 슬라우터는 다음과 같이 말하고 있다.

> 사람들은 하나님의 말씀을 갈망한다. 그들은 우리의 개인적인 의견에는 관심이 없다. 최신 서평이나 정치적 발언 그 이상의 것들을 원하고 있다. 이 불확실성과 물질만능적인 개인주의가 만연한 세상에서 사람들은 하나님께서 주시는 말씀을 갈망하고 있다. 이혼과 미혼모들로 인해 핵가족이란 말이 만들어진 이 시대에, 하나님께서는 여전히 희망의 목소리로 말씀하고 계신가? 지구촌 시대와 정치·경제적 불안, 인종 간 갈등의 심화, 모호해진 도덕적 경계와 AIDS가 만연한 이 시대에 하나님께서는 여전히 우리에게 말씀하시고 계시는가?[20]

성경이 너무도 중요하기 때문에, 우리는 성경상의 사도적 교회가 의도적으로 사람들을 견고하게 세우는 데 과감한 방법을 사용한 것을 발견하게 된다(효과적인 교회들은 종종 그들이 가장 중요하게 생각하는 것에 과감한 방법들을 사용하기도 한다. 그들은 하나의 방법이나 접근을 통해 전달되고 거래되는 가장 중요한 것의 영향을 제한하지 않는다). 게다가 많은 성경적인 설교와 주일학교 공과공부 시간에 진행되는 일반적인 성경공부 외에, 이러한 교회들은 다양한 주제와 성경 전체를 연구하는 지속적인 성경공부반 등이 갖춰져 있어 많은 사람들이 여러 지역에서 평일을 이용한 다양한 시간대에 가르침을 받고 있다.

두 번째 분명한 모습은 '사도적 교회는 훈련되어 있고 전심으로 기도하며, 하나님께서 응답으로 역사하실 것을 기대한다.' 여덟 개의 교회들 모두가 그 예가 되겠지만, 기쁨의 공동체 교회야말로 가장 주목할 만하다. 협력 목사인 비욘 페더슨(Bjorn Pederson)은 수 년 동안 교회의 기도 사역을 이끌어 왔다. 기쁨의 공동체 교회의 기도 사역에는 1,000에서 1,200명의 사람들이 매주 참여하고 있다.

기쁨의 공동체 교회에는 수요 저녁 기도 모임과 매주 다른 시간대에 열리는 여덟 개의 기도 모임이 있는데, 각 모임에는 10~25명 정도가 모이며, 각 기도 모임마다 사업가나 아이를 둔 젊은 여성들, 은퇴한 이들과 같은 분명한 대상 그룹 혹은 치유 사역이나 선교와 같은 것들을 위해 기도한다. 정기적으로 '기도 수련회'가 이뤄지고 있으며, '기도 대학'이 많은 전임 강사의 지도

하에 30~40여 차례 열리고 있다. 그리스도를 만나기 원하는 이들을 위해 여섯 개 기도 팀들 중 하나는 항상 준비가 되어 있고, 예배당 근처에 위치한 기도실에서는 예배 시간마다 중보기도가 이뤄지고 있다. 열 명의 평신도로 이뤄진 기도 팀은 정기적으로 병원이나 가정, 혹은 그 외의 장소들에 있는 사람들을 위해 '기도 치유 사역'을 하고 있다. 또한 기도와 헌신의 삶을 시작하기 원하는 사람들을 위해 '멘토'(Mentor)로 섬기는 팀도 있다. 기도 위원회에서는 놀라울 만큼 훌륭하게 '기도 파트너' 사역을 수행하고 있다. 기쁨의 공동체 교회의 6,000 교인들에게는 모두 '기도 파트너'가 있다. 교회에서는 기도 그룹과 기도 체인, 산책 기도, 심지어 기도 유람까지 운영하고 있다. 팀에는 훈련된 이들이 소속돼 있어서 매주 50개의 중보기도를 감당하고 있다. 이들은 언젠가 24시간 기도 전화 사역을 시작할 것이라고 했다.

　페더슨과 다른 리더들은 기도를 강조한 것을 통해 교회와 모든 교인들에게 엄청난 변화가 일어났다고 했다. 많은 사람들이 하나님의 진리와 그분의 뜻과 인도하심을 발견하였고, 많은 이들이 자신의 정체성과 자신의 가치, 영적인 열매와 은사를 발견했다. 기도의 응답과 중보기도의 응답, 뿐만 아니라 질병과 죄, 악한 영들을 정복하는 영적인 권세도 경험했다. 교회 전체가 전에 경험하지 못했던 연합과 능력을 경험했다. 페더슨과 다른 기도 사역 리더들은 기도 사역을 시작하기 원하는 다른 교회의 리더들을 위해 매년 컨퍼런스를 열고 있다.

세 번째 모습은 '사도적 교회는 교회에 다니지 않는 잃어버린 잠재적 그리스도인들을 이해하고, 사랑하며, 긍휼히 여긴다.' 모든 사도적 교회들이 잃어버린 영혼들에 대해 호의를 갖는 것을 강조하고 있지만, 윌로우크릭 커뮤니티 교회만큼 주목할 만한 곳은 없을 것이다. '하나님은 잃어버린 영혼들을 소중히 여기신다'라는 윌로우크릭의 확신은 교회에 다니지 않는 잠재적 그리스도인들을 향한 이 교회의 사명의 원동력이기도 하다.

반면, 많은 전통적 교회들은 근본적으로 잃어버린 세상 사람들을 정죄하고 있다. 다른 많은 교회들은 단순히 수적인 감소를 막기 위해, 경제적인 문제 때문에 혹은 제도적으로 교회를 유지하기 위해 더 많은 교인들을 필요로 하는 것처럼 보인다. 이해할 수 있는 이유이기는 하지만, 세상 사람들을 향한 긍휼이야말로 진정한 전도를 가능케 하고 믿음과 신앙 공동체를 찾아다니는 사람들을 그리스도께 인도할 수 있다.

네 번째 모습은 '사도적 교회는 지상명령에 순종하며, 이것을 단순한 의무가 아닌 사명이자 특권으로 여긴다.' 사실, 그들의 가장 주된 일은 복음을 들어 보지 못한 이들에게 믿음을 받아들이도록 하는 것이다. 전도란 교회의 다른 사역들과 비교될 수 있는 그런 단순한 사역이 아니다. 모든 사도적 교회들이 자신들을 '불신자들을 위한 교회'라고 보고 있고, 그들의 사명은 우리가 전하는 것들을 믿지도, 이해하지도 못하는 사람들에게 믿음과 새 삶을 가능케 하는 것이다.

반면, 전통 교회들에게 가장 중요한 일은 자신들의 교인들과 아이들을 돌보고 양육하는 것이다. 대부분의 전통 교회들도 성장을 희망하지만 그것은 단순히 결혼 등을 통한 생물학적 성장이나 다른 교회에서의 이동을 통한 성장일 뿐이다. 이교도들에게 전도할 계획이나 기대조차도 하지 않을 뿐더러, 그러한 일들이 벌어진다면 놀랄 것이 분명하다. 교인들이 늘어나기를 원하지만, 십중팔구는 침체나 감소를 경험하고 있다.

하지만 사도적 교회에게 있어 가장 중요한 일은 잠재적 그리스도인들에게 복음을 전하는 일이다. 이 일이야말로 사역뿐만 아니라 각 개인에게도 최고의 우선순위이다. 전도를 최우선으로 함으로써 한 로마 가톨릭 선교 학자가 '억제 법칙'(Choke Law)이라고 부른 일을 피할 수 있다. 이것은 어느 정도 성장을 경험한 후 전도에 사용하던 시간과 열정을 교인들을 돌보는 데 사용하는 것을 말한다. 그로 인해 사역을 '억제' 시키고, 훈련받지 못한 이들을 그대로 남겨 두는 결과를 낳게 된다.

사도적 교회들의 이러한 모습은 그들의 교인들을 매우 전염성이 강한 모습으로 만들어 간다. 사도적 교회의 그리스도인들이 성경을 연구하고, 하나님께 나아가며, 죄인들을 사랑하고, 지상명령을 가장 중요한 일로 만들 때, 그들은 전통 교회의 교인들과는 비교할 수 없을 만큼 더욱 전도에 힘쓰게 된다.

## 사도적 교회의 10대 특징들: 두 번째

앞에서 살펴본 네 가지 면(성경, 기도, 사랑, 순종) 외에 이 프로젝트는 덜 분명한 여섯 가지 면들을 확인했다.

5. 사도적 교회는 사람들이 어떻게 제자가 될 수 있는지에 대한 동기부여된 충분한 비전이 있다.
6. 사도적 교회는 전도 대상의 언어와 음악, 문화 스타일들을 수용한다.
7. 사도적 교회는 모든 믿는 자들과 구도자들을 소그룹에 참여시키기 위해 힘쓴다.
8. 사도적 교회는 모든 그리스도인들을 그들의 은사에 따라 평신도 사역에 참여시키는 것을 중요하게 여긴다.
9. 사도적 교회의 교인들은 정기적인 목사의 보살핌을 받는다. 그들은 목양 사역에 은사가 있는 누군가와 정기적으로 영적인 대화를 나눈다.
10. 사도적 교회는 교회에 다니지 않는 비그리스도인들을 위한 많은 사역에 관여한다.

이어지는 2장에서는 사도적 비전으로 사람들이 어떻게 될 수 있는지를 확인하고, 3장에서는 '문화적으로 토착화된' 교회를 다루며, 4장에서는 사도적 교회로서의 삶과 전략 차원에서의 소그룹 역할을, 5장에서는 평신도 사도운동에 있어 평신도가 사역에 얼마나 중요한지를 다루고 있다. 위의 9번과 10번에 대해서는 별도의 장을 할애하지 않을 것이다. 평신도 사역에 대한 장에 목회자들의 책임에 대한 내용을 포함시켰다. 소그룹과 평신도 사역에 대한 두 장을 통해 사도적 교회가 어떻게 교회에 다니지 않는 세상 사람들을 대상으로 사역을 하는지 보여 주고 있다. 이 교회들이 가지고 있는 사도적 '형태'에 대한 통찰력들이 모두 새로운 것만은 아니다. 사실, 25년 전, 브루스 라슨과 랄프 오스본(Ralph Osborne)이 쓴 「새로이 떠오르는 교회」(Emerging Church)가 같은 주제들에 대해 이야기한 바 있다.[21]

그러한 문제들을 드러내는 교회를 발견했는데, 사도적 교회에 있는 그리스도인들은 기존 전통 교회의 그리스도인들보다 10~15배 정도 복음을 전하거나 사람들을 초청한다. 왜일까?

1. 그리스도인들은 사람들이 우리의 믿음을 받아들이고, 법을 지키고, 혹은 우리의 스타일을 따르는 것보다 훨씬 깊게 변할 수 있다는 비전을 가지게 되면 더욱더 복음을 전하고 사람들을 초대하게 된다.
2. 문화적으로 적합한 교회 사람들은 자신의 친구들이 두려워하는 형식적인 예배가 아닌 하나님을 경배하는 예배의 자리로 친구를 초대하기 원한다.
3. 소그룹 안에서 정기적으로 복음에 대한 이야기와 자신들의 삶에서 하나님께서 행하고 계신 것들을 나누는 그리스도인들은 그러한 문제들을 다른 이들과 나누기를 더 좋아한다.
4. 자신들의 은사와 하나님께서 역사하시는 것을 경험한 것 때문에 평신도 사역에 참여하는 이들은 복음 전파 사역에 참여하기를 원한다.
5. 목회자나 영적인 멘토와 정기적으로 영적인 대화를 나누는 사람은 아직 그리스도를 믿지 않는 이들과 영적인 대화를 나누기를 더 좋아한다.
6. 교회에 다니지 않는 잠재적 그리스도인의 필요를 채워 주는 사역을 통해 사

람들과 이어지는 다리를 더 많이 만드는 교회는 세상 사람들로부터 더 큰 신뢰를 얻고, 그 신뢰를 얻기 위해 노력하며, 그것을 통해 신앙을 나눌 수 있는 '자연스러운' 기회를 더 많이 경험한다.

일반적으로 사도적 교회 사람들은 수많은 역설을 경험한다. 세상 사람들을 향한 소위 사도적 비전에 사로잡혔고, 하나님을 찬양하는 고유의 예배를 경험하며, 영적인 대화와 소그룹에 참여하며, 은사 중심적인 사역과 잠재적 그리스도인들에게 복음을 전하는 사역(성경을 연구하고 기도하는 등)에 참여하고 있는 사람들은 고용된 목사를 둔 작은 독립 교회와 비교할 수 없을 만큼 큰 축복을 받으며 보살핌을 받는다(뿐만 아니라, 하나님을 전심으로 찾는 이들은 전통 교회보다는 이러한 교회에 참여하기를 원한다).

하지만 이와 같은 내용들은 이 프로젝트의 범위를 뛰어넘는 것들이다. 사도적인 형태를 갖춘 교회들은 더 많은 사도적 평신도를 낳는다.[22] 예를 들어, 기쁨의 공동체 교회의 장년들을 대상으로 한 최근 조사에 의하면 81퍼센트가 지난해 최소한 한 명 이상을 교회로 초청했다고 한다. 18퍼센트는 일곱 명 이상을 초청했다. 개척 교회들을 제외하고는 전통 교회 가운데 교인들 중 10분의 1 이상이 전도를 하는 경우는 좀처럼 찾아보기 힘들었다. 그렇다고 기쁨의 공동체 교회가 복음을 전하는 평신도를 만들어 내는데 있어 최고의 경지에 이르렀다고 믿을 만한 이유는 아무것도 없다.

## 2장_ 사람들이 어떻게 변할 수 있는가?

한동안 중서부에 위치한 한 교회에서 두 차례의 아침 설교를 한 적이 있었다. 첫 번째 예배가 끝나고 잠시 커피를 마시며 교제하는 시간에 새로 그리스도를 영접한 한 부부가 찾아왔다. 이들은 결혼 생활에 '도움'이 될 만한 것들을 찾아 교회에 왔으나 그 이상을 발견했던 것이다. 나는 그들에게 이렇게 물었다. "그리스도인으로 새로이 시작한 삶은 좀 어떠세요?"

남편이 전혀 예상치 못한 대답을 했다. "때론 마치 볼링 팀에 들어온 듯한 느낌이 듭니다. 가능한 한 매주 그리고 수요일 저녁까지 참석하고 있거든요. 볼링을 하기 위한 옷차림에, 이렇게 각자 볼링공을 들고 다니니 말이에요(라고 말하며 형제는 성경책을 들어 보였다). 막상 공을 굴리기 위해 라인에 올라서지만, 정작 핀들이 보이지 않는 거예요. 심지어 교회의 리더들이 핀들 앞에 종이를 걸어 두는 바람에 핀을 볼 수가 없지요. 공을 굴린 다음에는 핀을 몇 개나 쓰러뜨렸는지를 리더들이 알려 주기까지 하죠."

그때 갑자기 자매가 끼어들었다. "아니에요 여보, 우리가 몇 개를 놓쳤는지 알려 주잖아요."

그러더니 부부는 내게 질문을 쏟아 부었다. "핀을 볼 수 있어야 하는 것 아닌가요? 핀이 보이지도 않는데 어떻게 핀을 쓰러뜨릴 수 있죠? 그럴 권리도 없는 건가요?" 그런 다음 둘은 매우 예리한 질문을 던졌다. "진정한 그리스도인이 된다는 것이 한 가지만으로는 안 된다는 것을 알고 있어요. 몇 가지, 아니 열두 가지 이상이란 것도 알아요. 하지만 도대체 그게 뭐냔 말입니다!"

## 목표가 무엇인가?

종종 나는 그들의 질문이나 유사점들을 그대로 반영하곤 한다. 그리스도인들의 삶을 향해 하나님께서 겨냥하고 계신 '핀들'은 무엇인가? 공교롭게도 신약성경에서 가장 자주 사용되는 단어인 '죄' [Sin, 헬라어 하마르티아(Hamartia)]는 활쏘기에서 온 말로, 화살이 과녁을 벗어났다는 뜻이다. 그렇다면 과녁(목표)은 무엇인가? 교회의 사명에 있어 매우 심각한 질문이다. 어느 교회의 사람들이 세상으로 나아가든 나아가지 않든지 간에 사람들이 은혜로 무엇이 될 수 있는지에 대한 '동기가 충분한 비전'이 중요한 요소이기 때문이다.

사람들을 향한 우리의 소망은 무엇인가? 누구가를 향한 하나님의 꿈을 깨닫게 된다면, 그 사람이 어떻게 달라질 수 있겠는가? 어떤 삶을 살겠는가? 그리스도인이 된다는 것이 어떤 차이를 만들어 내겠는가? 어떤 차이가 있겠는가?

몇몇 연구를 통해, 나는 이 질문에 대해 두 개의 대조적인 답을 발견했다. 그 대답들 중 하나는 보통 전도에 참여하지 않는 전통적인 교회이다. 두 번째 답은 사도적 교회로, 자신들의 믿음을 전하고 사람들을 초대하는 사람들이다.

이 중서부 지방에 사는 부부는 교회의 리더들이 그리스도인들의 목표를 알면서도 자신들에게는 알려 주지 않는다는 결론을 내렸다. 하지만 새로운 그리스도인들이나 구도자들에게는 분명한 이 문제가 전통 교회의 리더들에게는 분명하지가 않다. 대부분의 교회 리더들은 이 질문에 대한 막연하나마 답을 가지고 있지만, 전통 교회들에서는 이러한 대답들이 좀처럼 이야기되지 않는 것들이다. 사도적 교회의 리더들은 이러한 문제들을 더 깊이 고려하기는 하지만 여전히 대답의 일부는 가정한 것들이다.

교회가 사람들을 향해 가지고 있는 것처럼 보이는 목표들을 확인하는 연구 과정에서, 나는 다양한 암시와 실마리들을 관찰하는 것을 배웠다. 예를 들어, 때로는 사람들을 향한 교회의 목표들이 교회에 출석하는 이들이나 세례받는 이들의 숫자들과 같이 그들이 평가하고 보고하는 것들에 나타나기도 한다. 때로는 핵심 인물들이 친근한지에 따라, 혹은 누구에 대해 험담을 하거나(혹은 자랑을 하는), 혹은 자신들의 교회 역사에 있어 영웅으로 추앙하거나 사용되는 가치나 그들에 대해 하는 이야기들이 목표를 나타내기도 한다. 때로는 "진정한 그리스도인이 누구라고 생각하십니까?"라고 질문을 던지기도 한다. 적어도 그에 대한 대답이 그들의 마음에 무엇이 있는지를 확인시켜 준다.

## 사람들을 향해 전통 교회들이 가지고 있는 목표들

수 년 동안 명백히 비과학적인 조사 방법을 통해, 나는 전통 교회들이 사람들을 향해 품고 있는 적어도 열 개의 일반적인 목표들을 관찰하고, 추론하고, 확인했다. 나는 이 가정들을 분명히 밝히고 드러내며, 각각에 대한 적어도 하나의 역사적 전례를 보이고(그러한 것들이 우리 안에 존재함을 확인하기 위해), 그런 다음 이러한 것들이 복음 전도에 있어 알맞고 동기를 부여하는 것들인지에 대해 물었다.

1. 전통 교회의 한 그룹에서는 단지 사람들이 '종교적'이 되기를 원하고 있다. 그리고 그들은 누군가 종교적이라고 주장하는 그 어떤 형태의 종교도 수용하려고 한다. 이러한 태도는 자유주의 성향을 가진 교회들의 특징으로, 계몽운동에 대한 일련의 반응이기도 하다. 우주에 대한 계몽운동적 관점은 아이작 뉴턴의 이론을 근본으로 한 것으로, 모든 우주가 독립적인 기계와 같아서 신적인 존재는 필요치 않다고 사람들에게 가르치고 있다. 결

과적으로, 많은 현대인들은 물질 세계를 '초월'하는 존재에 대한 의심을 품게 되었다. 하지만 이러한 교회들은 여전히(어쩌면 경험한 것일 수도 있다) 영적인 존재나 초월적인 힘, 초자연적인 존재들을 믿고 있다. 이 교회들은 또한 부분적으로 계몽운동에 흡수되기도 한다. 계몽운동에 의해 만들어진 '자연 종교' 철학은 근본적으로 모든 종교가 같다고 주장하고 있다. 왜냐하면 종교란 것이 모든 인간들이 공유하고 있는 종교적 양심에 그 뿌리를 두고 있기 때문이라는 것이다. 그렇기 때문에 자연 종교 사상에 영향을 받았지만 초자연적인 존재를 부인하는 몇몇 자유주의 기독교에서는 우리가 경험할 수 있는 세상을 초월하는 존재를 믿는 이들을 모두 받아들이기 원한다! "당신이 어떤 신을 믿든지 간에, 당신은 우리와 하나입니다."

2. 전통 교회의 두 번째 그룹은 믿는 내용에 있어서는 다르지 않다. 사실 그들은 '우리처럼 믿기 원하는' 그런 사람들이다. 이 교회들은 신학적으로는 보수적이지만, 모두가 그런 것만은 아니다. 몇몇 교회들은 자유주의 신학의 신앙이나 흑인 신학, 혹은 여권 신학, '진보적 정치관' 이데올로기 등을 당연한 것으로 여기고 있다(얼마 전 나는 이런 교회에서, 나 자신이 그렇게 단조로운 사람이 아님을 알게 됐다. 나는 큰 도전을 받게 됐다). 믿음을 강조하는 보수 교회들은 '다원주의'를 주장하는 계몽주의 이데올로기뿐만 아니라 많은 사람들과 사회에 존재하는 무정부 상태와 전쟁을 벌이고 있다. 이러한 교회가 세상에 도전하는 것은 드러난 교리에 대한 믿음을 강조하는 것으

로, 믿음을 시험하는 것은 한 개인이 신학적인 진리의 주장들에 지적으로 동의하는 것을 말한다. 이 역설 중 한 예로 영지주의가 있다. 영지주의는 구원자가 이 땅으로 내려와서 인간에게 구원을 얻을 수 있는 일련의 정보를 주었는데 그 정보를 듣고 믿으면 구원을 얻게 된다는 주의이다. 이 교회들의 몇몇 분파들에서는 기독교 역사에 동의하며 믿음을 강조하기도 했다.

3. 어떤 교회에서는 사람들이 '자신들처럼 행동' 하기 원한다. 이러한 교회는 '믿을 만한' 사람들이 제정한 분명한 도덕적인 규정(행동규범과 금기사항)을 가지고 있다. 그 예로는 예수께서 꾸짖으셨던 바리새인들을 들 수 있다. 이들은 안식일에 해야 할 일과 해서는 안 되는 100여 가지의 법을 포함하여 내가 들은 바로는 1,000여 가지에 이르는 법을 정해 놓았다. 오늘날에도 기독교의 옷을 입은 바리새인들이 존재한다. 영국에서 한 교회에 다니는 부인이 일요일에 극장에 들어가는 신학생들을 목격했다. 부인은 이 사실에 대해 목사에게 불평을 했다. 목사는 예수께서 제자들이 안식일에 곡식 낟알을 따 먹은 것을 허락하신 내용을 들어 부인에게 율법으로부터 자유로워지도록 도와주려고 했다. 그러나 부인이 대답했다. "모두 잘못된 것들인데 어떻게 옳은 것이 나올 수 있겠어요." 좀 더 심각한 내용에 많은 상세한 배경들이 존재한다. 19세기의 황량한 미개척 마을이나 범죄와 마약, AIDS 등에 위협받고 있는 20세기 도시들이 교회가 믿음을 확인하는 데 도덕적 기준을 강조하게 만들었다. 그럼에도 기독교의 공적인 이미지는 지

나치다고 할 만큼 단순한 교훈 정도로 여겨지고 있고, 그로 인해 전통 교회들은 단순한 도덕 수준을 넘는 문제들을 다시 발견해야만 하게 되었다. 마틴 루터(Martin Luther)가 다음과 같이 이야기한 것처럼 말이다. "도덕성은 변호사나 판사, 교수형 집행인들의 문제이다. 내 관심사는 하나님과 당신의 관계이다."

4. 몇몇 전통 교회들에서는 사람들에게 "우리와 같은 경험을 하라"고 이야기하고 있다. 종교적 경험의 일반화된 모습이 그들의 목표이다. 특정한 형태의 경험은 각 전통에 따라 다르다. 몇몇 교회에 있어 일반화된 모습은 감정적인 것들로, 부흥회나 수련회에서 회개의 경험으로 눈물이 동반되어야만 한다. 소위 말하는 몇몇 '고교회'(High Church: 종교개혁 뒤에 생긴 영국 국교 가운데 한 파. 예배와 성직의 중요성을 강조—편집자)에서의 경험은 더욱더 미학적이다. 바흐의 곡을 위대한 파이프 오르간을 통해 듣거나 미켈란젤로의 시스틴 성당을 감상하는 것들이다. 또 다른 교회에 있어 일반적인 모습은 황홀경이다. 오순절과 같은 교단에서 방언을 하는 것 등을 말한다. 경험을 중시하는 오래된 예로는 고대 신비 종교들로, 이들은 구원이 종교적인 경험들을 통해 전해진다고 믿었다.

5. 또 다른 전통 교회에서는 사람들이 문화적으로 '자신들처럼 되기'를 원한다. 이들 교회에 있어, 개종이나 종교적 확신을 보여 주는 것이 새로운 자신들의 교인으로서 문화를 받아들이거나 앞으로 그렇게 되는 것을 의미한다. 이 모델에서 '우리 중 하나'라고 여겨지는 것은 그들과 똑같이 말하고, 입고, 세상을 똑

같은 관점으로 보며, 심지어 스포츠에서 음악에 이르기까지 취향까지도 공유하는 것이다. 이 모델의 존재는 그리스도인들보다는 비그리스도인들이 더욱 분명히 알고 있다. 대부분의 비그리스도인들은 대부분의 교회들 안에서 '교회 사람들처럼 되는 것'이 그리스도인이 되기 위한 요구사항이지만, 이러한 요구사항들은 교회에 다니는 사람들 안에서 잠재적인 기능을 하고 있는 것으로 알고 있다. 이러한 '교회들'은 우리가 인식하는 것보다 더 큰 복종을 요구하는 '우리'를 경험한다. 그럼에도 어느 교회의 리더들도 방문자들이나 활동하지 않는 교인들과 그 교회에 '맞지 않아' 탈퇴해 버리는 이들을 알아 챌 수 있다. 초대 교회 때에도 찾아볼 수 있는 이러한 예가 있는데, 바로 '유대화 된 사람들'이다. 야곱과 예루살렘 교회의 가르침을 받던 1세기 그리스도인들은 이방인으로 그리스도를 영접한 이들이 할례를 받고, 돼지고기를 먹지 않으며, 안식일 법을 지키고, 예수 그리스도를 따르기 위한 전제 조건으로 그 외에도 수많은 유대 전통들을 지키라고 요구했다.

6. 몇몇 전통 교회들은 기독교의 목적이 사람들로 하여금 '선량한 시민'이 되게 하는 것이라고 믿고 있다. 로렌 미드(Loren Mead)는 자신이 쓴 「옛적 교회와 미래의 교회」(The Once and Future Church)를 통해 초대 교회와 중세 교회의 '평신도 사역이 선한 시민으로 법을 지키고, 납세 의무를 성실히 준행하며, 애국적인 시민이 되는 것'[1]이었음을 상기시켜 주고 있다. 심지어 로마 제국 후기, 시저(Caesar)에게 헌신한 사람들은 그들의 마차에 '로마 제국을 사랑하

라, 그렇지 않으면 떠나라'라는 문구를 붙이고 다녔다고 한다. 미국에서도 기독교와 애국 시민 사이에는 매우 밀접한 관계가 존재해 왔다. 19세기, 이러한 부류의 미국 그리스도인들은 하나님께서 미국을 향한 '분명한 운명'을 가지고 계셨다고 믿었고, 이것은 그들에게 '서부를 장악하라'는 영적인 비전을 제공해 주었다. 20세기 말, '미국 시민 종교'에서는 '미국인의 삶의 방식'이 하나님의 왕국이 가지고 있는 가치와 같다고 결론을 내리기까지 했다.

7. 몇몇 전통 교회들은 '정치적인 입장'을 공유하기 원한다. 역사적으로 유럽 국가 교회들은 일반적으로 보수 정당을 지지했으며, 자유주의 교회들은 진보주의 자유당을 지지했다. 21세기 초, 미국의 많은 주류 개신교들은 공공연하게 민주당에 가입했다. 더욱 최근에는, 많은 보수 교회들이 초기에 내세웠던 정치적 중립을 떠나 공화당에 가입했다. 사실, 많은 교단에서는 법 제도적인 지원이 필요한 한두 가지의 도덕적 신조를 강조하고 있다. 예를 들어, 많은 흑인 교회에서는(몇몇 라틴계 교회들도 포함된다) 시민의 권리를 중요시한다. 퀘이커(Quaker)나 형제회(Brethren), 메노파(Mennonite) 등과 같은 교단들은 평화를 부르짖으며 행진을 하기까지 한다. 포르노그래피를 적극적으로 반대하며 서명을 하는가 하면, 자연 개발을 반대하는 교단들도 있다. 오늘날 논쟁이 되고 있는 낙태의 문제에 있어서도, 어떤 교회에서는 적극적으로 반대를 하는 이들이 있는가 하면, 찬성하는 이들도 있다. 이렇게 대립적인 의

견을 가진 교회들은 교인들끼리의 교류마저도 싫어할 정도이다.

8. 몇몇 교회와 교단에서는 사람들이 '제도적인 교회를 후원' 할 것을 기대한다. 나는 이 문제가 근본적으로 그리스도의 몸 된 교회를 욕보이는 행동이라고 생각한다. 그에 대한 실례를 찾아볼 수 있는데, 중세 시대 교황이 성 베드로 성당(St. Peter's)을 짓기 위해 면죄부를 돈을 받고 판 사건이 그것이라고 할 수 있다. 이 모델에 있어 '좋은 그리스도인'이란 교회 명부에 이름을 올린 후 교회에 정기적으로 출석하고, 회의에 참여하며, 위원으로 활동하고, 다양한 직책을 수행하며, 교회의 후원금에 있어서 돈의 추후 사용 용도에 대해 아무런 질문을 하지 않고 기부하는 것을 의미했다. 결국 '좋은 그리스도인'이란 이런 제도적 교회가 믿을 수 있는 사람들을 의미했다.

9. 몇몇 전통 교회들은 '사람들이 천국에 가는 것을 준비시키는' 것을 목표로 삼는다. 그들에게 있어 기독교는 근본적으로 '영생을 위한 보험증권' 혹은 '화재 대피 장치'와 같다. 이 땅에서의 삶은 사람들의 마음을 '아프고 깨지게' 하여 괴로움을 줄 뿐이지만, 그리스도를 영접함으로 다음 세계에서의 보다 나은 삶을 약속받게 된다는 것이다. 이러한 기독교의 본질에 대한 관점들은 놀라우리만큼 널리 퍼져 있는 상태이다. 천국에 가고 그 여정을 준비하는 것은 소위 '복음성가'와 컨트리 음악과 서양 음악들의 주요한 주제이기도 하다. 바로 이러한 이미지가 마르크스 (Karl Marx)가 기독교를 '아편'이라고 낙인찍은 이유였다. 사실상 다

른 종교를 믿는 사람들이 '구원을 얻을 수 있는지'에 대해 나누는 이야기들은 기독교의 핵심이 천국에 가는 것이라는 결론을 내린 것과 같다. 더 나아가, 전도 훈련 프로그램 중에는 사람들에게 자신들이 천국에 갈 수 있는지를 묻는 내용으로 시작하기도 한다. 신약의 기독교가 '그리스도께서 부활' 하셨고, 그렇기 때문에 '죽음을 포함한 그 어느 것도 우리를 하나님의 사랑에서 끊을 수 없으며', 그리스도께서 우리를 위해 '처소를 예비하러' 가신 것은 분명한 사실이다. 그럼에도 초대 기독교는 절대 '천국에 가는 것'을 유일한 목표로 삼거나, 그리스도의 성육신, 가르치심, 십자가 사건과 부활 그리고 하나님께서 믿는 자들에게 부어 주신 성령의 은사들보다 중요한 문제로 여기지 않았다. 신약성경에서는 하나님께서 역사하실 때 오는 다양한 결과들을 보여 주고 있다. 거기에는 죄 사함, 칭의, 관계 회복, 거듭남, 성화 그리고 하나님께서 다스리시는 삶들이 포함된다. 고대 신비 종교나 영지주의 종교들은 사후의 삶을 유일한 목표로 삼지만, 사도적 교회는 그렇지 않다. 이 문제를 전통 교회가 사람들을 향해 가진 거의 마지막 목표로 배치한 것은 많은 사도적 교회에도 동일한 모습들이 있었기 때문이다. 하지만 사도적 교회에 있어서도, 이러한 목표는 하나님의 사람들이 전도를 하는 데 '충분한 동기부여'를 하는 그런 요소가 아니다. 사실상 사도적 교회에서 전도를 하는 사람들 중 한 사람도 천국을 유일한 도구로 사용하지 않으며, 주된 목표로 삼는 이들도 거의 없다. 심지어 그리스도를 알지 못하고 죽어 가는 이들보다는 그리스도를 알지 못하고 사는 사람들에게 더 큰 관심을 두고 있다.

10. 어떤 교회들은 사람들을 향해 명백한 '거룩한 의식적' 목표를 갖고 있다. 이 접근은 두 가지 형태로 나눌 수 있다. '고교회' 리더들은 사람들이 교회에서 유아 세례를 받고 나이가 들어서 견진성사를 받게 되길 원한다. 그들은 사람들이 영성체에 참여하고, 몇몇 교회에서는 고해 성사와 종부 성사를 베풀기도 한다. 그들은 우리 주 예수 그리스도의 은혜가 그리스도의 몸 된 교회에 의해 그리스도께서 직접 제정하신 성례전을 통해 사람들에게 흘러갈 것이라고 믿는다. 한편 '저교회파'(Low Church: 성직의 특권, 교회의 정치 조직, 성찬설, 세례 따위를 비교적 가볍게 보는 영국 교회의 한 파. 신앙 자체를 중요시하는데, 최근에는 특히 복음주의의 입장에 있는 사람들을 이름—편집자)에서 행하는 성례는 사람들에게 '헌신된 삶'을 강조하는 데 그 목적이 있다. 성경을 읽고, 매일 기도하며, 가족들과 함께 식사 자리에서 식사 기도와 잠자리에 들기 전에 기도를 드린다. 출판 산업의 발달과 예배 지침서 등의 도움으로 이러한 패러다임이 부각되었다. '최고의 교회들'은 격월로 발간되는 경건 생활 지침서인 「다락방」을 가장 많이 정기 구독하는 교회들이다. 우리는 고교회가 강조하는 것들의 예를 초기 기독교에서 잘 찾아볼 수 있고, 오늘날에는 로마 가톨릭, 루터교, 성공회, 유럽 국교회 등에서 찾아볼 수 있다. 헌신을 강조하는 예로는 가톨릭교의 수도원 생활과 초기 개신교인 경건파에서 찾아볼 수 있다. 고교회와 저교회의 성례전 모델 모두가

혼란을 보여 주고 수도 없이 변화를 겪어 왔으며, 결국 수단이 목적이 돼 버리는 실수를 범하고 말았다. 성례전이나 그러한 일련의 의식들은 처음에는 은혜를 위한 것이었다. 하나님과 그분을 알기 위한 통로였으며, 하나님의 뜻을 행할 수 있게 해 주는 영적인 능력을 입는 통로였다. 수단이 목적으로 바뀌게 되면, 그리스도인이란 것이 그저 예배에 참석하거나 성경을 읽는 사람이 되고 만다. 사도적 교회에서도 그러한 고교회나 저교회의 성스러운 의식을 강조하지만, 목적과 수단에 대해서 전통 교회보다 훨씬 명확하다.

## 전통 교회가 사람들을 향해 가지고 있는 목적에 대한 평가

나는 지금까지 전통적인 보수, 자유주의 혹은 두 부류의 교회들에서 사람들을 향해 가지고 있는 열 개의 목표에 대해 설명했다. 이 목표 중 하나만이 교회 리더들의 마음에 자리 잡는 경우는 드물다. 보통 두 개, 세 개, 혹은 네 개의 목표들이 함께 공존한다. 예를 들어, 최근에 내게 상담을 받은 한 교회에서는 사람들이 선량한 미국 시민이 되길 원하며, 자기들처럼 행동하길 원하고, 교회를 하나의 단체로 후원해 주길 원했다. 이 교회에 있어 그 외의 나머지 여섯 개의 목표들은 중요한 것들이 아니었다.

전통 교회들이 가지고 있는 이런 목표들이 뭔가 '잘못되었는지'에 대한 질문을 던질 수도 있을 것이다. 그러한 목표 자체나 그것들을 추진하는 것에는 전혀 '잘못된' 것이 없다. 어쩌면 나는 전통 신앙이야말로 그리스도의 몸 된 교회의 척추와 같은 역할을 한다고 믿는 정통파 신학자라는 나의 개인적인 고백이 내 요점을 분명하게 해 줄 것 같다. 도덕적 기준이야말로 삶과 가족, 지역 사회, 뿐만 아니라 사회를 지탱시켜 주는 중요한 요소이다. 나는 사람들이 죽음을 공포가 아닌 확신에 찬 희망으로 대할 수 있게 되길 원한다. 진정한 믿음이란 경험적인 믿음이다. 성례전과 성경 그리고 기도는 진정한 은혜를 받기 위한 도구들이다. "도덕적으로 잘못된 것이 정치적으로 옳을 수 없다"라는 휴 프라이스 휴스(Hugh Price Hughes)의 말을 믿는다. 또한 교회가 한 단체로서 후원을 할 만한 가치가 있음을 확신한다. 세상적인 과학 세계에서는 초자연적인 사상들을 유지하려고 하는 모든 종교들에 대한 연민을 가지고 있다. 뿐만 아니라 문화적으로 나와 비슷한 사람들과 있을 때 편안함을 느낀다. 물론 그 편안함의 수준이 사람들이 변할 것을 기대하는 그런 만족할 만한 수준은 아니다.

더 나아가, 이 목표들이 기독교와 아무런 관계가 없다고 말하는 것이 아니다. 이 목표들 중에는 분명 믿음이 선행되는 것들이 있다. 예를 들어, 어떤 사람은 예수 그리스도께서 하나님의 형상으로 오셨음을 예수를 믿기 전에 믿기도 한다. 또한 예수 그리스도와 그분의 뜻에 자신을 복종시키기 전에 기도의 응답을 받는 경우도 있다. 또한 믿음과 함께 오는 목표들도 있다. 예를 들어,

"이미 죽음에 대한 두려움이 사라졌어요!"라고 말하는 새 신자들이 그런 경우이다! 새로운 믿음의 뒤를 따르는 목표들도 있다. 옛 생활을 버리고 새로운 도덕적인 행동을 보이는 경우가 그 예다.

이러한 전통적인 목표들이 나쁘거나 타당하지 않아서 풀어놓지 않았던 것이 아니다. 그러한 것들이 기독교의 근본을 충분히 반영하지 못하며, 믿는 자들로 그들의 사명을 달성하게 하는 데 충분한 동기를 부여해 주지 못하고 있기 때문이다. 그렇기 때문에 믿는 자들이 세상 사람들에 대해 목표를 갖게 하는 요소들로 적합하지 않은 것이다. 방향을 표시해 줄 수는 있지만 목표는 될 수 없다. 이러한 목표를 가진 사람들이 신약 시대를 사는 그리스도인이 되지 못한다는 것을 깨닫게 되는 것이 가능하다. 이러한 목표들은 근본적으로 우리가 받은 부르심이 아니다. 그리스도께서 오시고, 사시고, 죽으시고, 부활하시고, 보혜사 성령을 교회들에게 부어 주신 이유가 근본적으로 그러한 것들이 아니기 때문이다.

아마도 우리는 이 문제를 한 예로부터 다시 생각해 봐야 할지도 모른다. 1980년대 중반, 레닌그라드 대학에서 철학을 공부하던 젊은 타타냐 고르쇼바(Tatiana Goricheva)는 변증법적 유물론에 확신을 잃고 실존주의자가 된다. 하지만 자신의 영혼 깊은 곳으로부터의 필요를 철학이 채워 주지 못하자, 타타냐는 요가를 하기 시작했고 자신에게 일어난 일을 다음과 같이 전해 주고 있다.

한 요가 책에서 기독교의 기도에는 '우리 아버지'라고 한다고 나와 있었어요. 저는 그저 아무런 의미 없이 주문 외우듯이 외웠어요. 여섯 번쯤 외웠을 때, 갑자기 뭔가 내면에서 깨달아지는 걸 느꼈어요. 그분이 계신 것을 알게 된 거예요. 살아 계시고, 개인적으로 하나님께서 저와 모든 피조물들을 사랑하시고, 그분께서 세상을 창조하셨고, 바로 그분께서 인간을 사랑하셔서 이 땅에 오셔서 십자가에 달리셨다 부활하신 하나님이셨어요.[2]

미국의 대학원에서 공부를 마친 타타냐가 당신의 교회에 참석해서 자신이 알아야 하는 기독교에 대한 모든 것을 알게 된다고 생각해 보자. 타타냐가 사도신경을 외우고, 종종 마시던 보드카를 끊고, 우리의 관습을 따르며, 매주 헌금 봉투에 헌금을 담아 드리고, 위원회에 참석하고, 천국을 준비하게 된다는 것만으로 만족할 수 있겠는가? 그 이상의 것들은 없는 것인가? 믿음이 세상을 변화시킬 수 있는가? 타타냐를 향한 우리의 계획은 무엇이란 말인가?

## 사도적 교회가 사람들을 향해 가지고 있는 목표들

나는 많은 새로운 사도적 교회들이 사람들을 향한 대안적 전략 모델을 시작하는 과정부터 지켜봐 왔다. 그들은 전통 교회가 세상 사람들을 향해 가지고 있는 목표들에 대해 공감하면서도, 그리스도의 신성을 부인하거나, 부도덕적으로 살거나, 중국 공산주의를 신봉하거나 하는 것들을 심각하게 말하는 그리스도인들에 대해서는 비관적으로 바라보며, 사람들에 대한 강조는 별개이고, 대조적인, 분명한 목표를 가지고 있다. 내가 연구한 대부분의 사도적 교회들이 '세상 사람들을 향한 목표' 문제에 자의적인 관심을 보이고는 있지만, 여전히 모델을 만드는 과정에 있는 상태이다.

예를 들어, 윌로우크릭 커뮤니티 교회의 사람들을 돕는 전략은 그리스도인으로서 다음의 네 가지 목표에 초점을 맞춘 예수 그리스도의 헌신된 종이 되는 것이다.

1. 정기적으로 믿는 자들이 모이는 예배(새로운 공동체)에 참석한다.
2. 소그룹에 참여한다.
3. 은사에 따라 사역에 참여한다.
4. 교회에 다니지 않는 불신자들과 친분을 쌓고 복음을 전한다.

다시 한번, 새 찬양 교회의 리더들은 비슷한 사명 선언서에 살을 붙여 다음과 같은 인상 깊은 조항들을 만들어 냈다.

### 성장에 따르는 다섯 가지 분명한 현상들
("하나님께서 우리를 부르신 부르심의 비전을 완성해 가고 있는지를 어떻게 알 수 있는가?")

성도들은 이렇게 말할 수 있다.

나는 하나님과의 친밀함과 그분의 말씀에 충성을 다함으로 성장하고 있다.
이 중요한 현상은 기도와 예배, 말씀을 듣고, 성경을 읽고, 내 삶을 향한 그분의 인도하심을 충실히 따르는 것을 통해 하나님과 함께 시간을 보내고 있는 것을 보여 준다.

나는 소그룹 안에서의 진정한 관계와 함께 성장하고 있다.
이 중요한 현상은 내 삶에 다른 사람들과 함께 모이면서 내 영적인 은사를 적극적으로 사용하고, 다른 사람들을 그리스도 안에서 세우며, 제자 양육에 참여하는 것을 보여 준다.

하나님과 다른 사람들을 섬김으로 성장하고 있다.
이 중요한 현상은 하나님께서 내게 주신 은사와 열정 그리고 개성을 발견하고, 가족과 교회 그리고 공동체를 효과적으로 섬김으로 하나님의 왕국과 그분의 사역이 발전해 나가는 것을 통해 드러난다.

그리스도를 위해 잠재적 그리스도인들과의 관계를 넓혀 감으로 성장한다.
이 중요한 현상은 잠재적 그리스도인들에 대한 긍휼을 키워 가고 예수님을 그들에게 소개시켜 주는 또 다른 기회로 이끄는 친분을 쌓아 가는 능력을 통해 드러난다.

나는 리더들을 훈련시키고 새로운 그룹들과 교회들을 세우는 데에 민감해짐으로 성장한다.
이 중요한 현상은 하나님의 나라를 내 주위뿐만 아니라 먼 곳에까지 전략적으로 확장해 가는 팀과 개인들을 만들기 원하시는 하나님의 마음을 열심히 후원하는 것을 통해 드러난다.

이 다섯 가지 조항들이 인상 깊기는 하지만, 두 개에는 몇 가지 목표들이 포함돼 있고, 또 다른 두 개는 목표라기보다는 기독교의 심각성을 드러내고 있고, 나머지 한 개는 모든 그리스도인들에게 가장 중요한 목표가 될 필요까지는 없는 새 찬양 교회가 강조하는 것과 관련된 것이다. 그렇기 때문에 우리는 오늘날의 사도적 교회들이 가지고 있는 세상 사람들을 향한 목표에 대한 더 많은 의견들이 필요하다.

모든 사람들을 같은 모양으로 만들어 버리는 '그리스도인 복제' 프로그램과 같은 것들을 받아들이자는 것이 아니다. 우리는 모두 다양한 개성과 은사 및 능력을 가지고 창조되었고, 성령께서도 사역을 위해 각각 다른 은사들을 부어 주셨다. 똑같은 볼링 선수가 없는 것처럼, 우리 또한 천편일률적인 똑같은 그리스도인이 돼서는 안 된다. 그럼에도 볼링 선수들처럼 우리는 모두 똑같은 게임을 하고 있기 때문에, 우리가 목표로 하는 핀들은 같아야만 한다. 하지만 지금 말하는 핀들, 즉 목표가 무엇인가? 이 질문은 흥미진진한 선택 게임으로 우리를 이끈다. 만일 우리가 하나님께서 모든 믿는 자들의 삶을 향해 가지고 계신 목표, 즉 열 개의 핀들(그 이상도 그 이하도 아닌)을 확인해야 한다면, 과연 그것이 무엇이겠는가?

기독교 지도자들은 존 칼빈(John Calvin)이 남긴 중요한 말들과 함께 이 질문을 던지곤 한다. 존 칼빈은 웨스트민스터 신앙고백에 "인간의 최종 목적은 하나님께 영광을 돌리고 그분을 영원히 즐거워하는 것이다"라고 단언했다. 윌로우크릭 커뮤니티 교회는 '세상 사람들이 그리스도를 따르는 헌신된 사람들'이 되기를 원한다. 앞에서 언급한 중서부에서 온 부부도 '하나님께 영광'을 돌리기 원하고 '온전히 헌신된 그리스도의 종'이 되기를 원하지만, 많은 다른 사람들처럼 정확히 그것이 어떤 의미인지를 알기 원한다.

어느 날, 나는 이 질문이 존 웨슬리가 그의 뛰어난 18세기 수필인 「감리교인의 특징」(The Character of a Methodist)에서 던진 가장 중요한 질문임을 깨달았다. 웨슬리의 어깨 너머로, 나는 그가 말한 '핀들' 몇몇을 재생산할 수 있는 한 모델을 개발해 냈다. 하지만 이 또한 성경, 전통의 보다 넓은 개혁 그리고 내가 사도적 교회들을 관찰한 것들과 세상에서 나와 믿음을 받아들인 첫 번째 세대들과의 인터뷰들과 새로이 상호 작용을 하고 있었다. 이 모델에서, 나는 각 핀들의 이름을 정하고 그 핀이 서게 될 라인 또한 정했다. 첫 번째 줄에 서게 될 핀은 현대를 사는 세상 사람들이 효과적으로 그리스도인으로서의 여정을 시작하기 전에 다뤄야 할 내용이다. 두 번째 줄의 두 개의 핀은 하나님께서 모든 사람들이 경험하기 원하시는 것들로 이루어져 있다. 세 번째 줄의 세 개의 핀들은 그리스도 안에서의 새 삶의 가장 중요한 모습을 확인시켜 주고 있다. 네 번째 줄의 네 개의 핀들은 그리스도께서 우리를 부르신 새로운 삶의 방식에 초점을 맞추고 있다.

### 발견

첫 줄에 있는 핀에 초점을 맞추도록 하자. 하나님께서 예수 그리스도 안에서 주신 가능성이 사람들을 향한 심오한 발견과 함께 시작되었다. 윌로우크릭에서는 '하나님께서 우리를 소중히 여기신다' 라는 말로 표현하고 있다. 보통은 이런 발견으로 시작하는데, 대부분의 세상 사람들은 자신들이 하나님께 중요한 존재임을 알지 못하기 때문이다. 상상치도 못했을 것이다. 그들이 신이라는 존재를 믿기는 하지만(세상 사람들의 대부분은 무신론자가 아니다) 대부분이 이신론자들이기 때문이다.

이신론은 오늘날 두 가지 형태로 나타난다.

대부분의 세상 사람들이 보여 주고 있는 첫 번째 형태의 이신론은 철학자 존 로크(John Locke)의 '시계공' 이론에 소개된 물질 모델적 하나님을 찾아 헤매고 있는 모습이다. 그들은 우주를 만든 초월적인 존재가 모든 것을 시작하게 만들었고, 스스로를 피조물들로부터 분리시켜 더 이상 관여하지 않고 있으며, 상관하지 않는다고 믿거나 생각한다. 한번은 두 명의 남자와 인터뷰를 한 적이 있었는데, 둘 다 이신론자라고 했다. 한 명이 이렇게 이야기했다. "만일 두 개의 조각으로 된 가죽 조각이 정확히 맞물리도록 만들어진 야구공을 보게 된다면, 분명 그것이 우연히 만들어졌다고 생각하지는 않을 것입니다. 분명 설계한 사람과 만든 사람이 있기 마련입니다. 집채만큼 커다란 야구공을 보게 된다고 해도 마찬가지일 것입니다. 마찬가지로 이 세상만큼 커다란 야구공을 보게 된다면, 야구공보다 더욱 복잡한 모습을 보고 당연히 설계자와 만든 사람이 있다고 생각할 것입니다. 빅뱅 이론으로는 설명할 수 없는 위대한 존재가 있는 것이 분명합니다." 그러더니 다른 친구가 끼어들었다. "하지만 밥, 자네와 나는 50억 지구인들 중 두 명일 뿐이야. 이 지구도 태양계의 여덟 개의 별들 중 하나일 뿐인데다, 태양계도 우리 은하계에 있는 1억 개의 별들 중 하나이고, 우리가 속한 은하계 또한 이 우주에 존재하는 1억 개의 은하들 중 하나일 뿐이잖아. 우리가 우주의 광활함을 아는 것을 인정하는 것은, 우리가 하나님께 중요하다는 것을 믿는 것까지 이어진단 말일세." 그들이 말하는 '신'(God)은 자리를 비우고 없는 우주의 주인과 같은 존재였다.

우리가 보게 되는 두 번째 형태의 이신론자들은 이신론자들이 아는 것보다는 좀 더 개인적으로 하나님을 알았던 사람들로, 너무 많은 고통과 아픔, 비극, 폭력과 불의를 경험했거나 목격한 사람들이다. 그들이 "진리는 영원히 교수대에, 악은 영원히 왕좌 위에"라고 말하는 것처럼, 하나님과 삶에 대한 그들의 초기 극단적 낙천주의적 결론은 삶의 경험을 통해 쇠퇴해 갔고, "하나님은 결국 관여치 않는다"라고 결론을 내리고 이신론에 빠지거나, 때로는 무신론에까지 이르기도 한다.

평생 이신론자인 첫 번째 부류의 사람들을 도울 수 있는 방법들은 예수께서 주신 말씀에서 찾을 수 있다. 누가복음 15장에, 예수께서는 잃어버린 양과 동전 그리고 탕자의 세 비유를 들어 주신다. 이 비유들에는 다섯 가지의 공통점이 존재한다. (1) 너무도 귀한 것을 잃어버림. (2) 잃어버린 것을 전심으로 찾아다니며, 잠을 이루지 못함. (3) 잃어버렸던 것을 찾음으로 인해 큰 잔치가 벌어짐. (4) 하나님께서 목자와 여인과 아버지의 모습으로 찾아다니심. (5) 하나님께서 그렇게 하심은 양과 동전과 아들처럼 우리가 그분께 중요하기 때문임. 산상수훈을 통해, 예수께서는 하나님께서 들의 백합화를 입히시며, 우리는 그와 비교할 수 없이 하나님께 중요하다고 선포하고 계신다. 예수께서는 우리를 너무도 잘 아시기 때문에 심지어 우리의 머리털까지도 세고 계신다고 말씀하신다. 때때로 기독교 전통은 너무도 중요하고 단순한 가르침을 회복하라고 강조한다. 어거스틴(Augustine)은 "하나님께서는 우리를 마치 사랑할 이가 우리 하나뿐인 것만큼 사랑하신다"라고 단언했다. 키에르케고르(Søren Kierkegaard)는 사람들에게 "성경을 마치 여러분들의 개인 주소로 하나님께서 보내신 편지라고 생각하고 읽으시오"라고 조언했다.

두 번째 그룹인 환상을 잃어버린 이신론자들은 우리가 '하나님께 중요하다'라는 예수님의 말씀을 통해 도움을 얻곤 한다. 하지만 그들은 예수님에 대한 말씀으로 더욱 감동받곤 한다. 특히 하나님께서 "친히 자신을 비우시고, 종의 모양을 입으시어, 인간의 모습으로 태어나셨다"라는 성육신의 복음을 말한다. 성육신의 교리는 우리를 중요하게 여기시는 하나님은 마치 안전한 사령부에 숨어 있는 장군이 아니라 포위돼 있는 자신의 병사들을 진심으로 염려하는 분임을 확신시켜 주고 있다. 그분은 '임마누엘', 즉 '우리와 함께하시는 하나님'이시다. 그분은 우리와 함께 걸으시며, 함께 고통당하시고, 우리가 삶에서 겪는 싸움들에 함께하시는 분이시다. 제임스 러셀(James Russell Lowell)이 「현재의 위기」(The Present Crisis)에서 다음과 같이 단언한 것과 같다.

> 부주의는 가장 큰 보복자인 것 같다.
> 역사의 페이지는 오로지
> 옛 체제들과 말씀 사이의 어두움에서
> 필사적인 사투를 기록하도다.
> 진리는 교수대 위에, 죄악은 권좌 위에,
> 하지만 그 교수대는 미래를 흔들고,
> 알려지지 않은 희미한 배후에
> 그림자 안의 하나님을 세우되,
> 자기 자신을 너무 계속 살피도다.[3]

우리가 하나님께 너무도 중요한 존재라는 말씀은 오늘날 기독교 복음의 선봉에 있다. 이것이 복음 전체를 말하는 것은 아니지만, 사람들이 가장 먼저 발견하는 부분이고, 이것을 먼저 발견하지 못한다면, 나머지는 좀처럼 발견하기 힘들어진다. 예수님의 말씀을 읽거나, 다른 그리스도인 친구나 소그룹을 통해서 알게 될 것이다. 때로는 '믿음의 실험'을 해 보기도 하고, 자신들 안에 계신 하나님께 스스로가 중요하다는 것을 삶을 통해 시험해 보기도 하며, 그러한 실험 자체가 중요한 것을 발견하게 된다. 때로는 그러한 실험에 기도를 포함하기도 하며, 기도가 응답되는 경험을 통해 우리가 하나님께 중요한 존재라는 예수님의 복음을 확인하기도 한다.

### 새로운 관계

두 번째 줄에 있는 두 개의 핀은, 그리스도인이 되는 경험에 있어 지극히 정상적인 모습이기도 하다. 이 두 경험들은 한 개인의 삶에 순서대로 자리를 잡게 된다. 나는 이것들을 '논리적' 순서라고 제시하는 바이다. 사실 대부분은 그 반대되는 순서대로 진행되는 것이 보통이다.

한 개의 핀은 하나님과의 새로운 관계의 경험으로 이뤄져 있다. 이것은 성경이 주고 있는 최고의 약속이기도 하다. 우리는 죄 사함을 받고 우리를 받아들이시고 사랑하시는 하나님을 알고 우리의 마음에 새긴 새로운 언약을 받으며, 새 생명으로 태어나고 하나님의 능력과 우리 안에(우리들 가운데) 주어지는 영생을 알아야만 한다. 하나님과의 이 신뢰의 관계는 순전히 은혜로만 가능하다. 우리가 죄인이기 때문에 절대 그럴 만한 가치가 있지도, 돈을 주고 살 수도 없다.

스티븐 네일(Stephen Neill)은 다음과 같이 설명하고 있다. "모든 인간은 하나님으로부터 멀리 떨어져 있는 상태이다. 인간 한 사람 한 사람은 모두 자신만의 세상의 중심에 서 있고, 스스로의 존재를 결정할 수 있는 권리를 주장하고 있다. 이것이야말로 하나님을 향한 반역이며 또한 죽음의 길이다.[4] 하지만 예수께서 십자가에서 죽으심으로 '우리를 향한 하나님의 사랑을 보이셨고', 이 사랑은 우리가 우리 자신을 사랑한 그 어떤 사랑보다 큰 것이다. 이 위대한 사랑이 우리 자신의 사랑으로부터 잡아끌어 하나님께 믿음으로 응답하게 해 준다. 마틴 루터는 이 믿음을 다음과 같이 정의 내렸다. "하나님의 은혜로 담대히 사는 것은 하나님의 사람으로 수천 번이라도 자신의 생명을 무릎 쓸 만큼 확실하고 분명한 것이다." 이 '믿음의 도약'(키에르케고르)은 하나님과 화평케 하는 하나님의 은혜에 응답하는 것이고, 이로 인해 사망에서 생명으로 옮겨지게 하고, 하나님과의 새로운 관계에 들어가게 한다. 참으로 "그 은혜로 우리가 믿음으로 말미암아 구원을 얻었고, 우리의 노력이 아닌, 전적인 하나님의 은혜"인 것이다.

분명한 것은, 우리가 하나님과의 새로운 관계에 들어가기는 했지만, 여전히 "거울로 보는것 같이 희미하나 그 때에는 얼굴과 얼굴을 대하여 볼 것"이라는 사실이다. 우리가 지금 경험하고 있는 하나님과의 새로운 관계는 바울이 우리가 결국 알게 될 하나님과의 완전한 관계에 비하면, 그것을 잠시 맛보며, 보증으로 받은 그런 첫 열매와 같은 것이라고 말한 것들이다. 찬송가 "주의 음성을 내가 들으니"에서 패니 크로스비(Fanny Crosby)는 이러한 사실을 다음과 같이 노래했다.

> 우리 구주의 넓은 사랑을 측량할 자 없으며
> 주가 주시는 참된 기쁨도 헤아릴 수 없도다

하나님께서 약속하신 새 예루살렘 성이 아직 이 땅에 임하지 않은 타락한 세상에서 하나님께서는 예수 그리스도와 함께 약간의 모습이지만 새로워진 관계를 우리에게 주셨다. 한 조각일 뿐이지만, 그것으로도 충분하다. 우리로 하나님을 알게 해 주고, 또 어느 순간에 그분이 우리를 알고 계심을 알게 되며, 이러한 경험들을 통해 이 땅에서 하나님의 백성으로의 삶을 이뤄 가게 만들기 때문이다.

첫 번째 편이 그리스도인들이 누리게 되는 하나님과의 새로운 관계라고 하면, 나머지 한 편은 하나님의 백성인 교회와의 새로운 관계를 나타낸다. 웨슬리는 이렇게 말했다. "기독교는 홀로 서 있는 종교가 아니다." 바로 사회적 종교이며, 골프나 체력 단련과 같이 개인적인 경기가 아닌, 축구나 야구처럼 팀으로 해야 하는 경기이다. 교회는 메시야적 공동체이며, 그리스도의 몸이며, 새로운 이스라엘이다. 그리스도인이 되었다면 반드시 이 무리에 속해야만 한다. 예수께서도 친히 "두 세 사람이 내 이름으로 모인 곳에" 함께하시겠다고 약속하셨다. 많은 사람들이 하나님과의 믿음의 관계를 경험하기 전에 비슷한 형태의 교회를 경험하기도 하는데, 그것은 자연스러운 일이다. 왜냐하면 믿음은 '가르쳐지기보다는 사로잡히는 것' 이기 때문이고, 교회에서의 경험도 세상의 것들보다는 믿음의 영역에서 쌓아 가야 하기 때문이다. 더 나아가, 많은 사람들이 교회에서 믿음을 갖게 되는 것처럼, 모든 그리스도인들의 믿음 또한 교회에서 필요한 영양을 공급받게 된다. '사도들의 가르침을 받고, 교재를 하며, 함께 떡을 떼고 기도하는 것' 등을 말한다. 뿐만 아니라, 교회를 통해 발견되고 양육받는 믿음은 또한 교회를 통해 유지된다. 예전에 믿음을 가졌던(하지만 지금은 더 이상 믿지 않는) 이들과의 인터뷰를 통해 그들이 교회를 떠남으로 인해 공격을 받기 쉬운 위치에 들어가게 되고, 결국 믿음이 약해져 믿음을 잃어버리고 말았다는 것을 알게 되었다. 이는 기독교가 공동체적인 신앙이기 때문이다.

새로운 사도적 교회는 두 구조에 필요한 것들이 교회 내에서 채워지는 경험을 다시금 발견해 가고 있다. 웨슬리는 이 두 구조를 사회와 학급에 비유했다. 대부분의 그리스도인들은 이것을 대규모 예배와 소그룹 모임에서 경험한다. 많은 사람들이 대예배를 통해 성체와 선포와 성찬을 경험하지만 소그룹에는 참여하지 않는 경우가 많다. 그렇기 때문에 진정한 '교회'에서 경험해야 할 반쪽은 결코 경험하지 못하게 된다. 교회의 구원받은 이들이 모이는 소그룹에서만이 진정으로 서로를 알고 서로를 후원해 주며, 도와주며 힘을 얻고, 눈물을 흘리며 기뻐하고, 서로를 귀히 여기며 은사를 확인하고, '서로가 서로에게 속한다' 라는 말이 어떠한 뜻인지를 알게 된다. 브루스 라슨이 "소그룹에 참여하는 것은 그리스도께서 당신의 죄를 위해 죽으심을 믿는 것만큼이나 중요히

다"라고 선포한 이유가 바로 이것이다. 하나님께서 구원받은 이들이 모인 소그룹을 통해서만 이루시는 일들이 있기 때문이다.

### 새로운 삶

세 개의 핀으로 된 세 번째 줄은, 우리가 현재 살고 있는 새로운 삶, 곧 그리스도를 믿는 믿음과 그분의 교회에 참여하는 것에 대한 기본이 무엇인지를 확인시켜 주고 있다.

새로운 삶의 한 면은 하나님의 뜻을 행하는 것이다. 새 신자로서, 우리는 우리 자신이 더 이상 우리 것이 아니라 값을 주고 산 그분의 것임을 발견하게 된다. 이제 하나님과 화평케 되었으니, 그리스도께서 우리를 "먼저 그의 나라와 그의 의를 구하라"고 부르신다. 바울은 이렇게 설명한다. "저가(그리스도께서) 모든 사람을 대신하여 죽으심은 산 자들로 하여금 다시는 저희 자신을 위하여 살지 않고 오직 저희를 대신하여 죽었다가 다시 사신 자를 위하여 살게하려 함이니라." 그렇기 때문에 웨슬리 또한 이렇게 설명하고 있다. "그리스도인의 삶을 향한 계획은 하나님의 뜻을 행하는 것이지, 자신의 일을 행하는 것이 아니다." 그리스도인들의 한 가지 목적은 하나님을 기쁘시게 해 드리는 것이다.

웨슬리는 하나님의 뜻을 행하는 것이 먼저 하나님의 '가장 작은 계명부터 큰 계명까지' 모두 순종하는 것이고, 또한 우리의 재능을 하나님의 목적을 위해 사용하는 것이라고 설명하고 있다. 그렇기 때문에 우리가 살고 있는 믿음은 바로 '순종의 신앙' 인 것이다[에밀 브루너(Emil Brunner)].

새로운 그리스도인들은 종종 자신들을 향한 하나님의 뜻에 따라 살고 있거나, 적어도 그렇게 하려고 노력하고 있다고 이야기하고 있다. 그들은 특히 동기부여에서 오는 커다란 차이점에 대해 이야기하고 있다. 하나님의 은혜를 발견하기 전에는 하나님께 인정받고 자신들의 삶을 합리화시키기 위해 하나님의 법에 순종하고 선한 삶을 살려고 노력하지만, 이제 하나님께서 아무 대가 없이 영접해 주셨고, 이미 그들을 의롭게 하셨음을 알게 되었기 때문에, 그에 대한 감사함으로 하나님께 순종하는 것이다. 더 나아가, 새로운 그리스도인들은 하나님께서 자신들의 재능을 그분의 목적을 위해 사용하실 수 있고, 또 그렇게 하기 원하신다는 사실을 발견하고 흥분하기도 한다. 삶에 커다란 의미와 목적들 그리고 자신들의 삶과 세상을 향한 목적에 참여하게 된 것을 알게 됨으로 인해 커다란 만족을 느끼고 있음을 알리고 있다.

그리스도인들의 새로운 삶의 두 번째 모습은 사람들과 하나님의 다른 피조물들을 향한 사랑이다. 예수께서는 하나님을 사랑하는 다음으로 큰 계명이 "네 이웃을 네 몸과 같이 사랑"하는 것이라고 가르치셨다. 이 사랑[헬라어 아가페(Agape)]은 의지(사람들과 다른 피조물들을 향한 선한 의도)에서 오는 마음의 느낌들이 아니다. 하나님께서 먼저 우리를 사랑하셨기 때문에 우리가 사랑할 수 있는 것이고, 하나님께서 우리를 사랑하신 것처럼 사랑하도록 우리를 부르셨다. 사실, 웨슬리는 진정한 그리스도인이 "모든 사람들을 자신의 영혼처럼 사랑한다. 그의 마음은 모든 인류를 향한 사랑으로 가득하다"고 이야기하고 있다. 그리스도인들의 선의는 믿는 가족들 외에 사회 네트워크, 사회 경제적 그룹, 민족, 문화, 인종들을 모두 포함한다. 그리스도인들은 원수들, 심지어 하나님의 원수들에게까지 선을 행하도록 부름받았다. 하나님께서 그렇게 하셨기 때문이다.

그리스도인들은 예수님, 아시시의 성 프란체스코(Francis of Assisi), 알버트 슈바이처(Albert Schweitzer) 등의 전통을 통해 생명을 경외하고 식물과 동물들까지 사랑하도록 부름받은 사실을 깨닫게 된다. 하나님께서 들에 핀 백합화와 참새마저도 사랑하시기 때문이다. 하지만 그리스도인들은 그보다 더욱 사람들을 사랑하도록 부름받았다. 하나님께서 그렇게 사랑하시기 때문이다. 하나님의 피조물들을 사랑하라는 부르심은 우리로 생태학적 존재들에게 헌신하게 하고, 피조물들에 대해 신실한 청지기직을 다하게 하며, 하나님뿐만 아니라 사회운동에 동참하고, 피조물들이 건강을 회복하는 것을 돕게 한다.

사람들을 사랑하라는 이 명령은 또한 우리로 정의를 실천하게 만든다. 정의를 위해 일하는 것은 우리의 이웃이 아닌 이웃들마저도 어떻게 사랑하는가를 말한다. 사랑이란 것이 피해자들을 진심으로 걱정하는 것인데, 예를 들어, 산을 헐어 고속도로를 건설해야 한다면, 정의는 산을 무너뜨리는 대신에 고가를 세워 희생자를 최대한 줄이는 것을 이야기한다. 정의를 위해 일하는 것은 하나님께서 우리가 "뜻이 하늘에서 이룬 것 같이 땅에서도 이루어지이다"라는 기도의 응답에 참여하는 한 가지 방법이다.

1세대 그리스도인들은 스스로가 이기적이거나 자기중심적인 삶을 살지 않는다고 보고하곤 한다. 어떤 이들은 자신들과 다른 이들을 사랑할 수 있는 능력에 대해 이야기하고, 자기와 가까운 이들, 즉 배우자나 자녀, 부모 등도 더욱 깊이 사랑하게 되는 능력을 이야기하기도 한다. 어떤 이들은 궁핍함 가운데 있는 이웃이나 먼 곳에서 억압당하고 있는 이들, 학대당하거나 멸종 위기에 있는 동물들에게까지 갖게 되는 긍휼에 대해 이야기하기도 한다.

새로운 삶의 세 번째 모습은 그리스도 안에서의 자유함으로, 이것은 놀라운 '하나님 은혜의 광대함'을 소개해 주고 있다. 구약 복음의 중심 사건인 출애굽기에는 하나님께서 이스라엘 백성들을 애굽으로부터 자유롭게 하시는 사건이 기록되어 있다. 신약의 중심적 사건인 예수님의 부활은 사람들을 죽음의 권세로부터 믿음을 통한 자유로 해방시키는 사건을 기록하고 있다. 더 나아가, 바울은 예수 그리스도께서 우리를 루터가 '율법의 폭정'이라고 부른 것, 즉 우리가 모든 '법들'을 지킴으로 하나님께 우리의 삶을 정당화시키려고 하는 법적인 함정과 같은 것들로부터 해방해 주신 것을 보았다. 바울과 바울의 뒤를 따른 웨슬리를 위하여 예수 그리스도는 우리를 죄의 권세로부터 해방시키셨다. 다시 한 번 교회의 '그리스도의 승리'라는 주제는 신약 시대로부터 중세에 이르기까지, 그리스도께서 십자가 상에서 주신 언약이 악한 이들로부터 우리를 자유케 하셨음을 보게 된다.

1세대 믿는 이들이 "당신 삶에 예수 그리스도를 설명할 수 있는 것이 무엇입니까?"라는 질문을 받게 되면, 대부분은 무언가로부터 자유케 되었음을 이야기한다. "구체적으로 무엇으로부터 그리스도께서 당신을 해방하셨습니까?"라는 질문을 받으면, 그리스도를 따르게 된 후로 한 가지 혹은 그 이상의 것들로부터 자유케 된 경험들을 이야기하는데, 그 경험의 범위들은 놀라울 정도이다.

> 몇몇 새로운 그리스도인들은 은혜로 율법과 도덕적인 억압으로부터 자유케 되었다고 한다. 다른 이들은 반 율법주의로부터 자유케 되었다고 하는데, 그들은 자기중심적이거나 신뢰할 수 없는 방향 없는 삶의 방식 그리고 폭력적인 분위기에 피해를 입는 등 이러한 것들로부터 자유케 되었다.
> 다른 이들은 동료 집단의 영향으로부터, 혹은 이데올로기, 우상 숭배, 문화(자기 자신만을 믿으라는 서양 문화 등)로부터 자유케 되었다.
> 다른 이들은 하나님의 용서하심을 통해 죄책감으로부터 자유케 되었다. 또 다른 이들은 찰스 웨슬리(Charles Wesley)가 "하나님께서 우리의 죄 된 성향을 제거해 주셨다"라고 말한 것처럼, 삶에 있던 죄의 권세로부터 자유케 되었다.
> 다른 그리스도인들은 그리스도께서 자신들의 질병과 불안, 슬픔 혹은 절망과 같은 감정적인 고통으로부터 해방시켜 주셨다고 한다. 더 많은 이들은 그리스도께서 자신들을 낮은 자존감 혹은 과장된 자존감, 변덕스러움, 자아도취와 같은 것들로부터 자유케 하셨다고 한다.
> 다른 이들은 그리스도께서 악한 권세나 악령들이나 그 영향들로부터 자유케

하셨다고 한다. 다른 더 많은 이들은 그리스도라고 알게 된 '높은 능력'이 자신들을 알코올 중독이나 마약 중독, 게임 중독, 성도착, 다른 압박들이나 파괴적 버릇들, 통제가 안 되는 그런 삶의 방식들로부터 자유케 하셨다고 한다.

다른 이들은 어린 시절 학대받은 기억들로부터의 해방을 경험했다.

자신들이 지금까지 살아 온 부정으로부터 해방시키심을 보고하는 이들도 있다. 또한 정의롭지 못한 상태를 극복한 삶을 살게 되거나 심지어 원수까지도 사랑하게 되었다고 하고 있다. 뿐만 아니라 부활을 기뻐하는 사람들이 되었고, 또한 미래에 대한 두려움과 '죽음의 공포'로부터 자유케 되었다고 한다.

하나님께서 사랑하신 것처럼 사람들을 사랑하는 자유함을 발견하게 되었고, 몇몇 새로운 그리스도인들은 이기주의나 시기, 질투, 미움, 편견으로부터 자유케 되었다고 한다. 하나님의 뜻을 의지적으로 따르는 자유를 깨달은 이들은 이기적인 마음과 통제해야만 하는 것들로부터 자유케 됨을 이야기하고 있다.

대부분의 새로 믿는 이들은 그리스도 안에서 새로이 주어진 자유함을 충분히 누리지 못하고 있다. 그들은 또한 하나님께서 그들을 향해 의도하셨던 그런 온전한 하나님의 사람들이 아니다. 그들은 '더 이상'과 '아직 아닌' 중간에서 살고 있다. 더 이상 예전의 사람들은 아니지만 아직 하나님께서 의도하신 사람들도 아닌 것이다. 하지만 거의 모든 1세대 그리스도인들은 한 가지 혹은 여러 가지 방법으로 자유케 된 새로운 삶을 경험하고 있다.

### 새로운 삶의 방식

네 번째 줄은 네 개의 핀을 갖고 있고, 처음 세 개의 핀은 믿음과 자유, 사랑 그리고 순종이 가능케 하는 모습들을 확인시켜 주고 있다.

첫 번째 핀이 보여 주고 있는 삶의 방식은 우리가 세상 가운데 살지만, 세상에 속하지 않았음을 확인시켜 주고 있다. 그것은 우리가 왕국의 가치에 따라 살아야지, 할리우드나 매디슨 가 혹은 우리 시대의 이데올로기의 가치에 따라서 살지 말아야 할 것을 말하고 있다. 웨슬리는 신실한 그리스도인은 절대 이 세상의 우상들이 자신들을 방해하게 하거나, 믿음의 경주를 방해하지 못하게 한다고 설명했다. "악행이 아무리 현대적이라 하더라도 악은 악인 것이다. 그리스도인들은 군중을 따라다니지 않는다. 그리고 그로 인해 동료 집단들의 악행과 변덕스러운 문화 그리고 유행으로부터 자유로울 수 있다. 그러한 그리스도인들은 '이 땅에 보물을 쌓아 두지 않고' 오로지 '순수하고, 하나님을 기쁘시게 하는 것' 들에 집중한다. 기독교는 다른 말로 그리스도인들의 자세와 의식을 되찾고 우리가 무엇을 위해 사는지를 분명히 하는 것을 포함하고 있다.

두 번째 핀은 우리를 예배와 섬김의 삶으로 부르고 있다. 우리는 이제 웨슬리가 "모든 이들에게 선을 행하라"고 했던 운동에 동참한 것이다. 그렇기 때문에 우리는 주린 자를 먹이고, 벗은 자를 입히고, 병든 자들과 갇힌 자들을 찾아간다. 더 이상 우리 자신을 위해 사는 것이 아니라 다른 이들을 위해 살게 된다. 더 나아가, 우리가 우리 자신의 영적인 은사를 발견하고 그것들을 사용하면, 우리는 하나님의 능력이 우리의 섬김을 통해 역사하는 것을 경험하게 된다.

세 번째 핀은 복음 증거와 선교적 삶의 형태로 우리를 부르고 있다. 웨슬리는 그리스도인들이 사람들을 육체적으로 섬기는 것 이상으로 "그들의 영혼을 위해 선한 일에 힘써야 한다"고 가르쳤다. 선교가 중요한 것은, 사회가 세속화되어 가면서 다시금 지금 우리가 사는 곳이 선교의 현장이 되었기 때문이다. 예수께서는 "너희 빛을 사람 앞에 비취게" 하라고 가르치셨고, 우리에게 지상명령을 주셨다. 그렇기 때문에 우리는 모든 사람들이 하나님께서 그들을 귀히 여기시며, 하나님뿐만 아니라 그분의 백성들과 함께 믿음의 계약 관계에 들어갈 기회가 주어졌고, 새로운 삶과 새로운 삶의 형태를 경험할 수 있는 부동의 권리가 주어졌음을 알고 있다. 대부분의 그리스도인들은 자신의 지역, 사회적 네트워크인 가족, 친구, 이웃, 직장 동료에게 복음을 가장 잘 전한다. 하지만 모든 그리스도인들에게는 또한 세계 선교의 사명이 있다. 지구상에는 아직도 미전도 종족만 12,000여 개 이상 존재하며, 우리 모두가 그들에게 기독교 신앙을 전파하도록 부름받았다. 많은 이들이 문화의 벽을 넘어 복음을 전하도록 부름받았고, 어떤 이들은 전임 사역을 하도록 부름받았다.

### 새로운 신분

네 번째 줄에 있는 네 개의 핀들은 그리스도를 따르는 자들로서, 우리가 새로운 신분을 발견하고, 진정한 우리 신분으로 돌아가는 것을 이야기하고 있다. 웨슬리가 강조한 것처럼, 하나님의 형상이 우리들 안에 회복된다. 만일 복음에서 가장 먼저 보여 주고 있는 것이 '우리는 하나님께 중요하다' 라는 것이라면, 그 뒤를 따르는 말은 그리스도께서 이 땅에 오셔서 우리가 되어야 할 것들, 이 땅에서 우리가 태어났을 때의 모습으로 돌아가는 것, 잉태된 것 또한 우리가 마음 깊은 곳으로부터 진정으로 되기 원하는 것을 가능케 하시기 위해 이 땅에 오셨다는 사실이다. 사도적 교회들은 모두가 사람들을 향해 이 마음을 품고 있고, 어떠한 형태든 관련된 문구를 가지고 있다. 예를 들어, 새 찬양 교회의 디터 잰더는 "계속해서 사람들이 하나님께서 의도하신 대로 변할 수 있도록 도우라고 우리 자신을 상기시키고 있다"라고 했다.

복음의 이 부분은 세상 사람들에게 놀라운 소식이 되고 있다. 왜냐하면 비그리스도인들은 몇몇 교회 사람들로부터 그리스도인이 되는 것을 정신병자나 흉악범들이 입는 구속복(Straitjacket)이 입혀져서 개성을 잃어버리고, 원하지 않는 사람으로 변해 버리는 것이라고 하는 전혀 반갑지 않은 이야기를 들었기 때문이다. 1970년대 초반, 내가 서던메소디스트대학교의 버킨스 신학교에서 강의를 하던 시절, 단순히 베트남전쟁을 비판하기 위해 들어온 학생들이 있었다. 한 친구는 늦잠을 잘 수 있다는 이유로 늦게 시작하는 내 수업에 수강신청을 했는데, 어느 날 이 학생이 내 사무실로 찾아와서는 놀라운 고백을 했다. "교수님, 사실 저는 그리스도인이 아닙니다. 그러나 예수님께서 하나님의 아들이시고, 이 땅에 오신 하나님이시며, 죽었다가 부활한 모든 것을 믿습니다. 하지만 단 한 번도 그분의 영을 모셔드린 적이 없고 주님으로 따른 적이 없습니다."

나는 "그 이유가 무엇인가?"라고 물었다.

"왜냐면 서부 텍사스에서 만일 예수를 영접하면 광적인 종교쟁이로 변해 버리거나, 정말 원하지 않는 모습으로 변한다고 배웠거든요."

나는 학생의 어깨를 붙들고 눈을 마주치고는 이렇게 말했다. "이보게, 절대 그런 것이 아니라네. 누군가 자네에게 이상한 물건을 판 것 같군. 만일 자네가 그리스도를 영접하고 10년 후에 자신이 기뻐하고 있을 모습을 볼 수 있다면 정말 간절히 그렇게 되고 싶어 할 걸세. 복음은 다름 아닌 우리 자신의 깊은 내면의 간절한 소망과 일치하는 것이라네." 학생은 더 이상 말을 하지 않았다. 그리고 아무 말 없이 사무실을 빠져나갔다. 그날 밤, 자신의 기숙사 방으로 돌아간 이 학생은 예수께서 자신에게 찾아오신 것을 느꼈고, 믿음을 받아들였으며, 완전히 새로운 사람이 되었다.

## 어떻게 우리가 태어났을 때의 모습이 될 수 있는가?

우리가 그리스도 안에서 진정한 자신의 모습을 찾게 되는 일들이 어떻게 가능한가? 분명히 우리의 이론을 뛰어넘는 신비가 관련된 것이 사실이다. 뿐만 아니라, 천 명이 넘는 1세대 그리스도인들과의 인터뷰를 통해 각자의 '체험'들이 분명 어느 정도씩은 다르다는 사실을 알게 됐다. 모두가 독특한 존재이기 때문이다. 우리의 영혼들은 각자가 가지고 있는 지문만큼이나 독특하며, 그렇기 때문에 그분의 성육신의 원칙을 확장하시어 우리의 개성과 필요 그리고 지나온 일들과 관계하시는 것이다. 하지만 적어도 두 가지 모습 정도는 모든 이들이 거듭나는 과정에서 공통적으로 드러나고 있다.

몇 년 전, 나는 이러한 모습들의 공통점을 발견했다. 로렌스 라코(Lawrence Lacour)와 그의 아내 마일드레드(Mildred)가 렉싱턴을 지나 나와 내 아내인 엘라 패이(Ella Fay)를 찾아왔고, 우리는 오후 시간을 함께 보냈다. 로렌스 라코는 멋진 감리교 선교사이자 교수로 다양한 덕목을 갖추고 있었지만, 그중에서도 매력적이고, 상냥하고, 정중하고, 교양 있는 모습이 가장 돋보였다. 아내가 로렌스를 만나게 한 것은 심각한 실수가 아닐 수 없었다. 아내는 내게 "당신은 왜 로렌스처럼 매력적이고, 상냥하고, 정중하고, 교양 있지 못한 거죠?"라고 쏟아 붓기 시작했다. 결국 나는 이렇게 대답했다. "그의 아내가 그의 안에 있는 가장 좋은 것들을 이끌어 내기 때문이야!" 하나님은 마일드레드 라코와 같은 분이시다. 하나님은 우리 안에 있는 최고의 것을 끌어 올리실 수 있는 분이시다. 우리의 구원은 우리의 창조된 모습을 완성시킨다.

하지만 또 다른 요인은 우리의 경험에서 비롯된다. 하나님께서는 우리 안에 한때 존재했던 것들을 소생시키시고, 회복시키시고, 심지어 부활시키신다. 패니 크로스비는 그녀의 찬송가 "저 죽어가는 자 다 구원하고"에 다음과 같이 기뻐했다.

> 인간의 마음 깊은 곳, 유혹에 무너지고
> 감정마저 완전히 묻혀 버렸지만 은혜가 우리를 회복하네.
> 사랑의 마음으로 어루만지시고 친절함으로 깨어난,
> 끊어진 선율이 다시 한번 울리게 되리.

이 열 가지 목표들을 내가 연구한 사도적 교회들 안에 있는 사람들을 통해 발견했다. 그렇다고 한 교회에서 이 열 가지 모두를 발견한 적은 아직 없다. 전통 교회에서도 한두 가지의 모습은 가지고 있는 것이 사실이다. 어떤 경우든 내가 발견한 것들 중 가장 중요한 것은 그리스도인들이 복음을 전하도록 동기를 부여하고, 효과적으로 전도하게 하기 위해 교회에서는 주님께서 마음에 품고 계신, 즉 그분의 복음과 그분의 영과 그분의 공동체가 가능한 그런 분명한 그리스도인의 모델을 마음에 품고 전달해야만 한다. 이 '볼링' 모델이 당신의 생각을 발전시켜 줄 수도 있다. 어떤 경우이든 당신이 함께하고 사람들이 그와 함께 자라날 수 있는 분명하고, 성경적이며, 적절한 모델을 개발하도록 하라. 당신의 교인들과, 새 신자들과 구도자들에게 당신이 믿는 하나님의 마음에 품고 계신 것들을 가르치라. 핀이 보이게 되면 사람들은 더욱 핀을 쓰러뜨리고 싶어 한다. 믿는 자들은 전통 교회보다는 새로운 관계들과 새 삶으로 세상 이방인들을 초청하기 원한다.

## 3장_ 문화적으로 적합한 교회의 사례

브래디 교회의 몇몇 리더들에게 다음과 같은 질문을 했다. "다른 지역의 교회들은 살아남기 위해 힘겨운 노력을 하고 있는데, 그렇게 많은 사람들을 전도할 수 있는 이유가 무엇인지요?" 톰 울프가 대답했다. "이 땅의 다른 선교 현장에서와 마찬가지입니다. 타고난 그리스도인들은 원하는 곳이면 어디에서든 복음을 전할 수 있습니다. 그 말은 사람들이 알아듣는 언어를 사용하고, 가능한 한 그들의 문화적 특성을 이해하는 것입니다." 캐롤 데이비스가 덧붙였다. "음악은 매우 중요합니다. 어떤 종류의 음악을 제공하느냐에 따라 그에 맞는 사람들이 모이는 법이죠."

풀러 신학교에서 선교를 전공한 목사에게는 그렇게 놀랄 만한 대답은 아니다. 뿐만 아니라 이 교회는 미국 남침례회 교회들 중 가장 많은 선교사들을 보낸 교회다. 하지만 나는 사도적 교회의 모든 리더들이 그와 같은 시각을 가지고 있음을 발견했다. 그들은 모두 자신들이 속한 지역의 문화를 심각하게 받아들이고 대상이 되는 문화를 목표로 한다. 물론 오늘날 많은 교회 리더들은 '문화'에 대해 이야기할 때 전문적인 용어를 써 가며 자랑 삼아 사용하지만, 1970년대의 사도적 교회 리더들은 문화를 심각하게 받아들이고 문화의 역동성을 이해했다.

예를 들어, 존 에드 메디슨이 1972년 프레이저 기념 연합 감리 교회에 갔을 때, 그는 교회가 지금보다 훨씬 고유한 사역을 해야 함을 깨달았다. 존은 1970년대 인구 조사 자료를 연구하고는 몽고메리 동부 지역을 대상으로 한 대략적인 종교 조사를 했고, 교회에 다니지 않는 사람들과 지역 리더들을 만나 이야기를 나누며 도시의 삶에 참여해 갔다. 결국 교회의 전략이 다른 곳에서 가져온 것이 아닌 그 지역에서 만들어진 것이어야 하며, 사역 자체가 자신들이 복음을 전하는 이들의 필요와 문화에 맞아야 한다는 결론을 내렸다. 존은 교회를 '비형식적인 축제' 형태의 예배로 바꾸고 '교회를 다니지 않는 사람들이 함께할 수 있는 음악, 아무도 알아듣지 못하는 전문적인 로마 가톨릭 음악을 위해 돈을 쓰는 대신, 예배에 참여하는 불신자들이 알아들을 수 있는 전문적이지 않은 성가대'로 예배를 갖춰 갔다.

릭 워렌 목사는 새들백 공동체 교회를 캘리포니아 주 오렌지카운티에 사는 불신자들을 대상으로 개인적인 조사를 하며 세우기 시작했다. 점차적으로 자료들은 '새들백 형태'가 되어 갔고, 교회의 사명은 그러한 사람들에게 복음을 전하는 것이 되었다. 릭 워렌 목사는 "대부분의 교회에는 눈이 먼 사람들이 있다. 그들은 모든 사람들을 똑같이 대하지만, 사실 그들은 모두 똑같지가 않다"라고 전한다. 릭 워렌 목사를 비롯한 사도적 교회들의 목사들은 교회와 목사들이 대상 그룹들에게 그들의 문화적 배경을 가지고 복음의 의미를 전하기 위해서는 '배경 상황' 뿐만 아니라 '본문' 또한 '분석' 하는 법을 배워야 한다고 믿고 있다.

문화적 적합성은 사도적 교회를 전통 교회 사람들에게 설명함에 있어 가장 중요할 수도 있고, 논쟁을 불러일으킬 수도 있으며, 또한 가장 어려운 모습일 수도 있다. 논쟁을 불러일으키며 어려운 이유 중 하나는 일반적으로 세상과 타협하지 않는 청결의 문제이다. 전통 교회는 청결의 문제가 보통 하나님께서 축복하신 과거의 문화 혹은 과거 유럽의 운동을 보존하는 것이지, 전도 대상인 세상 사람들의 문화적 형태를 받아들이는 것이 아니라는 생각을 갖고 있다. 혹은 최고의 문화 형태, 특히 기독교 전통이 만들어 낸 클래식 음악 등을 받아들이는 것이라고 여기고 있다. 하지만 선교학에서 복음의 충실성은 우리에게 문화적으로 융통성을 가질 것을 요구하고 있다. 나는 사도적 교회의 리더들이 교회에 다니지 않는 불신자들의 경험을 확인하고 강조하는 고유한 전략을 가지고 있음을 보아 왔다. 그렇기 때문에 이러한 상황으로부터 시작하기 원한다.

## 어떻게 세상 사람들이 전통 교회들을 경험하는가

토요일 오후, 데이브(Dave)가 여자친구에게 이렇게 말했다. "내일 아침에 교회에 가자." 제니퍼(Jennifer)는 이 말이 빙산의 일각일 뿐임을 잘 알고 있었다. 데이브가 미식축구를 하면서 친구들과 어울려 술과 점성술, 뉴에이지와 갖가지 치료와 마약을 경험했고, 인생의 의미를 찾아 20년간 몇 차례 결혼을 했었으며, 풍요로운 삶을 찾아 갖가지 취미를 시도해 본 데다, 뭔가 삶에 의미를 줄 수 있는 것들을 찾아다녔음을 잘 알고 있었다. 아드레날린 분비를 촉진시켜 주는 암벽 등반을 하던 도중 부상을 당하게 되었는데, 그것은 인생의 마지막이 될 뻔한 경험이었다. 세상의 모든 우상들은 그들이 지킬 수 없는 약속만을 줄 뿐이었다. 그런 데이브가 어디선가, "모든 것을 다 시도해 봤다면, 마지막으로 하나님을 믿어 보게나"라고 하며 "하나님을 만나려면 일요일 아침에 교회에 가 보게"라는 말을 듣게 되었다.

제니퍼도 동의했고, 전화번호부를 들여다본 제니퍼는 둘이 출근하기 위해 타고 다니는 고속도로 근처에 여섯 개 정도의 교회들이 있다는 사실을 알게 되었다. 데이브는 보험회사의 고객 불만 상담센터에서 근무하고 있었고, 제니퍼는 법정의 속기사로 일하고 있었다. 20여 개의 교회들이 11시에 예배를 시작하고 있었다. 교회에 다녀 본 적이 없는 데이브는 심지어 자신이 열네 살 되던 때에 이혼을 한 부모님이 다니던 교회의 이름마지도 기억이나지 않았다. 제니퍼는 연합 감리교회에 이름이 올려진 데다 그곳에서 신앙고백까지 마친 상태였기 때문에, 둘은 연합 감리교회를 선택했다. 그들이 경험한 연합 감리교회의 예배는 괴상하기까지 했다. 음악, 예배 의식, 사용하는 언어 등 모든 것이 마치 1950년대를 옮겨놓은 것만 같았다. 아이들은 요요로 게임을 하고, 밀튼 버를(Milton Berle), 에드 설리반(Ed Sullivan) 그리고 루시 볼(Lucille Ball)이 흑백 텔레비전을 점령하며, 사람들이 스튜드베이커, 카이저, 프레이저, 데소토, 허드슨을 몰고 다니고, 폭스바겐의 비틀즈가 신차였던 그런 시대만 같았다. 대부분의 사람들이 노년이거나 중년 이상이었다. 제니퍼는 몇몇 밍크코트를 걸친 사람들을 볼 수 있었지만, 성경책은 찾아볼 수가 없었다. 예배를 인도하는 리더들은 예배를 엘비스 이전의 느린 속도로 진행했고, 오르간만이 연주되는 지루하고 긴 시간이 중간중간 이어졌다. 기독교는 '지루하다'라고 가끔씩 들었던 말들이 사실이 되어 데이브의 신경을 자극하고 있었다. 부디 설교라도 그러한 경험으로부터 데이브를 구제해 주길 바랐지만, 30분간 계속된 설교는 '정의의 문제'만을 이야기할 뿐이었다. 떠돌이 매를 구제해 줘야 한다든지, 동성연애의 그릇됨을 이야기하는 것들은 데이브와 제니퍼에게 하나님을 알게 해 주는 데 아무런 도움이 되지 못했다.

다음 주, 둘은 독립 침례교회를 찾아갔고 매우 색다른 경험을 했다. 사람들은 모두 노동자들이었다. 교회에서 사용하는 영어 또한 그에 영향을 받았는지, 설교나 간증들이 전해질 때 죄(Sin)를

'세인'(Sein), 하나님을 '과드'(Gawd), 그리스도를 '크라이이이스트'(Chriiist) 등으로 발음했다. 그들이 부르는 찬송가는 데이브와 제니퍼가 전혀 알지 못하는 성경의 인물들이나 구절들, 구제들을 이야기하는 것들 뿐이었다. 설교는 동성연애와 외설, 높은 세금 그리고 빌 클린턴(그리고 이웃해 있는 연합 감리교회) 등에 임할 하나님의 심판에 대한 것이었다. 당연히 데이브와 제니퍼의 필요를 채울 수 없었을 뿐만 아니라 이 시대에 가장 중요한 덕목인 '관용'을 철저히 짓밟고 있었다.

다음 주에는 나사렛 교회를 찾았고, 이번에는 교회가 여인들의 짙은 화장을 왜 그렇게 중요하게 여기는지를 궁금하게 만들었다. 이러한 것들이 하나님께 정말 중요한 일일지 모른다는 생각이 데이브를 오싹하게 만들었다. 둘은 성공회를 찾아갔지만, 엘리자베스 여왕 시대의 영어나 유럽풍 파이프 오르간 소리, 라틴 찬송가는 도저히 알아들을 수가 없었다. 복음주의 언약 교회를 찾아갔을 때, 그 교회 사람들만큼 오싹한 기분을 들게 하는 사람들은 없을 정도였다. 루터 교회에서도 독일인처럼 느낄 수 없는 것은 마찬가지였다.

데이브와 제니퍼는 두 달 동안 여섯 개 교회를 찾아다녔다. 그 교회들은 서로가 다르긴 했지만, 제니퍼와 (특히) 데이브에게는 그들이 비슷해 보였다. 그곳에 있는 사람들이 어떤 사람인지 알 수가 없었고, 그곳에서 전해지는 말씀 또한 자신들의 필요나 질문에 대한 답을 해 줄 수 없었으며, 그곳의 문화는 데이브와 제니퍼

같은 사람들을 이방인으로 느끼게 할 뿐이었다. 결국 둘은 일단 하나님이 자신들 같은 사람들을 위한 분은 아니라고 결론을 지었다.

제니퍼와 데이브는 현대인들로 기독교 신앙에 대해 생각해 보지 못하게 만들고 있는 가장 일반적이고 철저하게 쌓여진 장벽, 즉 '문화 장벽'을 경험한 것이다. 전통적인 복음주의 교회들과 전통적인 자유주의 교회들은 모두 스스로 장벽을 세우고 유지하고 있지만, 자신들도 모르는 사이에 사람들이 그리스도께로 나아오는 것을 가로막고 있으며 거기에는 심각하게 하나님을 찾는 사람들도 포함돼 있다.

## 현재 일어나고 있는 사도적 교회들

하지만 수많은 지역에서 일어나고 있는 '사도적 교회들'은 다른 어떤 영역에서보다 이 문화적 장벽의 면에서 전통 교회와 구별된다. 사도 바울이 기꺼이 "여러 사람에게 내가 여러 모양이 된 것은 아무쪼록 몇몇 사람들을 구원코자 함"이라고 말한 것처럼, 우리는 온 교회가 일어나 세상 사람들에게 복음을 전하기 위해 문화적으로 융통성을 발휘하는 모습을 보고 있다. 이 교회들은 선교사들이 지난 수십 년간 알게 된 사실을 극적으로 보여 주고 있다. 불신자들에게 복음을 전하기 위해서는 그 지역 문화를 인정해야만 한다. 그 선교 지역이 아시아이건, 아프리카, 남미 혹은 오세아니아, 유럽, 북아프리카이건 마찬가지이다. 교회가 그 지역의 언어와 음악 스타일, 건축 양식, 예술 형태 등 전도 대상 지역의 문화의 어떤 형태라도 수용하게 될 때, 기독교는 그 지역에서 잘 퍼져 나갈 수 있게 된다. 하지만 교회 공동체의 형태가 그 지역 사람들이 받아들일 수 없는 것이 되어 버리면, 결국 기독교의 하나님을 자신들을 위한 신이 아니라고 여기게 될 수 있다.

## 믿음을 가로막는 또 다른 장벽들

물론 사람들을 믿음으로부터 가로막고 있는 것은 '문화적 장벽' 뿐만이 아니다. 세상 사람들과 이야기를 나눠 보면 그 사실을 잘 알 수 있다. 예를 들어, 신용상의 문제에서, 교회는 지난 수 세기 동안 과학이나 인간의 자유와 같은 문제에서 세상 사람들이 그 지적인 신뢰 문제에 의문을 던지는 수많은 잘못을 저질러 왔다.

많은 세상 사람들은 또한 그리스도인들이 말하는 삶의 신뢰성에 대한 질문을 던지고 있다. 몇몇은 우리 그리스도인들조차 그것을 믿지 않는다고 생각하고 있다. 어떤 이들은 우리가 그것을 믿지만 그렇게 살지는 않고 있다고 생각하며, 여전히 다른 이들은 우리가 그것을 믿고 그렇게 살지만, 별다른 차이점이 없을 뿐이라고 생각하고 있다.

어떤 세상 사람들은 교회의 이미지 때문에 돌아서기도 한다. 그들은 교회가 그저 '농부들의 백과사전' 수준을 겨우 넘는 정도의 지식만을 전해 줄 뿐이라고 생각한다. 아니면 교회가 그저 어린아이들에게만 적당할 뿐이고 '자신들의 가려운 곳'을 긁어 줄 만큼은 못 된다고 생각한다. 그 외에 교회가 케케묵은 오래된 찬송가에 길게 늘려진 예배, 모험과는 거리가 먼 사탕발림과 기독교 신앙에 묶인 그런 지루한 설교로 된 지루한 것들뿐이라고 생각한다.

뿐만 아니라, 몇몇 장벽들은 다름 아닌 세상 사람들의 영혼 안에 존재한다. 그들 안에 있는 죄를 하나님보다 더 사랑한다거나 하나님의 생각이 아닌 자신들이 생각하는 것을 원하고, 많은 세상의 영혼들은 세상의 우상들에 사로잡혀, 마음이 강퍅해져 복음에 마음을 열지 않고 있다.

## 문화적 장벽

불신자들이 믿음으로 나아오지 못하게 하는 가장 크고 널리 퍼져 있는 장벽(우리가 전혀 통제할 수 없는)이 바로 문화적 장벽이다. 세상 사람들과 이야기를 나누며, 나는 종종 이런 질문을 던지곤 한다. "무엇이 당신 같은 사람을 기독교 신앙으로부터 멀어지게 만드는지요?" 적어도 네 명 중 세 명은 문화 장벽이라고 대답한다. 그리스도를 영접한 이들에게 "그리스도인이 되는 것을 방해하는 가장 큰 방해물은 무엇이었나요?"라는 질문을 던지면 그들 중 절반은 이 문화 장벽이었다고 대답한다. 사람들은 이 말을 여러 가지 말들로 표현하곤 하지만, 우리는 한 문장으로 그 핵심을 짚어 낼 수 있다. 사람들은 '교인들처럼 되고 싶지 않기 때문에' 그리스도인이 되기를 거부한다. 이 말은 그리스도인이 되기 전에 사전 준비 사항 같은 것이 있다고 믿는다는 말이다.

교회에 다니지 않는 불신자들이 '교인들'이란 말을 할 때, 안타깝게도 그들은 진심으로 하나님과 이웃을 사랑하는 사람들이나 지역 사회와 다른 사람들을 위해 희생하며 사는 사람들을 말하는 것이 아니다. 그리스도인의 삶에 있는 새로운 삶이나 새로운 삶의 형태들보다 교회들이 가지고 있는 소위 '신체 언어', 즉 보디랭귀지가 더 분명하게 사람들에게 자신을 드러내고 있기 때문이다. 불신자들은 교회의 구시대적이며 이상하기까지 한 모습에 충격을 받고 멀리 떨어져 나간다. 예를 들어, 세상 사람들이 교인들의 소위 '이방 언어'나 '종교적인 전문 용어'를 들으면 당연히 소외감을 느끼기 마련이다. 이 '전문 용어' 문제는 여러 가지로 나눠지는데, 사무실에서 사용되는 기술적 전문 용어, 19세기의 부흥 전문 용어 그리고 20세기 후반의 '정치적으로 바른' 전문 용어들로, 모두가 비슷하게 그런 소외감을 주는 효과가 있다. 잠재적 그리스도인들조차도 교회에 다니는 사람들이 음악이나 예술, 건축 양식들에 있어서 시대에 뒤쳐져 있고 심지어 이질적인 취향을 가지고 있으며, 지역 사회보다는 자신들의 전통을 중요하게 여기고, 심지어 옷차림과 행동마저 이상하게 하는 사람들로 알고 있다.

그렇게 비그리스도인들은 일반적으로 교회를 자신들만의 가치와 관습, 규범, 습관, 언어, 음악, 미학과 같은 것들을 가지고 있는 것으로 경험하고 있으며, 그리스도인들이 되기 전에 마치 18세기 독일의 파이프 오르간 음악과 같은 교회의 것들을 먼저 배우고 즐길 줄 알아야 하고, 그들처럼 말하고 옷 입고 행동해야 한다고 생각하고 있다. 그들은 교회가 원하는 것이 다른 사람들을 문화적으로 변화시키는 것일 거라고 생각하고 있다. 사람들은 이렇게 말하곤 한다. "기독교인들은 자신들만의 작은 세상이나 신앙 집단에 살면서, 자신들의 말과 행동을 하더군요. 그들이 '보혈로 씻는다' 혹은 '안식처에 들어간다'라고 하던데 그게 무슨 말이죠?", "에벤에셀을 부르짖던데 그건 뭘 하는 거죠?", "천사들도 복종한다던데 도대체 어떤 모습일까요?", "왜 기독교인들은 전체적으로 공손한 거죠?" 한 새 신자가 이런 말을 했다, "저는 제 자신이 대부분의 교인들처럼 될 수 있다는 것이 싫습니다. 그런 생각에 기분이 나빠지기도 하죠." 그들이 경험하며 피하고 있는 문제는 교회가 사람들에게 진정한 그리스도인이 되기도 전에 '자신들처럼 되라'고 요구하는 것이다. 이렇게 우리는 다시금 도널드 맥가브란(Donald Mc Gavran)이 사람들을 믿음과 제자도로부터 멀어지게 하는 것이 신학이나 종교가 아닌 문화와 사회학적인 것들이라고 말한 것을 발견하게 된다.

## 교회 역사에 존재하는 문화적 장벽

이러한 문제들을 다른 관점에서 바라보기로 하겠다. 교회는 상당히 오랜 시간 동안 사람들에게 문화적으로 '우리처럼 되라'고 요구해 온 것으로 보인다. 그러한 내용을 사도행전 15장에서도 찾아볼 수 있을 정도이다. 예루살렘에 있던 초대 교회들은 그리스도를 영접한 이방인들에게 할례를 받고, 돼지고기를 먹지 않으며, 안식일 법을 포함한 율법들과 규례들을 지키며, 유대 문화를 받아들여야만 예수 그리스도를 구세주로 영접하고 따르는 사람으로서의 요구사항을 충족시키는 것이라고 했다.[1] 그러는 사이, 안디옥에서는 엄청나게 많은 사람들이 그리스도의 제자가 되었지만, 여전히 성결하지 못한 음식을 먹고 있었다. 이로 인해 예루살렘 교회의 젊은 그리스도인 '운동본부'는 위기를 맞게 되고, 사도행전 15장에 보면 '예루살렘 의회'에 그 사실이 보고된다. 야곱, 바울 그리고 시몬 베드로로부터 이 문제에 대한 이야기를 들은 후, 의회는 이방인들이 그리스도를 따르고 이 운동에 참여하기 위해 문화적으로 유대인이 되어 성결한 음식만을 먹지 않아도 된다고 결정한다.

이 예루살렘 의회의 결정은 중요한 것이었다. 이 결정이 없었다면, 기독교는 그저 유대교의 '완성된 유대 사상' 정도로 남아 있을 수밖에 없었을 것이다. 이 결정으로 성육신의 원리가 넓어졌고, 예수께서 아랍어를 쓰는 유목 문화권의 사람들도 받아들이셨으며, 그리스도의 몸 된 교회도 그러해야 하고, 그로 인해 교회가 전 세계의 모든 문화성을 인정할 수 있게 되었다.[2] 이제 이방인들은 그리스도인이 되기 위해 유대인이 될 필요가 없게 되었고, 믿음은 3세기 만에 로마 왕국 문화의 주류로 퍼져 나가 받아들여져, 결국 현재 전 세계에서 가장 우주적인 믿음이 되었다.

예루살렘 교회가 가장 중요한 문제를 바로잡은 것처럼 보였고, 사실 그러했다. 하지만 기독교는 그 후에도 다양한 형태로 이 문제와 함께 씨름해 왔다. 예루살렘 의회의 결정이 있은 지 몇 년 후, 야곱파(유대교 지지자라고 불리는 유대주의자들)에서는 처음 결정을 뒤엎고, 그리스도인이 되기 위해 유대 문화를 받아들여야 한다는 결정을 내리고 말았다. 결국 유대주의는 한동안 더 커져 갔고, 심지어 바울이 세운 지중해 교회들마저도 뒤흔들었으며, 바울은 이러한 문제를 해결하기 위해 갈라디아 교회로 편지를 보내야만 했다.

적어도 한 가지 면에서 바울파는 예루살렘 의회의 결정을 완전히 이행하는 데 실패하고 말았다. 기독교운동은 점점 더 이방인들 쪽으로 옮겨 갔고, 역사 전반적으로 유대인들은 기독교에서 멀어져 갔으며, 어떤 면에서는 유대인들이 그리스도인이 되기 위해서는 먼저 이방인처럼 되어야 한다고 느꼈기 때문이기도 하다. 지난 25년간 교회는 유대인들 가운데 기독교운동을 시작할 수 있었고, 유대인들에게 다가가 복음을 전하기 위해 그들의 문화를 받아들이기 시작했다. 결과적으로 예수와 메시야적인 유대인 집회 운동으로 전례 없는 유대인들이 진정한 유대인으로 돌아오고 있다.

기독교 신앙이 지구상에 퍼져 나감에 따라, 지구촌 사람들은 종종 그러한 현대적 개념의 할례인 문화적 전환을 필수적인 것처럼 느끼기도 한다. 사실, 미국 교회들은 아시아나 아프리카, 남아메리카와 오세아니아 사람들이 '서구화' 되는 것을 그리스도인이 되기 전에 필요한 것이라고 여기며 기대하기 때문이다. 예를 들어, 바티칸 2세 전까지, 로마 가톨릭은 모든 곳에서 열리는 미사가 라틴어로만 진행돼야 한다고 했다. 개신교 선교사에 있어서도 보통은 선교지의 언어를 사용해야 하는 것이 당연한 일이지만, 토착민들이 먼저 서구 문화적으로 '문명화' 되지 않으면 그리스도인이 되지 못하는 것으로 여기곤 했다.

우리는 서구 열강들만이 이 '문화적 제국주의'를 독점하지 않고 있음을 잘 알고 있다. 예를 들어, 한국에 있는 교회들은 현재 해외로 수백 명의 선교사를 파송하고 있다. 그런 가운데 서울신학대학교에서는 보다 나은 선교사 양성을 위해 세계선교학교를 세웠다. 한국의 선교사들이 태국에서 잠비아에 이르기까지 한국의 문화를 가진 교회를 세우고 있기 때문이었다. 문화의 독창성을 인정하는 결정이 예루살렘 의회에서 내려졌음에도, 그러한 결정이 자동적으로 우리들 가운데 그 효력을 발휘하는 것은 아니다. 우리가 자라난 문화는 우리에게 너무도 '자연스러운' 나머지, 우리 또한 자연스럽게 문화를 받아들이는 것이 얼마나 중요한지를 깨닫게 될 때까지는 '우리와 같은' 기독교를 전파하게 된다.

## 오늘날의 문화적 장벽

유럽에 존재하는 교회와 불신자들 사이의 문화적 장벽으로 인해 현재 유럽 기독교는 엄청난 쇠퇴를 겪고 있다. 마틴 로빈슨(Martin Robinson)은 그가 쓴 최근의 책 「세계의 분리」(A World Apart)를 통해 한때 영국 문화에 맞춰 엄청나게 많은 이들에게 복음을 전했던 대영제국의 수천 개의 개신교회가 영국 문화가 변한 만큼 변하지 못해 다음과 같이 되었다고 보고하고 있다.

> 이러한 교회들을 찾는 사람들은 쉽사리 교회 문화에 익숙한 사람들과 이웃에 사는 사람들 사이에 존재하는 커다란 틈을 찾아볼 수 있다. 교회에 다니는 사람들은 마치 그 지역 사람들에게 아무 말 없이 "그리스도인이 되는 것은 예수 그리스도께서 하나님의 아들이며, 십자가에서 돌아가셨다가 3일 만에 부활하신 사실을 믿는 것뿐만 아니라, 문화적으로 다른 사람들이 사는 방법이 아

넌 다른 방법으로 사는 법을 찾아야 한다"라고 말하고 있는 것만 같다.³⁾

로빈슨은 또한 교회의 '문화적 맹목'으로 인해 '복음과 우리가 표현하는 문화적 형태의 차이'를 이해하지 못하고 있으며, 그로 인해 '우리가 살고 있는 이 사회에 중요한 영향력을 행사해야만 하는 교회로서의 역할을 다하지 못하는 것에 대한 책임'이 있다고 말하고 있다.⁴⁾

문화적 장벽은 심지어 미국의 기독교에도 심각한 문제가 되고 있다. 다름 아닌 우리 스스로가 '미국 도가니' 신화를 불러들였기 때문이다. 이 신화로 인해 사람들은 다른 대륙에서 미국으로 건너와 이 '도가니'(Melting Pot)에 들어갔다가 결국은 미국화 되어 나온다고 배웠다. 하지만 그러한 신화는 더 큰 제국주의를 만들어 냈고, 지구상의 여러 나라에서 온 사람들은 대영제국에서 넘어온 조상들처럼 돼야 한다고 생각하게 돼 버렸다! 결국 미국 기독교는 자신들의 교회에 다니는 사람들이라면 '자신들처럼' 될 것이라는 기대를 당연한 것으로 여기게 되었다. 하지만 마이클 노백(Micheal Novak)이 '녹아내리지 않는 소수 민족주의'라고 부르는 이들이 일어나면서, 우리의 문화가 우리에게 자연스러운 것만큼이나 자신들의 문화와 하위문화(어떤 사회의 지배적 문화와는 별도로 청소년이나 히피와 같은 특정 사회 집단에서 생겨나서 발전하는 독특한 문화-편집자)를 가지고 있는 사람들을 보게 된다. 그들은 우리들만큼이나 자신들의 예술과 음악, 스타일 그리고 언어를 사랑하기 때문에, 우리처럼 되거나 '할례받는' 것에는 아무런 관심이 없다.

문화적 제국주의가 미국 교회들에게 영향을 주었다는 내 의견이 틀렸다는 말을 듣게 될 수도 있다. 사실상 아무도 그러한 의도를 가지고 있지 않기 때문이다. 미국 교회 사람들이 '유대주의자'처럼 자신들의 문화만을 주장하는 사람들인가? 정말 다른 사람들이 '당신' 처럼 되기를 원하는가? 다른 사람들이 우리를 그렇게 여기고 있는가?

우리의 십 대들에게 물어보도록 하자. 이들은 1950년대 이후로부터 자신들만의 문화를 만들어 온 세대이다. 이들은 자신들만의 패션과 헤어스타일, 언어와 춤 그리고 음악을 만들어 냈다. 이 40년간, 대부분의 주요 교단들에서 청소년 사역은 지속적인 감소를 경험해 왔고, 청소년 교회의 숫자는 40년 전 숫자의 절반에도 못 미치고 있다. 일반적으로 교회는 점점 커져만 가는 젊은이들의 문화를 받아들이지 못했고, 이 젊은이들 또한 아버지의 오래된 차를 물려받는 것만큼이나 교회의 50년대 문화를 받아들이는 것을 싫어하고 있다.

우리 그리스도인들이 사람들에게 우리처럼 되라고 요구하는 것처럼 보이는가? 영국계 미국인이나 그 문화권에 살지 않는 사람들에게 물어보도록 하자. 여러 해 동안 우리는 가장 차별적인 시간이 일요일 아침 11시에서 12시까지라는 말을 들어 왔다. 내가 속한 교단뿐만 아니라 많은 다른 교단들이 회개하며 동등한 회중을 이뤄 가는 사실상 최우선의 시간이 그 시간대였다. 하지만 우리는 실패했다. 왜인가? 우리의 목적을 알리는 문구들이 우리에게 단서를 제공해 주고 있다. 우리는 흑인들과 다른 인종들이 '우리 교회에 참여' 하길 원한다. 소수민족에서 온 사람들이 우리 교회를 지난 몇 년간 찾아오긴 했지만, 다시 돌아오는 경우는 거의 없었고, 등록하는 경우도 전혀 없었다. 그들에게 문화적으로 '우리 같은' 영국계 미국인이 되라고 요구하는 것처럼 보였던 것이다. 그들은 우리 문화에 흡수되어 자신들의 '소수문화'를 말살시키고 싶지 않았기 때문이다.

이런 우리의 이야기를 듣고 의심을 품게 되었다면, 반대되는 상황으로 초대하기 원한다. 자신들을 찾아온 흑인 미국인들에게 영국계 미국인들이 "우리는 흑인들의 음악 형태로 음악을 바꿀 것입니다"라고 말할 때가 있는가? 백인들이 라틴계 미국인들에게 "우리는 스페인어로 예배를 드리려고 합니다"라고 말하는가? 미국 교단에서 한국인이나 카리브인들에게 교회 직분을 수여하며 "여러분들이 오신 지역의 임명 기준에 따라 여러분들에게 직위를 수여하도록 하겠습니다"라고 말하는가? 피터 와그너(Peter Wagner)는 이에 대해 분명하게 짚어 주고 있다. 미국의 주류 기독교회에서는 거의 무의식적으로 '민족 동화론' 정책을 따르고 있다고 말이다.[5]

고통스럽긴 하지만 우리 자신에게 좀 더 구체적인 질문을 던져 보자. 술을 마시고 담배를 피우는 사람들에게 우리가 얼마나 열려 있는가? 마약 중독이나 TV 연속극에 빠져 사는 사람들에 대해 우리 자신이 얼마나 열려 있는가? 오토바이를 타며, 청바지에 긴 머리를 하고, 왼쪽에만 귀걸이를 하고, 등에 '실패한 인생'이란 문구를 새긴 가죽 잠바를 입고 다니는 젊은이들에게 우리 스스로가 얼마나 열려 있는가? 무식하고 집도 없는 가난한 사람들과 AIDS에 걸린 이들에게는 어떠한가? 손톱 밑이 시커멓고, 지저분한 구두에, 지독한 입 냄새와 악취를 풍기며 트림에 방귀까지 끼고 교회 내에서 욕을 내뱉는 사람들에게는 어떠한가?

미국에는 중산층으로서의 사회적 혜택을 전혀 받지 못하고, 악보를 읽을 줄도 그리고 어떻게 따라 해야 할지도 모르며, 세련되지 못하고, 교인들이 가지고 있는 '문명인'으로서의 기준에 못 미치는, 소위 '험하게 자란 이들'이 수천만 명을 넘기 때문에 이러한 질문들이 중요한 것이다.

교회의 하위문화는 제자가 될 수 있는 사람들을 수많은 장벽으로 가로막고 있다. 사실상 이러한 장벽들은 근본적으로 문화적 장벽들이고, '성도들에게 전해진 믿음'과는 전혀 관계가 없는 것들이다.

## 문화적 장벽을 제거하기 위한 신학적 관점들

물론 문화적 장벽에도 해결책은 있다. 그 방법으로 인도하는 데는 매우 중요한 신학적인 확인이 필요하다.

먼저, 세상 문화의 수준을 깊게 보는 세계관에 있어, 그리스도인들은 진정한 사실에 대한 분명한 관점들을 가지고 있다. 역사를 통해, 그리고 그리스도를 통해 분명하게 하나님께서 그것을 드러내셨고, 성경에 증명돼 있는 내용이기도 하다. 데이비드 버넷(David Burnett)이 「세계들의 몰락」(Clash of Worlds)을 통해 보여 준 것처럼, 우리가 성경이라는 렌즈를 통해 현실을 바라보는 분명한 시각은 인류학자들이 우주와 자아, 지식, 공동체, 시간 그리고 가치와 같은 분류를 해 놓은 것들에 이미 드러나 있을 수 있다.[6]

예를 들어, 우주를 보는 관점에서 우리 그리스도인들은 '삼위일체'의 하나님을 믿는다. 거룩, 능력 그리고 사랑을 가지신 분이며, 하나님께서 역사하시는 장인 물질세계와 영적인 세계에 모두 존재하는 '선'을 창조하신 분이시다. 자아라는 관점에서도, 우리는 인간이 하나님의 형상을 따라 지음을 받았고, 다른 피조물들과는 분명하게 구별되며, 하나님과 언약의 관계를 갖도록 지음받았고, 이 세상에서 하나님의 도덕적인 목적을 달성하기 위해 살고 있다. 여기에는 피조물들에 대한 청지기로서의 역할도 포함돼 있다. 하지만 죄인인 우리들은 죄 사함과 화해와 회복이 필요하다.

우리는 하나님께서 친히 우리에게 보여 주심으로 인해 진리를 '알 수' 있고, 또한 경험을 통한 이성적인 사고 그리고 계속 쌓이는 경험들과 믿음의 공동체를 통해 진리를 알 수 있다. 사회적 존재인 우리에게는 함께할 공동체가 필요하다. 모든 인간들이 그러하지만, 특히 종말론적인 삶을 사는 공동체는 한층 더 깊은 수준이다. 우리는 시간이 창조와 함께 시작되었고, 하나님의 약속된 왕국을 통해 완성되며, 시간에 나타난 하나님의 뜻을 따라 살아야 한다. 이 정도만 해도, 그리스도인들의 세계관이 다른 종교나 철학, 이 땅의 어느 이념들보다도 독특함을 알 수 있다.

역사학자들의 범주를 떠나서라도, 우리는 독특한 이야기, 이야기들, 문양들, 구별된 역사, 영웅들, 의미들, 가치들, 의식들로 가득한 기독교 문화가 구별된 독특한 문화임을 알 수 있다. 구체적으로 예를 들자면, 기독교에서 행하는 장례의식은 사람들에게 슬픔과 기쁨을 동시에 가질 이유와 허락을 해 준다. 더 나아가, 우리는 각 교단들이 각각의 교인들에게 그들만의 기독교 문화를 주고 있는 것을 알고 있다. 그 안에는 그들만의 깊은 통찰력과 본래의 모습이 존재한다.

요점은 이것이다. 우리의 사명에서 우리는 그리스도인들이 사실을 인지하는 이 방법을 포기하거나 타협하도록 부름받은 것이 아니다. 사실 그리스도께서는 아직 신약이라는 안경을 쓰지 못한 이들에게 그리스도인이 되는 것이 (부분적으로) 이 안경을 쓰고 세계관을 바꾸는 것이라고 요구하는 가장 핵심적인 진리를 전하도록 우리에게 권한을 부여하셨다. 진리는 협상 가능한 것이 아니다.

하지만 진리가 전달되는 외적인 모습들은 협상이 가능하며, 이것이 우리의 길을 인도해야 할 두 번째 중요한 통찰력이다. 제자화 되지 않은 이들에게 다가가기 위한 전도의 형태와 사역과 예배는 그들의 문화에 토착화 된 것이어야만 한다. 왜냐하면 각 사람들의 문화는 하나님께서 그들에게 계시하시는 자연적인 매체이기 때문이다.

그렇기 때문에 교회들은 사도행전 15장에서 내려진 결정에 협력할 것을 선택할 수 있고, 다른 영역에서처럼 이 선교 현장에서도 선교학자들이 '문화적으로 토착적인 교회들'이라고 부르는 것을 발전시킬 수 있다. 북미에 존재하는 다양한 불신자들의 문화에 맞는 주일학교와 가정 모임, 예배 그리고 새로운 집회를 시작할 수 있다. 그들이 알아듣고 참여할 수 있는 언어와 음악을 사용할 수 있고, 그들이 편안해 하는 옷과 스타일을 사용하도록 격려할 수 있다. 또한 그들이 느끼는 필요들과 그들이 투쟁하는 것을 섬길 수 있다. 미국은 다양한 문화들과 신문화들을 가진 광대한 선교 현장이다. 우리에게는 넘치는 상상력이 있는가? 이 땅에 존재하는 많은 형태의 토착적 기독교를 후원하고 자유롭게 할 만큼 충분히 온정적인가?

몇몇 추가적인 신학적 통찰력들이 더욱 토착적인 전략을 기초로 세우고 인도할 수 있게 해 준다.

- 예수께서는 특정 문화를 받아들이기 위해 오셨다. 갈릴리 사람들은 촌스러운 형태의 히브리 방언인 '힐빌리'(Hillbilly: 아랍어)를 사용했다. 예수께서는 그분의 교회에서 자신이 가신 길을 따르도록 부르시며 그분의 성육신을 지구

상의 모든 문화들로 확장하라고 하셨다. 그렇게 함으로 모든 이들이 기독교 신앙의 삼위일체 하나님이 그들과 같은 사람들을 위함임을 알게 된다.
- 하나님의 구원의 계시는 어떤 문화에서나 가능하다. 모든 문화들과 함께 일하기에 충분하고, 그 차이 또한 성령께서 만드신 것들이다. 그렇기 때문에 기독교 복음의 의미가 어떤 문화에서든 전달될 수 있다(이 주장이 의심스럽다면, 미국에서 하나님의 원 계시가 영국계 미국인들에게 전해진 것이 아님을 기억해 보자. 영국계 미국 기독교가 가지고 있는 것은 원래의 성격적 기독교를 문화적으로 받아들인 것일 뿐이다. 우리가 우리의 문화적 형태들로 그 의미를 받아들였다면, 다른 그 어떤 사회라도 그렇게 할 수 있다).
- 우리는 복음이라는 보화를 '세상이라는 그릇'에 받았다. 하지만 자주 그 보화보다 그릇을 귀하게 여기는 잘못을 범한다. 그렇게 해서 우리가 복음을 향하여 가져야 할 신실함을 우리가 복음을 받은 문화적 형태로 영속시키고 확장시키는 것으로 착각한다. 그 대신, 우리는 문화라는 형태로 싸여 있는 복음의 의미를 벗기도록 부름받았다. 우리는 이 문화라는 그릇에 복음을 받았고 대상으로 삼은 사람들의 문화적 형태로 다시 포장한다.
- 우리는 예수께서 유대의 율법과 전통, 문화를 '폐하기 위해' 오신 것이 아니라 '완성하러' 오셨다고 믿고 있다. 마찬가지로 예수께서는 지구상의 모든 문화를 파괴하는 것이 아니라 완성하시기 위해 이 땅에 오셨다.
- 이 원리는 각각의 사회에 있는 토착 그리스도인들에게 사회 속에서 소금(하나님의 뜻 안에 있을 수 있는 문화에 속한 모든 것을 보존할)과 빛(필요한 것을 변화시키는)의 역할을 감당하도록 부르고 있다.
- 이 전략은 기독교운동으로 하여금 바울이 만든 기본적인 사도적 원리들과 동맹을 맺게 한다. 사도 바울은 어느 곳에서든 '예수 그리스도와 십자가에 달리심'을 전하며 '모든 방법으로 모든 사람들에게 전하기 위해' 모든 모습을 받아들였다.

이 사도적 관점을 반영해 주듯, 로잔운동의 윌로우 뱅크 보고서는 다음과 같이 선언하고 있다. "그 어떤 복음을 전하는 사람도 문화적인 요소를 무시하고서는 복음을 전할 희망조차 가질 수 없다."[7] 신실한 전략은 '우리'에게 '그들'의 문화를 받아들이라고 하지, '우리처럼 되라' 혹은 '우리의 문화를 받아들이라'고 요구하지 않는다.

## 문화적 장벽을 제거하기 위한 역사적 전례

다행이 이 원리를 단순한 추상적 개념으로 여길 필요는 없다. 초기 개신교에 있어 이 원리를 개척한 마틴 루터는 라틴 성경과 미래를 포기했다. 루터는 성경을 자신이 사역하고 있는 독일 지역 언어로 번역했고, 루터 교회에서는 독일어로 예배를 드렸으며, 당시 유행하는 음악을 도입한 독일 찬송과 심지어 독일 사람들이 이미 잘 알고 있고 사랑받고 있던 선술집 음악까지도 사용했다. 루터는 사람들의 음악을 통해 성경 말씀을 전하기 원했다.[8]

감리교 유산이 토착 원리로 확장되었다. 존과 찰스 웨슬리는 18세기 영국 문화를 받아들임으로 사도적인 운동을 이끌었다. 그들은 '더욱 천해지는 데 동의'했고, 들과 거리 광장에서 말씀을 선포했다(그곳은 불신자들의 영역이었다). 그들은 기독교적인 시를 쓰고 그 시에 사람들이 잘 알고 있고 공공장소에서도 부르기 좋은 곡조를 붙였다. 또한 사람들이 편안해 하는 건축 양식으로 예배당을 지었다. 감리교도들에게 '가장 분명하고, 쉽고, 널리 쓰이고, 우리가 원하는 것이 전해질 수 있는' 말을 사용하되 '절대 가장 일반적으로 사용되는 화법을 벗어나서는 안 된다'[9]라고 가르쳤다. 한 세기가 지난 후, 구세군의 창시자인 윌리엄 부스(William Booth) 장군은 "왜 악마가 모든 좋은 선율을 독차지해야 하는가?"라고 물으며 당시 19세기 영국의 유행 음악에 맞춘 기독교 밴드 음악을 시내의 길거리에서 소개했다.

## 오늘날 교회 지도자들을 위한 세 가지 옵션

문화의 형태는 수도 없이 변해 왔으며, 언어와 음악, 옷차림이나 스타일처럼 당시 문화를 채우던 것들은 결국 시간이 지난 후에 '한물간' 것이나 심지어 '다른 나라'에서 온 것으로 여겨지는 것을 경험했다. 결과적으로, 오늘날 대부분의 세상 사람들은 더 이상 합시코드나 파이프 오르간, 바흐, 베토벤, 헨델의 음악 혹은 마틴 루터, 찰스 웨슬리, 패니 크로스비, 전통 구세군 음악대들이 만든 찬송가에 끌릴 만한 문화적인 모습을 갖추고 있지 않다. 변화한 문화 가운데서 교회가 자신의 사명 위에 반영하고 있는 선택적인 요소들은 무엇인가? 대표적으로 교회 리더들은 다음의 세 가지들 중 하나로 대답한다.

1. 종종 교회 지도자들은 복음이라는 보화를 기독교운동이 성공적이었던 과거의 문화 형태를 그대로 가져와 거기에 담는 불필요한 제약을 두었다. 그들은 선교가 반드시 그런 형태를 이어 나가야 한다고 생각하고, 목표로 삼은 대상들이 우리가 물려받은 문화 형태에 반응을 보이지 않으면 복음을 거부하는 것으로 여긴다.
2. 종종 몇몇 엘리트들(보통 '고교회'의 음악가들)은 교회 위에 다른 나라의 형태를 올려놓는다. 그렇게 해서 그리스도인들과 비그리스도인들의 문화적 미학을 '일으키려고' 한다. 이 엘리트들은 모든 사람들이 18세기 파이프 오르간 음악을 어떤 방법을 통해서든 받아들이게 되면 '더 나아질 것'이라고 정말로 믿고 있다. 그리스도인이든 비그리스도인이든 간에 사람들이 이러한 문화적 제국주의에 노출되면 거기에서 발을 뺌으로 자신들의 의사를 분명히 한다.
3. 내가 제안하는 가장 신뢰할 만하고 효과적인 의견은 믿음의 선조들의 비전과 꿈을 회복하고, 사람들이 자신의 문화에 그러하듯, 하나님께서 우리에게 맡겨 주신 문화를 '해석'하고, 믿음의 언어, 음악, 스타일을 다시 한번 '현지의 것으로 토착화하는' 것이다. 그들의 전통을 강탈하거나 문화적으로 외지의 것을 강요하는 것으로는 설립자들을 공경할 수 없다. 세운 이들이 그들의 시대와 문화에서 사역했듯이 우리도 그렇게 하는 것이 그들을 공경하는 것이다.

다행히도 대부분의 교회들이 이미 이 두 개의 중요한 통찰력 중 하나는 발견한 상태이고, 세 번째 의견을 이행하는 데 필요한 두 개의 커다란 단계들 중 한 단계에 발을 내디딘 상태이다. 우리는 복음을 전하는 사람들이 일반적으로 사용되는 언어를 사용해야 함을 알았고, 그러한 사람들이 우리에게 있다. 그렇게 독일, 스웨덴, 한국, 멕시코, 아이티와 같은 곳에서 이민자들이 왔을 때, 대부분의 기독교 교단들은 독일, 스웨덴, 한국, 스페인과 그리스 말로 사역을 해야 함을 알고 있었다. 더 나아가, 많은 기독교 전통들은 이미 사람들의 말이 바뀜으로써(예를 들어, 스웨덴어가 영어로, 증조할머니의 영어가 현대식 영어로 바뀌는 것을 말한다) 사역에 사용되는 언어 또한 바뀌어야 함을 알고 있었다. 몇몇 극단적인 전통주의자들이 흠정역 성경과 Thee나 Thou와 같은 오래된 말들을 고수하는 반면, 대부분의 교회들은 적어도 엘리자베스 시대 이후의 영어나 20세기에 번역된 성경을 사용한다.

하지만 대부분의 교회들은 여전히 두 번째의 중요한 통찰력을 발견하고 두 번째 단계로 나아갈 필요가 있다. 그들은 문화란 것이 '말없는 언어'임을 발견해야만 한다. 에드워드 홀(Edward T. Hall)이 「침묵의 언어」(The Silent Language)와 「문화를 넘어서」(Beyond Culture)와 같은 문화적 인류학 고전을 통해 설명한 바와 같이 의사소통은 언어적인 요소들만큼이나 문화적 요소에 의존한다. 더 나아가, 사람들은 무의식적으로 언어적 요소의 영향보다 문화적 요소의 영향을 더 많이 경험하고 있다. 왜냐하면 언어는 의식적으로 배우는 것이지만 문화는 무의식적으로 습득하기 때문이다(이와 같이 만일 다른 사람이 모르는 단어를 사용하면, 그 사람들은 왜 자신들이 겁을 먹게 되는지 알 수 있다. 하지만 그 사람들과 가까워지면 당연히 문화적으로 제약을 받는 것을 느끼기 때문에, 사람들은 왜 자신들이 겁을 먹게 되는지 모를 것이다). 결과적으로, 사람들은 자신들의 삶을 무의식적으로 보이는 상징과 관습들, 깊은 실체의 지도 등을 문화적으로 받아들이도록 프로그램 된 대로 살아간다. 이러한 이유로 복음은 사람들의 언어와 예술, 건축, 음악, 의사소통 형태, '보디 랭귀지', 리더십 스타일과 같을 것을 통해 전해진다. 이 통찰력에 기반을 둔 남아 있는 커다란 단계는 언어뿐만 아니라 우리가 섬기고 다가가도록 부름을 받은 사람들에게 문화적으로 맞게 기독교의 의미를 전달할 수 있는 모든 형태를 만드는 것이다.

만일 조금이라도 두 번째 단계에 대한 필요에 대해 의심이 생긴다면, 그것을 증명하기 위해 멀리 볼 필요가 없이 우리 자신을 보면 알 수 있다. 우리가 정직하다면, 일련의 음악 스타일, 예술 형태, 옷, 머리 모양, 리더십 스타일, 사투리나 다른 억양들과 같은 것들이 우리를 분리시키거나 적어도 우리에게 어필하지 못하고, 우리에게 '자연스럽지' 못한 것을 인정해야 할 것이다. 이제 가서 당신이 특히 좋아하지 않는 억양이나 음악 스타일을 선택해보자. 당신이 그리스도인이 되었을 당시, 그 당시의 억양이나 찬양 스타일만을 통해 기독교가 전해졌다면, 당신이 지금과 같은 그리스도인이 될 수 있었을까? 핵심은 이것보다 조금 더 깊은 곳에 있다. 밖에 있는 사람들 대부분은 당신이나 나와 같다. 기독교 신앙의 문화적인 형태가 사람들에게 맞기만 하다면, 더욱더 효과적으로 전해지고, 이해되고, 받아들여진다.

## 구도자 예배의 재출현

　150년 이상, 많은 개신교 교회의 전통들은 잠재적 그리스도인들을 대상으로 한(잠재적 그리스도인들에게 맞춰진) 예배를 드려 왔다. 이러한 예배들은 '복음 예배' 혹은 '전도 예배'나 단순히 '주일 저녁 예배'라고 불려졌다. 사회계약설은 한때 모두에게 분명했었다. 주일 아침 예배는 주로 그리스도인들을 위한 것이었고, 주일 저녁 예배는 잠재적 그리스도인들을 위한 예배였다. 초기 주일 저녁 예배를 개척한 이들은 이 대담한 혁신, 즉 아직 제자가 되지 못한 사람들을 위한 예배라는 비전과 꿈을 가져왔다. 이 귀중한 역사를 통해, 주일 예배는 더욱 비형식적이고 '사람들에게 친근해져' 갔다. 즉 사람들의 언어를 사용했고, 더욱 즐길 만하며 따라할 수 있는 토착 음악, 인간의 필요와 복음을 이어 주는 설교, 기도, 성령의 임재, 용서, 믿음, 치유, 능력 입음, 비전뿐만 아니라 먼 곳으로 가서 그리스도의 사명을 섬기라는 부르심을 경험할 수 있었다.

　문화와 종교적인 차이로, 주일 저녁 예배는 몇 세기 동안 번영해 왔고, 그런 다음 참석자들의 수와 생명력을 잃어 갔다. 참석하는 사람들의 수가 감소한 한 가지 이유는 교회가 주위의 문화가 바뀌었음에도 불구하고 주일 저녁 예배의 문구들과 언어, 음악은 그렇지 않았기 때문이었다. 교회 지도자들은 지금은 '한물간 전도' 방법을 유지했고, 현 시대의 그리스도인들이 더욱 열심히 지지하고, 더욱 영적이며, 더 열심히 노력하기만 하면 과거에도 그러했듯이 현재와 미래에도 동일하신 하나님께서 사람들을 축복하실 것이라고 확신했다. 한때 엄청난 수확을 거둬들였던 방법들은 시간이 지나면서 그 수확량이 줄어들어, 사실상 아무런 수확이 없는 지경에까지 이르렀다. 결국 대부분의 사람들은 정기적인 전도를 촉진시킬 수 있는 대안을 찾지 못하고 주일 저녁 예배를 포기해 버렸다.

반면, 주일 저녁 전도 예배를 아예 드리지 않는 교회들이 있었다. 이 교회들과 목회자들은 더욱 형식적이거나 '학문적'인 전통을 고수하려는 경향이 있었다. 이들은 때로 주일 저녁 예배가 '교양이 없고', 혹은 '수준'이 너무 낮은 음악과 '감정적'이거나 '속임수'를 사용한다며 비판했다. 결국 주일 저녁 예배에 참석하는 이들의 수와 그 효과가 줄어들면서 비판들은 그럴 듯하다는 말을 듣게 되었다.

그러는 동안, 주일 저녁 예배 전통을 지속하던 많은 교회들은 '광적' 형태라고 불리는 중독된 모습으로 빠져들어 갔다. 이것은 '똑같은 것을 계속 반복하고, 매번 다른 결과를 기대하는' 것을 말한다. 역사는 그 과정을 되돌리지 않았고 예전의 결과들은 다시 찾아오지 않았다. 하지만 목회자들과 교회들이 여전히 '복음적'이고 믿음을 잃지 않았음을 보여 줌으로써 옛 주일 저녁 예배는 지속되었다. 예배의 진정한 사명은 조금씩 변하여 결국 180도 바뀌어 버렸다. 한때 저녁 예배의 대상은 복음화 되지 않은 많은 잠재적 그리스도인들이었으나 이제 대상은 교인들이고 진정한 목표는 그리스도인들이 깊은 헌신과 영적인 삶으로 나아가도록 말씀을 전하고 기도하는 것이 되었다.

주일 저녁 예배에서 복음을 받아들이는 사람들이 많지 않고 구도자들이 더 이상 참여하지 않고 있지만, 교회들은 여전히 주일 저녁 예배를 '전도'로 생각했다. 세상 문화가 변화하고 그것을 교회가 따라가지 못하는 것과 거의 같은 비율로 구도자들은 주일 저녁 예배에 발을 끊어 갔다. 수십 년 넘게, 점점 더 예배의 언어와 스타일과 음악에서 멀어지면서 그와 함께 교회에서도 멀어져 갔다.

하지만 1970년대에, 소수의 민감한 교회 리더들은 주일 아침 예배에 모습을 드러내는 사람들을 목격했다. 서양 세상에 있는 전통 문화의 한 오래된 격언은 '모든 것을 이미 시도해 보았다면, 하나님을 시도해 보라. 그리고 그러려면 교회로 가 보라. 그리고 교회에 갈 시간은 일요일 아침이다'라고 말하고 있었다. 몇 십 년간 잠재적 그리스도인들은 자신들이 일요일 아침이 아닌 저녁에 교회에 찾아가야 함을 몰랐던 것이다. 그들은 대부분의 사람들이 일요일 아침에 교회에 가는 것을 보았기 때문에 기독교를 알아보기 위해 그 시간을 이용하기 시작했다.

민감한 교회 지도자들은 우리가 이번 장을 시작하면서 이야기했던 데이브와 제니퍼와 같이 신앙고백이 드려지는 동안 입술을 움직이지 않거나, 자리에 놓인 성경책에서 고린도후서를 찾기 위해 이리저리 뒤적거리거나, 다른 사람들이 모두 앉은 후에도 일어나 있거나 혹은 앉아 있거나, 혼란스럽다는 표현을 하며 걸어 나가는 이들을 보게 되었다. 이들 교회의 리더들이 데이브와 제니퍼와 같은 이들과 이야기를 나누거나 친구가 된 후 '일반 교회들'이 어떻게 잠재적 그리스도인들을 비참하게 잃어 가고 있는지를 알아차리게 됐다. 또한 그들이 교회에 찾아가서 갖게 되는 안타까운 결론들, 즉 "여기에 참여할 수가 없어요" 혹은 "기독교는 세대에 뒤쳐진 데다 지루해요"라거나 "하나님은 우리 같은 사람에게 관심이 없는 게 분명해요. 만일 관심이 있었다면 우리가 쓰는 말을 사용했었을 텐데"라는 말을 들었다. 구도자들이 예배를 통해 기독교에 대해 배워 보려고 하는 노력의 형태들이 우스꽝스럽고 역효과만을 초래하는 행동임을 보았다. 왜냐하면 그 예배가 기독교를 소개하기 위한 것이 아니었기 때문이다.

이들 교회의 몇몇 리더들은 불신자들이 이해하는 언어가 어떠한 것이고 그들이 공감하는 음악이 무엇인지를 찾기 위한 고통스러운 노력을 마다하지 않았다. 때가 되어 그들은 세상 불신자들의 스타일과 삶의 방식, 그들의 필요와 가치, 영웅들과 역할 모델, 고심하는 것과 장애들 그리고 그들의 관심과 우상들과 같은 것들을 이해했다. 그들은 문화적으로 적절한 교회가 어떠한 것인지, 특히 예배가 어떠해야 하는지를 머릿속에서 그리기 시작했다.

로버트 슐러(Robert Schuller)는 북미에서 영향력 있게 전두하는 교회가 되기 위해 불신자들을 이해하고 그들의 문화를 수용하기 원하는 초기 선구자적인 인물이었다. 이 책에서 소개하는 교회와 목회자들은 사도적 접근법에 있어 이미 로버트 슐러와 수정교회(Crystal Cathedral)를 뛰어 넘어선 이들이지만 대부분이 로버트 슐러와 어깨를 나란히 하고, 그가 제시한 중요한 형식을 지지하고 있다.

- 불신자들의 필요가 우리의 프로그램들을 결정한다.
- 불신자들의 고민거리들이 우리의 전략을 결정한다.
- 불신자들의 문화가 우리의 스타일을 결정한다.
- 불신자들의 수가 우리의 성장 목표를 결정한다.

1970년대 이후, 세상 속에 있는 구도자들에게 다가가기 원하는 사려 깊은 리더들은 이 네 가지 방법 중 하나를 받아들였다. 첫 번째 방법은 보통 생산적이지 못하지만, 나머지 세 개는 생산적이다.

첫 번째 반응은 교회 지도자들이 '혼합된 예배', 즉 똑같은 예배에 약간의 바흐, 와츠(Watts), 쉐어(Shea) 그리고 (후기) 게이터(Gaither) 등의 음악을 한 예배에서 동시에 시도하는 것이었다. 여러 해 동안 이 시도에 대한 반응으로 대부분의 교인들과 몇몇 외부인들이 참여했다. 같은 이유로 '모든 사람들을 위한 어떤 것'이라는 시도는 「Life」, 「Look」, 「새터데이 이브닝 포스트」(Saturday Evening

Post)를 수백만 권이 팔리게 만들었다. 하지만 1970년대와 1980년대의 문화는 사람들이 한때 인기 있었던 잡다한 잡지들 중 「켓 팬시」(Cat Fancy), 「러너스 월드」(Runner's World), 「머슬 앤 피트니스」(Muscle and Fitness), 「맥 월드」(MacWorld), 「롱게비티」(Longevity), 「백 패커」(BackPacker), 「스쿠버 다이빙」(Scuba Diving), 「스톡 카 레이스」(Stock car Racing), 「워킹 우먼」(Working Woman), 「블록 엔터프라이즈」(Block Enterprise), 「솝 오프라 매거진」(Soap Opera Magazine)과 특정 '시장들'을 대상으로 한 수백 가지 잡지들을 포기할 만큼 변화했다. 문화적인 기대가 '나를 위한 어떤 것'에서 '나를 위한 모든 것'으로 옮겨 갔다. 예배에 대한 반응도 이와 비슷하게 옮겨 가서, 오늘날 잘 조화를 이룬 예배는 '모든 이들을 위해 뭔가를 제공하려 했고 그로 인해 불행하게' 됐다.[10]

두 번째 반응은 1970년대에 확장되기 시작했다. 프레이저 기념 연합 감리교회의 리더였던 존 에드 메디슨과 그의 동료들은 '구도자에게 친근한' 예배를 개발했다. 상당히 전통적인 예배 스타일이었지만(오르간, 성가대, 전통 찬송가와 같은 것들), 덜 형식적인 모습(목사가 운동할 때 입는 잠바를 걸치는)에 매우 축제적이고, 마치 '저교회파'의 연극과도 같고 경험이 없는 구도자들이 참여하기 쉬운 예배였다. 프레이저 연합 감리교회에서 세 차례 드려지는 동일한 아침 예배에서는 사도신경이 주보에 나와 있었기 때문에 외울 필요가 없었다. 주보와 예배 인도자는 고린도후서와 같은 곳을 쉽게 찾을 수 있도록 교회 신도 석에 비치된 성경의 쪽수를 알려 주거나, 주보에 본문 전체를 담기도 했다. 20여 가지가 넘는 방법으로 이 교회는 '우리들의 예배'를 '교회'에 대해 잘 모르는 사람들에게 두렵지 않고, 쉽고, 쉬운 여정이 되도록 만들었다.

세 번째, 캘리포니아 오렌지카운티에 있는 새들백 공동체 교회의 릭 워렌 목사와 그의 동료들은 '참여도가 높은 구도자 예배'를 개발해 냈다. 새들백 공동체 교회에는 오르간이 없는 대신(앞으로도 절대 없을 것이대) 밴드가 존재하며, 성가대가 없이 찬양하는 합창이 있었다. 예배는 잠재적 그리스도인을 주 대상으로 삼았고 그리스도인들을 부 대상으로 어느 정도 삼았지만 둘 모두를 겨냥했다. 새들백의 네 번의 동일한 주일 예배는 전혀 비형식적이어서 심지어 느긋하기까지 했다. 릭 워렌 목사는 정장이 아닌 셔츠를 입고 설교를 했고, 종종 넥타이도 매지 않았다. 음악은 '어른들이 부르는 찬송'과 찬양들 그리고 합창곡(보통 1980년 이후에 쓰인 찬양이었대)으로 이루어져 있었고, 예배, 특히 매우 긴 음악 부분은 매우 참여도가 높고 축제적이며 어떻게 보면 대규모 집회와 같았다. 설교에서 강조하는 내용은 '스트레스 없애기', '건강한 자존감', '결혼 생활 함께 지키기'나 '목적 찾기' 등으로 주제를 전하고, 전혀 비종교적인 언어와 성경에 관련된 한두 가지의 말씀을 인용했다.

네 번째, 시카고에 있는 윌로우크릭 커뮤니티 교회의 빌 하이벨스 목사와 동역자들은 '최고의 구도자 예배'를 개발하여 한 번의 토요일 저녁 예배와 두 번의 주일 예배를 드렸다. 이 두 종류의 구도자 예배에는 몇 가지 공통점이 있다. 두 예배 모두 구도자를 대상으로 한다. 두 예배 모두 오르간이 아닌 밴드와 오케스트라, 성가대가 아닌 노래하는 합창으로 이뤄져 있다. 두 예배 모두 어른들의 유행가와 시대의 대중들이 사용하는 문화 언어에 성경의 주제를 담아 설교했다. 두 형태의 예배 모두 대부분의 시간을 드려 '기독교 101'을 제시하려고 시도하며, 사람들의 필요와 고민들에 맞는 기독교의 구원의 메시지를 보여 주려고 노력하고 있다.

또한 많은 이들이 참여하는 예배와 공연 형식의 구도자 예배들 간에는 중요한 차이점들이 존재한다. 공연 형식의 예배는 보다 비그리스도인들을 위한, 또한 그보다 못한 그리스도인들을 위한 형태이다. 실로 빌 하이벨스는 "한 예배에서 그리스도인과 비그리스도인들의 필요를 모두 완벽하게 채워 줄 수는 없다"고 믿고 있다. 그러한 이유로 윌로우크릭의 믿는 이들을 위한 예배는 수요일과 목요일 밤에 이뤄지고 있다. 윌로우크릭의 공연 형식의 구도자 예배는 많은 이들이 참여하는 구도자 예배이나, 윌로우크릭의 성도들이 드리는 예배에 비해 참여도는 적다. 윌로우크릭의 초기 구도자 예배에서는 사람들이 한 노래를 부르며 주위에 있는 사람들과 인사를 나눈다. 그렇지 않으면 콘서트나 공연처럼 예배에 참여한 교인들의 참여도가 분명하게 적어지기 때이다(물론 이것이 효과가 있으면 사람들은 내적으로 감동을 받고 적극적으로 예배에 동참하게 된다). 윌로우크릭이 대상으로 하고 있는 사람들을 대상으로 한 연구에서는 많은 불신자들이 "아무 노래도 하고 싶어 하지 않고, 말하고 싶지 않고, 서명하고 싶어 하지 않음"이 드러났다. 그들은 단지 기독교를 아무도 모르게 자신들이 원하는 만큼씩만 알아보기 원하기 때문에 윌로우크릭은 '예수 그리스도의 위험한 메시지에 대해 생각해 볼 수 있는 안전한 장소'를 제공하기로 했다. 예배에는 종종 말씀 전에 짧은 드라마를 보여 준다. 윌로우크릭의 리더들은 이 세대가 어려서부터 텔레비전과 함께 자라났기 때문에 이전 세대보다는 추상적인 개념을 처리하는 능력이 떨어지므로 텔레비전 '시트콤'과 같이 드라마로 된 것을 봐야 한다'고 믿고 있다.

세상 사람들과 사도적 회중을 연구했음에도, 나는 내가 구도자들에게 친근한 참여도가 높은 예배와 공연적인 방법들 사이를 중재함에 있어서 유리한 고지를 점령할 수 없었고, 어떤 것이 옳은지를 판단할 수가 없었다. 세상 사람들과 회심한 사람들과의 인터뷰를 통해 나는 세 가지 모두가 옳다는 사실을 확신하게 되었다. 세상의 집단들 안에서 차별된 형태의 인격을 확인하고 그들의 마음을 사로잡았다는 개념에서 그러했다. 많은 베이비부머 세대를 포함한 몇몇 사람들은 자신들에게 맞춰진 예배를 원하고, 적어도 한동안은 익명의 관찰자로 있을 필요가 있다. 아마도 공연 형식의 구도자 예배가 그들을 위한 최선일 것이다. 많은 베이비 버스터 세대를 포함한 어떤 사람들은 자신에게 맞춰진 예배를 직접 '입어 보고' 혹은 참여하기 전에 경험해 볼 필요가 있다. 그러면 그들은 이렇게 이야기할 것이다. "우릴 위해 사탕발림을 하거나 왜곡시키지는 말아 주세요. 당신이 그리스도인들에게 하는 말을 듣고 싶어요." 참여도가 높은 예배가 아마도 그들에게 최선일 것이다. 제2차 세계대전 이전에 태어난 로마 가톨릭, 성경의 영향을 받은 문화권에서 온 많은 이들을 포함한 어떤 이들은 과거에 뿌리를 두면서도 접근하기 쉬운 예배를 기대하고 있다. '구도자에게 친근한' 예배가 아마도 최선일 것이다.

실질적으로 짧은 시일 내에 구도자들과 다른 믿는 이들을 위해 매주 탁월한 예배를 준비하고 드리는 것이 몇몇 교회의 목회자들에게는 힘든 일이다. 어떤 교회들은 전담 사역자를 둬 왔고, 어떤 교회들은 교인들이 구도자 예배를 선호하는 것을 알게 되었으며, 또 다른 교회는 신도들의 예배는 참석하는 이들이 적은 상태로 내버려 두었다. 하지만 두 예배에 모두 성공한 이들은 교인들과 함께 거기에 헌신한다.

뿐만 아니라 많은 세상 사람들은 두 예배 모두를 받아들일 수 있을 만큼 충분히 유동적이다. 자신들이 구경하고 참여를 하는 것보다는 예배의 신실함과 명쾌함, 탁월함, 적합성과 리더들과 교인들이 얼마나 열려 있는지 그리고 선한 의도와 하나님의 임재를 느낄 수 있는지 등이 더욱 결정적인 요소이다. 규모가 작은 교회는 둘 중 하나를 선택해야겠지만, 규모가 큰 교회에서는 '두 방법 모두'를 시도해 볼 수 있다. 릭 워렌 목사는 대규모의 참여도가 높은 구도자 예배는 각 개인들이 자신이 원하면 남의 눈에 띄지 않고 단순히 관찰만 할 수 있다고 제안한다.

## 현대식 예배에 대한 논쟁

이제 당신은 많은 교회가 고민하고 있는 민감한 주제를 다루기에 충분한 '선교학'적인 비전과 근거, 관점과 구도자 예배 현상 뒤에 있는 역사와 근거를 알게 됐다. 당신도 아는 바와 같이 논점은 대부분의 교회 지도자들이 생각하는 것처럼 '새로운' 것이 아니다. 구도자를 대상으로 한 예배에서 뒤에 소개한 두 가지가 모두 '구도자 예배'에 대한 일반적인 생각들로서, 그 두 가지 접근 모두 구도자 예배에 대한 극심한 논쟁의 주제가 되었다.

당신은 옛 주일 저녁 예배를 비판하던 이들의 후손들이 비평에 사용된 유전적 구절이나 선조들의 기억들에 일치하고 있는 것을 보게 될 것이다. 이것은 주목할 만큼 중요하다. 왜냐하면 구도자 예배가 비평가들이 묘사했던 것처럼 근본적으로 선례가 없던 혁신이 아니기 때문이다. 근본적으로 사도적 교회는 주일 저녁 예배를 주일 아침 예배로 바꾸고, 날짜를 고치고, 시간을 바꾸었다. 왜냐하면 그 시간이 대상 청중들이 찾아오는 시간이었기 때문이다. 빛보다 더 많은 열을 만들어 낸 이 논쟁에 대한 한두 예화를 들어 보도록 하자. 왜냐하면 많은 교회들이 이 논쟁을 거쳐야만 하고, 불신자들에게 복음을 전하게 되기 전에 이 과정을 지나가야 하기 때문이다.

기쁨의 공동체 교회의 담임목사 월트 칼라스터드는 1990년, 교단의 정기간행물인 「루터교도」(The Lutheran)에 '엔터테인먼트 전도'라는 한 페이지 분량의 글을 썼다. 이 글의 첫 문단에 칼라스터드는 이렇게 선언하고 있다. "이제 기독교 교회들이 복음의 심장을 가지고 문화의 심장을 꿰뚫는 데 심각해져야만 할 때이다." 더 나아가 그는 주일 아침이야말로 '전도되지 않은 불신자들의 60~90퍼센트'가 참여하는 최고의 시간이 되었지만, 전통적인 루터교회 예배는 이 사람들을 의미 있게 받아들일 수 없다고 강조했다.

"주일 아침 예배에서는 전통 그리스도인들만이 아는 찬송가를 부르고 그들만이 이해하는 종교 언어를 사용한다. 선포되는 설교가 불신자들에게 재미없고, 지루하고, 이해할 수 없는 것이 되었는데, 그 안에 뭔가 탁월한 지식으로 보이는 것이 전혀 없기 때문이다. 교회의 의식들과 형식들이 행해진다. 분명 우리에게 전통적으로 내려온 것들이 많은 부분 의미와 가치를 담고 있지만, 그것들은 교화된 사람들만이 이해할 수 있는 것들일 뿐이다."[11]

칼라스터드는 더 나아가 문화의 오락적 전달 매체가 오늘날의 사람들에게 너무도 잘 맞춰져 있기 때문에 사람들의 관심을 채워주고 유지시키기 위해서는 교회에서 주일 아침에 하는 것들이 생명을 주고, 빠른 진행에, 흥미롭고, 사람들을 참여시키며, 심지어 '재미'가 있어야 한다고 보고하고 있다. 예배 또한 '재미있게' 될 수 있고, 그렇게 돼야만 한다. 그는 독자들에게 '변하지 않는 말씀은 그대로 유지해야' 하지만, 교회는 오직 '본질적인 변화가 아닌 스타일의 변화만'을 고려해야 한다고 강조했다.

교회 지도자들은 편집자에게 날아든 편지들에 담긴 이 기사에 대한 반응들을 자세히 살펴봐야만 한다.

먼저는, 즉각적으로 거의 100여 통의 편지가 전례 없는 '비난'을 퍼부었다! 한 편지에는 기쁨의 공동체 교회가 '백화점에서나 써먹는 경품 잔치와 같은 방법을 사용하는' 죄를 범하고 있다고 주장했다. 다른 편지에는 '유명 코미디언이 아닌 십자가에 못 박히셨다 부활하시고 선포된 그리스도를 달라'라고 했다. 또 다른 편지에는 교회가 '연속극이라는 종교로 빠져드는 것'을 대항해야 한다고 경고했다. 또 다른 편지는 '엔터테인먼트 전도'라는 말 자체가 모순이며 '오락적인 예배는 모든 사람들의 정직함이 부족한' 것이라고 했다.

칼라스터드에게 중상을 입힌 사람들은 모두 두 부류로 나뉘었다. 먼저, 그들은 오락이란 것이 그 형태가 어떠하든 '쇼 비즈니스'이고, 그것도 최악의 것이며, 가치가 있는 그 어떤 것을 전하는 데 사용되거나 믿어서도 안 되는 것이기 때문에 복음은 말할 것도 없다고 단정 지었다. 두 번째, 상처를 입힌 사람들은 칼라스터드의 기본적 관심인 '문화를 꿰뚫는' 것을 완전히 무시했다. 상처 입힌 대부분의 사람들은 인류학자들과 선교학자들이 말하는 '문화'에 대한 정보나 이해를 갖고 있지 못했고, 생각해 보지도 못했다. 생각을 해 본 이들이라 해도 서양 문화, 특히 오락 문화가 반드시 피해야만 하는 타락한 죄악이라고 보았다. 한 사람이 이렇게 썼다. "우리가 기독교를 오락 매체에 맞추려고 하면,

기독교를 오락 매체에 잃게 된다."

하지만 '칼라스터드를 옹호하는 많은 수의 편지들'이 몇 주 동안 날아왔다. 한 사람은 칼라스터드에게 "새로운 것을 시도할 만큼 담대하군요. 만일 마틴 루터가 담대하지 않았다면 오늘날까지 루터교 고백운동이 있을 수 있었을까요?"라고 주장했다. 기쁨의 공동체 교회에 출석하고 있는 윈터(Winter)라는 사람은 이 교회를 지지하면서, 형식적인 사람들이 '서커스'에 대해 이야기하는 것을 한 번도 들어 보지 못했다고 했다. 또 다른 사람은 비판가들이 오락을 단순히 '공상을 자극'할 뿐이라고 잘못 인식했으며, 오락이 통찰과 가치 형성을 자극하는 능력으로 '변형시키는 힘'이 있다는 깊은 요소들은 간과했다고 했다. 몬태나 주 빌링스의 더그 제임스(Dough James)는 이렇게 썼다.

> 프리지대어 제일 교회(The First Church of Frigidaire)가 '오락 전도'를 반대했을 때 이 교회가 더 좋은 생각을 가지고 있었는가? 우리가 직면하고 있는 도전은 예배를 더 많은 사람들에게 의미 있게 함으로 더욱 포괄적으로 만드는 것이다. 오락 전도가 완전한 해답은 아니지만, 현재의 침체에 대한 흥미로운 대안을 제시하고 있다.

하지만 칼라스터드를 지지하는 사람들은 사도운동의 지도자들이 필요하다고 믿는 만큼 심각하게 문화적 역동성을 경험하지도, 또 그런 시의 교육을 받지도 못했다.

더 최근에, 성직자를 위한 미국 감리교 정기 간행물인 「순회 목회자」(Circuit Rider)는 주제 논점으로 '예배: 선택, 충돌, 변화'[12] 잡았다. 전체적으로 기사들은 문화에 대한 작은 교회 지도자들의 식견이 지난 50년간 어떻게 바뀌었는지를 보여 주고 있다. 신학교에서 신학과 예배를 가르치는 한 교수가 쓴 머리기사인 '예배 의식의 난국'은 이 주제에 대한 사례 역할을 해 주었다.[13]

저자는 예배가 '현대적'으로 바뀌어야 하는지 아닌지를 물어보고 있다(내게 모든 예배가 '현대적'이라는 생각을 들게 했다. 문제는 대부분의 예배가 우리에게 보다는 다른 문화나 세대에게 '현대적'이라는 것이다).

필자는 신자들을 위한 예배의식이 '구도자들을 겨냥한' 예배의식보다는 '더욱 명확하게 기독교적'이라고 주장했다(사실 이 일은 내가 '예배 의식의 난국'을 읽기 전까지는 일어나지 않았고, 나는 그것이 무슨 뜻인지 궁금했다. 많은 전통 예배에서 사용되는 엘리자베스 여왕 1세 시대의 영어가 오늘날의 단 루터(Dan Ruther)가 사용하는 미국 영어보다 '더 명확히 기독교적'인가? 루터교나 찰스 웨슬리가 작사한 찬송가가 '인테그리티 호산나'에서 만들어 낸 새 음악보다 '더 기독교적'인가? 우리가 매년 서약운동 전에 전통 예배에서 듣는 청지기 도가 구도자 예배에서 선포되는 '기독교 101'보다 '더 기독교적'인가?]

필자는 더 구체적으로 대중들 간에 자주 일어나는 세 가지 질문들로 논점을 정의하고 있다.

1. "어떻게 우리의 주일 아침 예배를 '활성화' 시킬 수 있는가?" 필자는 그 해결책으로 '모든 만물의 창조주 되시는 거룩한 분을 만나는 것'이라고 제시하며, 이것이 전통 예배를 통해 이뤄질 수 있다고 하고 있다(그럴 수도 있다. 하

지만 선교학에서 우리는 대부분의 사람들이 이방인의 형태가 아닌 그들의 문화 형태를 통해 하나님을 만나고 있었고, '전통'적인 형태의 예배를 통해 하나님을 만나는 얼마 안 되는 사람들은 그 형태가 나타내고 있는 기독교 하위문화로 먼저 재 문화화 되기 때문에 가능했다).

2. "예배가 어떻게 모든 사람들의 필요를 효과적으로 채워 줄 수 있는가?" 필자는 잠재적 그리스도인 방문자들을 '소비주의 문화'로 묘사하며, 그들이 원하는 것이 그들에게 필요한 것과 같지 않다고 제시했다. 더 나아가, 그는 사람들의 '필요들'을 '관련된' 것으로 채워 주려고 하는 교회는 '단순히 흐름에 사로잡힐' 수 있으며, 심리학, 이념, 사회경제학과 같은 다양한 종류의 문화에 끌려갈 수 있다고 선언하고 있다(그럴 수도 있다. 하지만 선교학에 있어 우리들 중에 몇몇은 주류 미국 교회가 이미 과거의 전통이나 18, 19세기 유럽 혹은 계몽운동 이데올로기에 사로잡힌 전문가들의 문화적 포로 상태라고 이해하고 있다).

3. "어떻게 기독교 예배가 '불신자'를 대상으로 삼을 수 있는가?" 필자는 교회들에게 그렇게 하지 말라고 충고하고 있다. 예배를 '전도를 위한 실질적 도구'로 전락시킬 수 있기 때문이라는 이유에서다. 대신, 우리는 구도자들을 '신앙을 나누는 무리들, 일 프로젝트, 공동 사역들 그리고 질문하는 이들에 대한 연구'로 인도해야 한다(필자는 왜 구도자들을 일 프로젝트와 공동 사역들에 집중시키는 것이 전도의 실질적 도구로 전락시키지 않을 수 있는지 이야기해 주지 않고 있다. 그는 계속해서 주일 아침마다 모습을 드러내고 있는 잠재적 그리스도인들에 대해 무엇을 해야 하는지 이야기해 주지 않고 있다. 이 잠재적 그리스도인들은 예배에서 자신들에게 필요한 것들이 있는지를 찾기 위해 마치 가게의 진열장을 둘러보듯 오전 예배를 이용하고 있다).

그 외에도, 사람들이 사도적 교회들에서 경험하고 있는 것들은 필자가 진술한 것과 상반되고 있다. 현대 예배에서 전도가 하나의 목적일 때, 신자들의 복음에 대한 이해와 확신이 보강되게 된다. 신자들도 구도자들이 가지고 있는 것들과 같은 많은 필요들을 가지고 있기 때문에 그들은 전형적으로 그들의 걱정, 침체, 벼랑 끝에 몰린 직장 혹은 결혼 문제에 대한 성경적 지혜를 직접적으로 다루는 적절한 설교에 반응한다. 더 나아가, 신자들은 자신들과 함께 있는 이들이 생애 처음으로 그리스도를 영접하는 모습들을 통해 그리스도를 다시금 만나기도 한다.

자신의 이름에 걸맞게, 필자는 '예배의식과 삶 간의 내적인 연결'을 다시 얻고 '현 세대의 긴장관계와 인간들의 필요에 적합'해질 것을 간청하고 있다. 하지만 그는 우리가 아는 연결을 우리의 선교 현장을 제외한 모든 곳에 만들었다. 우리는 사람들의 문화적 형태들을 받아들임으로 예배를 삶과 사람들의 긴장 관계들과 필요에 연결시킨다. 소수민족 교회 리더들은 문화적으로 눈이 어두운 영국계 미국인들보다 더 자주 이 필요를 알아차린다. 「순회목회자」와 같은 문제에서 조엘 마르티네즈(Joel Martinez) 주교는 "사람들 스스로가 예배의식 가운데 있는 것을 보기 전까지는 머물지 않을 것이다"라고 하고 있다.

우리는 지금까지 문화적으로 적합한 기독교의 경우를 검토해 보았다. 또한 '현대식' 혹은 '구도자' 예배의 몇몇 형태들을 간단히 이야기해 보았다. 이들 예배에 대해서는 어느 정도의 관심이 비판으로 이어지기도 했다. 구도자 예배를 개발하는 상세한 가르침은 이 책의 범위를 넘는 것이다. 이 비전을 이행하기를 갈망하는 교회 지도자들에게 티모시 라이트(Timothy Wright)의 책「기쁨

의 공동체: 어떻게 현대적인 예배를 고안할 것인가」(A Community of Joy: How to Create Contemporary Worship)를 추천한다. 라이트는 기쁨의 공동체 교회의 현대식 구도자 예배를 오랫동안 지켜봐 온 사람이다.

이런 관점에서 하는 말들을 용납해 주기 바란다. 현대적이고 문화적으로 적합한 예배 자체가 전도는 되지 않고, 어쩌면 많은 방문객들을 매료시키지 못할 수도 있다. 마지막 장에서 강조하겠지만 우리 그리스도인들은 전도의 대사들이다. 우리가 고유한 축제 예배를 제공하는 두 가지 목적은 이렇다. (1) 잠재적 그리스도인들이 참여하여 의미를 발견할 수 있는 축제를 제공한다. (2) 사람들이 자신의 친구들을 두려워하지 않고 기쁨으로 초대할 수 있는 예배를 제공함으로 '사람들을 움츠러들게 하는 요소'를 제거한다.

## 예루살렘 의회의 비전 확장

오늘날, 교회 지도자들은 하나님께서 다른 하위문화가 아닌 미국의 반대 문화에 복음을 전하게 만드는 열정을 주고 계신 것을 발견하곤 한다. 최근 대도시인 오클라호마 시의 무어 연합 감리교회에 있는 20대 후반의 청년 빌(Bill)은 깊은 믿음의 은사를 경험하고 청소년 사역에서 상담자로 섬기기 시작했다. 빌은 형제

공동체에 새로운 활력을 불어 넣기 위해 노력하며 제자화 되지 않은 청년들에게 다가가기 시작했다. 빌은 문화적 인도에 대한 기독교의 선택을 보여 주는 부정적인 경험과 긍정적인 경험을 모두 가지고 있었다.

먼저, 빌은 오클라호마 주 무어의 젊은이들이 가을에는 TV 앞에 모여 월요일 저녁 축구를 관람하는 것을 좋아하고, 이렇게 모일 수 있는 곳이 선술집뿐임을 알게 되었다. 빌은 월요일에 형제회가 모이는 교회 친교실에 대형 스크린 TV를 설치하고 불신자 남자들을 초대할 수 있는지를 궁금해 했다. 빌은 평소 알고 지내던 긴 머리에 왼쪽 귀에만 귀걸이를 하고 오토바이를 타고 다니는 청년에게 월요일 저녁에 연합 감리교회에서 축구를 보는 것에 대해 어떻게 생각하느냐고 물었다. 청년은 "기꺼이 그렇게 하지. 뿐만 아니라 다른 친구들도 데려올 수 있어!"라고 대답했다. 빌이 이 월요일 저녁 계획안을 형제회 회장에게 제안했고, 이 말을 들은 회장은 이렇게 대답했다. "물론이죠. 월요일 저녁에 그렇게 할 수 있고말고요. 하지만 축구보다는 도미노가 좋겠어요. 사람들을 초대해서 우리 게임을 합시다."

계획이 수정되었음에도 빌의 친구들은 형제회를 찾아왔다. 빌의 친구는 형제회의 남자들이 대부분 나이가 많다는 것을 좋아했고, 이해하게 된 기독교 메시지에 매료됐다. 하지만 불편해하며 빌에게 이렇게 말했다. "이봐, 이렇게 긴 머리에 귀걸이를 한 나는 여기에 안 어울려. 기독교는 나 같은 사람을 위한 게 아니라고. 오늘 이후로는 오지 않겠네." 그 순간 빌은 이렇게 대답하고 있는 자신을 발견했다. "내가 자네처럼 귀걸이를 한다면 다시 와주겠나?" 감동을 받은 빌의 친구는 이렇게 대답했다. "그럴 정도로 나를 생각해 준다면, 물론 돌아오고말고. 친구들도 데려오겠네!"

몇몇 기독교 지도자들은 이제 새로운 회중들과 심지어 일련의 활동을 시작하고 있다. 그들은 특히 '교회 다니는 사람' 들과 같지 않은 사람들을 대상으로 하고 있다. 몇 년 전, 밥 비맨(Bob Beeman)이라는 이름의 40대 목사는 반항적이고 마약에 중독돼 있으며 베이비 버스터 세대들과 청소년들에게 복음을 전하는 환상을 경험했다. 이들 중 몇몇은 자살 충동이 있고, 많은 이들이 신비주의적 영향을 받고 있었으며, 대부분이 헤비메탈 음악에 중독돼 있었다. 비맨 목사는 LA 지역으로부터 '교회'(지금은 서부 지역에 많이 존재하는 교회) 네트워크를 시작했다. 비맨 목사 자신이 목사 가정에서 자란 평범한 중산층 아들이며 1930년대와 40년대의 글렌 밀러(Glenn Miller)와 같은 밴드를 좋아했지만, 그는 이를 앙 물고 참아냈다. 현재 비맨 목사는 청바지에 검정 셔츠, 뱀가죽 부츠를 신고 설교를 하며, 예배에는 '메마른 십자가' 라는 이름의 헤비메탈 밴드가 있다. 성장을 계속하고 있는 이 교회 네트워크는 수신자 부담 전화번호와 새 신자를 위한 신병훈련소 성경공부, 특히 'RAD 공부'(Radical Active Discipleship, 열정적이고 적극적인 제자도)까지 갖추게 되었다. 베이비 버스터 세대의 문화를 통해 복음을 전하는 교회 네트워크 사역은 현재 사역이 이뤄지고 있는 모든 도시에서 다른 교회들이 한 번도 전도하지 못했던 수백 명의 사람들에게 복음을 전하고 있다.[14]

그렇게 개척자적인 교회들과 그리스도인들은 예루살렘 의회의 결정을 확장해 나가며 세상의 선교 현장에서 기독교운동 방법을 확실히 보여 주고 있다. 그들은 사람들에게 문화적으로 우리처럼 되라고 요구해서는 복음을 전할 수 없음을 발견했다. 물론 일부는 그리스도인이 되기 위해 '유대인' 처럼 되기도 할 것이다. 우리 중에 기꺼이 '유대식' 이 되고, 그들과 동화되기 위해 그들의 문화를 받아들이고, 그들의 문화의 형태로 의사소통을 하고, 필요한 모든 새로운 집단들과 사역들을 만들어 내어 그들과 같은 이들이 복음을 발견하게 돕는 이들이 있다면, 더 많은 이들에게 복음을 전할 수 있게 된다.

## 교회에 던지는 할리우드로부터의 도전

심지어 할리우드까지도 자신들의 문화적 포로 상태를 버리고, 불신자들과 그들의 고민들, 공동체들에 동화되어 실질적으로 세상의 불신자들을 매료시킬 수 있는 고유한 예배와 음악을 문화적으로 제공하도록 교회들에게 도전하고 있는 것처럼 보인다.

우피 골드버그(Whoopi Goldberg)와 매기 스미스(Maggie Smith)의 "시스

터액트"(Sister Act)를 보았을 것이다. 영화가 시작되면서, 나이트클럽에서 공연을 하고 있던 우피 골드버그는 살인 사건을 목격하게 된다. 경찰은 증인 보호 프로그램에 따라 우피를 로마 가톨릭 수녀원에 숨기고, 수녀로 위장시킨다. 우피와 동료 수녀들은 수녀원 근처의 지역 교회(성당)에 다니면서, 거의 아무도 오지 않는 그 교회에서 형편없는 성가대로 활동을 한다. 이 교회 신부는 이렇게 말한다. "오늘 아침엔 정말 적은 이들이 모였습니다. 사실 너무 오랫동안 그래 왔습니다. 뭔가 심각한 문제가 있는 게 분명합니다. 도대체 신앙은 어디로 간 것입니까? 축제는 어디에 있고 사람들은 모두 어디로 간 것입니까?"

우피는 성가대를 맡아 달라는 부탁을 어쩔 수 없이 받아들인다. 우피의 지휘 아래 수녀 성가대는 "Hail Holy Queen"을 노래한다. 화음과 스타일, 열정이 그들의 노래에 녹아들어갔고, 자연스러운 생명력이 어찌나 예전의 것과 달랐던지, 거리에 있던 사람들이 듣고 교회에 매료되고 만다. 하지만 수녀원장인 매기 스미스는 이 새로운 스타일을 거부했고, 신부와 우피는 수녀들이 새로운 스타일을 고수하며 다소 위험하기까지 한 지역 사람들과 대화하고 예배할 수 있도록 수녀원 밖으로 나간다. 이들은 노숙자들을 위한 급식소를 세우고 음식을 나눠 주며, 지역 사람들과 함께 대화를 나누고, 함께 웃고 또 기도했다. 이들의 명성이 퍼져 나갔고 교회는 성장했다. 영화의 마지막 장면은 이제 사람들로 가득 찬 교회에서 모두가 이 놀라운 광경을 목격하는 것으로 마무리된다.

　이 영화에 있어 가장 중요한 장면이 바로 우피가 처음으로 성가대를 이끈 후에 벌어진다. 우피와 신부, 매기 이 셋이서 일요미사 후 성가대실에서 나눈 대화를 통해 수천의 회중을 변화시킬 수 있는 발견을 매기가 접하게 되는 모습을 보게 된다.

> 매기: 교회에서 피아노로 부기우기를 연주하다니. 도대체 무슨 생각을 하고 있는 겁니까?
> 우피: 적어도 라스베이거스처럼 누군가 자리에 앉게 해야 하잖아요!
> 매기: 그 다음은 뭐죠? 팝콘을 팔고 무대에 커튼이라도 칠 건가요? 여긴 카지노도, 극장도 아니에요!
> 우피: 물론이에요. 하지만 그게 문제인 것 같군요. 사람들은 극장이나 카지노에 가고 싶어 안달이지만 교회는 아니죠. 지루하기 짝이 없기 때문입니다. 하지만 오늘 본 것처럼 얼마든지 바꿀 수 있어요. 이 곳을 사람들로 가득 채울 수 있어요.
> 매기: 신성 모독까지 하면서요? 당신은 성가대를 완전히 망쳐 놓고 있어요!

　우피가 더 이상 성가대를 맡지 못한다고 하는 매기의 말을 신부는 문밖에서 듣게 된다. 방으로 들어간 신부는 라스베이거스의 카지노 딜러들이나 쓸 수 있을 법한 허세를 부리며 대화에 끼어들어 이렇게 말한다. "원장 수녀님, 수녀님께 축하를 해 드리려던 참이었습니다. 수년 동안 오늘처럼 미사를 즐겁게 드려 본 적이 없습니다. 정말 멋진 찬양이었습니다. 놀랄 만큼 새롭고 감동적이었으니, 수녀님을 추천해 드려야만 할 것 같군요. 성가대가 다시 서게 될 다음 주까지 못 기다릴 정도입니다. 거리에 있던 사람들이 교회로 들어오던 모습을 보셨나요? 정말 천상의 음악과도 같았어요! 원장 수녀님, 사람들은 그 찬양 소리에 이끌려 온 거예요."

매기는 대답했다. "그…그랬나요?"

## 4장_ 어떻게 소그룹이 사도적인 회중을 형성하는가?

내가 영국 버밍엄 남부 내대(Inner Belt)에 위치한 스파크힐 감리교회(Sparkhill Methodist Church)의 목사로 부임하여 이사를 간 것이 1968년의 일이었다. 서인도와 파키스탄의 이민 세대들로 버밍엄의 그 지역은 인구 통계학적으로 변모된 상태였다. 여전히 50여 명의 영국인들이 스파크힐 교회에 출석하고 있었고, 이것은 서부 인디언 이주민들을 향한 선교를 가능케 하고 있었다. 이 새로운 사람들에게 복음을 전함에 있어 스파크힐 교회는 과거에 기대했던 그 이상의 연속성을 경험했다. 이들 서부 인디언들이 영국인들보다 고급 영어를 사용했고, 영국 감리교도들보다 감리교 찬송을 좋아했기 때문에, 이러한 상황은 오랫동안 함께해 온 영국인 교인들을 유지시키면서 이 새로운 사람들에게 복음을 전할 수 있는 예배의식적인 연속성을 제공해 주었다.

뿐만 아니라, 이 서인도 감리교도들은 구 웨슬리교도들의 '속회' 전통을 유지하고 있었다. 감리교 속회에 대해서는 읽어 본 것이 전부였던 나였다. 이 속회는 프랜시스 애즈베리(Francis Asbury)가 살아 있는 동안 완전히 사라져 버렸고, 그 시기에는 전도 집회가 미국 감리교의 차별화 된 운동으로 속회를 대신한 미래의 새로운 물결로 등장한 시기였다. 그렇기 때문에 당연히 나는 그 어떤 '속회'의 회원이 돼 본 적도 없었고, 속회 모임에 참여하거나 심지어 그 모임을 본 적도 없었다.

그렇기 때문에 나는 감리교의 차별화 된 '소그룹' 비전에 참석하게 될 화요일 저녁을 간절히 기다렸다. 스파크힐 교회의 평신도 리더들과 나는 아파트와 작은 집들을 지나면서 창문을 통해 한 무리의 사람들이 모여 있는 모습을 볼 수 있었다. 나는 "저기인가요?"라고 물었고, 내가 참석할 곳의 집주인은 "아니요"라고 대답했다. "저긴 제 사촌 집입니다. 화요일 저녁에 알코올 중독 치료 모임이 있거든요." 나는 다음 집에서 한 무리의 사람들이 거실에 모여 있는 것을 보고는 "저긴가요?"라고 물었고, 그는 다시 "아닙니다"라고 대답했다. "하지만 누구에게 이야기하느냐에 달려 있습니다. 어떤 사람들은 농담을 들으려고, 또 다른 사람은 이웃의 스캔들에 대한 궁금증 때문에 모이거든요. 지금 보고 있는 저 모임은 집에서 열리는 공산당 소그룹 모임입니다!" 그리고 다음 집에서는 감리교 속회가 열리고 있었다.

## 다양해진 소그룹 의제들

그날 저녁에 배운 것을 절대 잊지 못할 것이다. '소그룹'은 세 개의 인접한 가정에서 모이고 있었다. 거리에서 보기에는 모두 '똑같아' 보였다. 하지만 각각 모두 다른 의제를 추구하고 있었다. 유일한 공통점이라고는 소그룹이라는 상황을 통해 각각의 의제들을 추구하고 있는 것뿐이었다. 그날 밤 이후, 나는 모든 소그룹들이 '같다'라고 하는 일반적인 선입견에 현혹되지 않게 됐다. 그 선입견은 많은 교회 지도자들이 소그룹들을 시작하자는 제안에 "한 번 시도해 봤지만, 여기서는 소용이 없었습니다"라고 반응하도록 만들어 버린다.

어쩌면 한 공통점이 내 요점을 분명하게 해 줄 것이다. 예를 들어, 몇몇 사람들은 축구나 미식축구, 럭비, 야구, 크리켓이 모두 같은 운동이라고 생각할 수도 있다. 이 운동들이 모두 팀으로 참여하고, 유니폼을 입고 경기장에서 공을 다투며, 자기 팬들 앞에서 경기를 하니 그다지 다를 것이 없다고 할 수도 있다. 이러한 결론은 중요하지 않을 수 있다(이와 비슷한 논리로 어떤 이들은 모든 종교가 같다고 하기도 한다!). 하지만 나는 한 번도 이 경기들이 모두 같은 운동경기라고 하는 말은 들어 본 적이 없다. 분명 비교적 비슷한 종목, 즉 축구는 크리켓보다 미식축구와 비슷하기는 하지만, 미식축구가 축구와 완전히 같다고 하는 것은 이 두 경기를 독특하게 만드는 수많은 면들을 무시하는 것이다. 그렇기 때문에 "여기서 소그룹을 시도해 봤다"라고 하는 것은 "여기서 경기를 해 봤다"라는 말과 다를 것이 없다.

나는 이 점을 자세히 이야기하기 위해 분명한 차이를 만들지는 않을 것이다. 교회들이 '소그룹'을 다르게 보아야 하는 분명한 이유가 있다. 구체적으로 소그룹에 있어 많은 의제들 중 몇몇은 최고로 추구(혹은 그것만 추구되기도)되는 것들이다. 사도적 교회들은 모두 소그룹을 분명하게 갖고 있다. 그들 중 몇몇은 자신들을 소그룹 교회라고 정의하기도 한다. 소그룹들은 교회로서 자신들이 갖는 정체성에 있어 대규모 예배보다 중요하기까지 하다. 왜 그런가? 그들은 이 소그룹 안에서 변화시키는 능력을 발견했기 때문이다. 또한 여전히 많은 다른 교회들이 이것을 발견해야만 한다.

## 소그룹에 대한 성경적 전례들

소그룹을 고려해야만 하는 한 가지 이유는 그것이 성경적이기 때문이다. 메시야운동에 있어 초대 교회는 불가피한 구조와 기준이 되는 두 개의 구조를 경험했다. 그들은 셀(혹은 소그룹으로)들로 '가정 교회'로 모이면서, 그 도시에 있는 그리스도인은 공동 예배나 회중으로 함께 모였다(물론 박해로 공동 예배가 금지되고 이 운동이 지하로 들어가 집에서만 모일 때는 예외였다).

이 이중 구조는 사도행전과 신약의 다른 곳에 잘 드러나 있다.

예수께서는 친히 이 모델로 열두 제자를 모으신 후, 그들을 멘토링 하시면서 동시에 회당에서 예배를 드리셨고, 무리에게 말씀하심으로 모델을 보여 주셨다. 사도행전 2장은 초대 기독교운동을 제시하고 있다. 오순절 베드로의 설교에 이어 300명이 각각의 집에서 모이는 반응을 보였고, 그러면서 예루살렘의 전체 운동이 성전에서 이뤄졌다(성전 뜰과 같은 곳). 공적인 말씀 선포와 구제 사역을 하며 기사와 이적들을 경험한 후 그들은 성장을 계속해 갔고(행 2:47, 4:4, 5:14), 여전히 성전 뜰과 집에서 모이기에 힘썼다(행 5:42). 사도행전 2장 42, 47절의 강력한 구절은 우리에게 초대 그리스도인들이 다음과 같았음을 전해 주고 있다.

- 사도의 가르침을 연구함
- 공동체를 경험함
- 함께 떡을 뗌
- 함께 기도함
- 서로의 필요를 위해 가지고 있는 것을 공유함
- 서로 모이기를 즐거워함
- 하나님을 찬양함
- 예루살렘의 보다 광범위한 사람들과 접촉함
- 더 큰 성장으로 이끄는 전도에 참여함

이 구절은 어떤 경험들이 전형적인 셀이고 어떤 것이 대규모 모임인지 명확하게 구분하지 않고 있다. 물론 추론은 가능하다.

이 운동이 예루살렘을 훨씬 넘어서면서, 이 이중 구조도 함께했다. 누가는 바울과 실라가 마게도냐 감옥에서 풀려난 후, 리디아의 집에서 모이는 교회를 방문했다고 기록하고 있다(행 16:40). 에베소에서 바울은 그곳 그리스도인들을 대규모 공중 모임에서 가르쳤을 뿐만 아니라 "각 집"(행 20:20)[1]마다 다니며 가르쳤다. 바울은 자신의 두 편지에 브리스가와 아굴라의 집에서 모이는 고린도 가정 교회에 대해 이야기하고 있다(롬 16:5, 고전 16:19). 다른 곳에서 바울은 라오디게아에 있는 눔바의 집에서 모이는 교회를 이야기하고 있다(골 4:15). 더 나아가, 이 운동이 퍼져 나가는 어느 곳이든 작은 가정 교회들을 심었던 것으로 보일 뿐만 아니라 의도적으로 각 도시에 있는 가정 교회를 배가시킨 것으로 보인다.[2] 소그룹은 초대 기독교에 있어 필요적인 구조였다.[3]

## 소그룹의 개혁 과정

존 웨슬리는 개신교 개혁의 사도적 가치들 중 하나가 확장되는 것이 스스로가 '속회'라고 부른 소그룹들 위에 충분히 이뤄질 것이라고 예언한 바 있다. 웨슬리는 그의 운동이 '초대 교회'의 온전한 말씀과 비전, 능력 그리고 영향력을 회복하기를 원했다. 그는 신약성경, 특히 서신서들에 나타나 있는 초대 기독교를 배우는 학생이었다. 또한 18세기 영국 교회의 통찰력 있는 관찰자이

기도 했다. 당시의 영국 교회는 사도적 비전이나 능력과 영향력이 거의 전무하다시피 했던 '타락한 교회'였다. 나는 어딘가에서 초대 교회의 소그룹에서 일어났던 일들과 발견되어야만 했던 비전과 능력, 영향력 간의 관계에 대한 웨슬리의 이해에 대해 토론한 적이 있었다.

웨슬리는 틀림없이 기준으로 정해진 행동들이 초대 교회 삶의 특징이었다고 보았다. 그들은 히브리서 10장 24-25절의 말씀대로 "사랑과 선행을 격려하며… 오직 권"하기 위해 모였다. 그들은 서로를 위해 기도하고, 가르치고, 경고하고, 권면한 것으로 보인다. 기뻐하는 이들과 함께 기뻐했고, 우는 자들과 함께 울었다(롬 12:15). 서로를 향한 죄를 고백하고(마 18:15-18), 서로를 세우는 데(살전 5:11)까지 이르렀다. 또한 웨슬리는 초대 교회들이 야고보서 5장 16절에 "이러므로 너희 죄를 서로 고하며 병 낫기를 위하여 서로 기도하라 의인의 간구는 역사하는 힘이 많으니라"라는 말씀을 믿었다. 안타깝게도 웨슬리는 이러한 모습들을 영국 교회에서 보지 못했다. 그는 그 이유들 중 하나가 바로 소그룹의 부족이라고 믿었다.

웨슬리는 혁명적인 가설, 곧 첫 번째 현상(믿음, 소망, 능력과 같은 것들)이 일어나는 것은 두 번째 것에 달려 있다는 가설을 내세웠다. 이 가설은 당신이 그리스도인들과 구도자들과 함께 모여 죄를 고백하고, 서로를 격려하고, 함께 기뻐할 때 그 모임을 통해서 사도적 교회의 삶과 믿음, 소망, 사랑 그리고 능력이 나타난다는 것이다. 그는 사람들을 매일 그리스도인으로 살도록 도전하고 격려하기 위해 소그룹으로 모이게 하면, 소그룹에서 지속되는 경험을 통해 초대 교회의 전염성과 능력이 인류 역사에 다시금 일어날 것을 감지했다. 그리고 그렇게 됐다!⁴⁾

웨슬리는 혁신자인 만큼이나 표절자이기도 했다. 특히 소그룹을 통한 사역 개발의 경우가 그렇다. 존은 루터교 경건파 리더였던 필립 제이콥 스페너(Philip Jacob Spener)가 재건과 전도를 불태우기 위해 개발한 가정 그룹(교회 안의 작은 교회)을 접하며 배웠고, 특히 모라비아 형제단들로부터 배웠다.⁵⁾ 또한 재세례파 그룹들과 영국 교회 안의 임시 '단체'로부터 배웠고, 그렇기 때문에 그의 그룹운동은 취사선택적인 개신교였다.

18세기 영국 감리교는 몇 가지 형태의 그룹들로 되어 있었다. '속회'가 최고의 그룹이었는데 모든 감리교도들이 이 속회에 소속돼 있었다. 사실, 속회는 '눈을 뜬' 구도자들, 즉 의롭게 되었고, 새로운 삶을 아직 경험하지 못했지만 경험하기 원하는 이들이 감리교 안으로 들어가는 중요한 접점이었다. 믿는 이들과 구도자들은 먼저 매주 만나는 속회에 참여한다. 새로운 삶을 전심으로 추구하기를 계속하고 매주 열리는 모임에 신실하게 참여하는 사람들은 자동적으로 3개월 후 지역 감리교 '신도회'에 참여하게 된다.⁶⁾ 이 신도회는 거기에 포함된 모든 속회의 총합으로 이뤄져 있다. 초대 교회에 있어서도 먼저 가정 교회의 일원으로 그리고 그 다음 그 도시 전체 교회의 일원이었던 것처럼, 초기 감리교 교인들은 먼저 속회의 회원이고 그 다음 신도회의 회원이었다.

또한 초기 감리교는 자신이 창조된 목적을 이루기 위해 제자 훈련 받기를 간절히 바라는 그리스도인들을 위해 '조'를 제공했다. 그런 다음 참회조들이 경건한 제자도에서 타락했다가 회복을 구하고 있는 이들을 위해 제공된다. 그렇게 초기 감리교가 사람들의 삶에서 이룬 것들은 소그룹 네트워크를 통해서였다.

이 운동을 확장하기 위해 사용한 웨슬리의 전략들 중 하나는 "할 수 있는 한 최대한 많은 속회를 시작하라"였다. 실제로 웨슬리는 속회의 가르침과 책임과 양육이 구도자들에게 절대적으로 필요했기 때문에 사람들이 속회에 참여하지 않은 상태에서 영적인 여정에 들어서지 않도록 충고했다. 왜인가? 그것은 '마귀 자신이 바라는 것이 다름 아닌 그것', 즉 사람들이 어디에서든 어중간하게 깨어나면 다시 잠들어 버릴 것이기 때문이다. 웨슬리와 그의 사람들은 그룹으로 사람들을 이끌지 않고 그들의 종교적인 관심만을 일깨우는 것은 '마치 아이를 살인자 앞에 내어놓는 것과 같다'라고 하는 힘겨운 교훈을 배웠다.[7]

### 뉴 호프 커뮤니티 교회: 소그룹 교회

오리건 주 포틀랜드에 있는 뉴 호프 커뮤니티 교회를 세운 데일 겔러웨이 목사는 오늘날 소그룹 사역에 있어 중요한 개척자이다. 뉴 호프 커뮤니티 교회는 칼 조지(Carl George)가 '메타 교회' 원리라고 이름 붙인 원리 위에 세워졌다. 뉴 호프 커뮤니티 교회는 소그룹이 있는 교회가 아닌, 625개의 소그룹으로 이루어진 교회이며 이들 모두가 대형 축제 예배에 참여하고 있다. 겔러웨이는 이 '20/20 비전'의 대변인이다.

> 위대한 교회를 세우는 방법은 초대 교회에서 너무도 효과적이었던 기본 계획을 충실히 따르는 것이다. 일요일, 하나님의 집에서 예수 그리스도의 부활의 능력을 모두 함께 찬양하기 위해 모인다. 그리고 주 중에는 집에서 집으로 다니면서 소그룹으로 모이며 마음과 마음을 내어놓는 교제를 나눈다. 성공적인 교회를 세우게 하는 이 신약성경의 청사진이야말로 20세기의 외롭고 소외된 사람들의 필요를 채워 주는 가장 완벽한 모임이다. 이 계획은 이 세대에 가장 완벽하다.[8]

뉴 호프 커뮤니티 교회의 리더들은 기독교 소그룹만이 오늘날 쫓겨 다니고 스트레스받은 'A타입' 사람들의 깊은 필요를 채워 줄 수 있다고 믿고 있다. 사실, 소그룹은 TV 쇼 "치어스"(Cheers)의 주제가에 나타난 바로 그 필요를 채우고 있다.

> 오늘날 세상을 살아가며 스스로의 길을 개척해 가는 데 당신이 가진 모든 것이 들어간다. 모든 걱정으로부터 잠시 쉼을 얻는 것은 분명히 큰 도움이 된다. 그러고 싶지 않은가? 때로는 모두가 당신의 이름을 알고 항상 당신이 오는 것을 기뻐하는 어딘가로 가기를 원한다.

당신은 우리의 문제들이 모두 같음을 볼 수 있는 곳에 있기를 원한다.
사람들이 모두 같음을 사람들이 아는 곳으로 가기 원한다.
모두가 당신의 이름을 아는 곳으로 가기를 원한다.

결과적으로, 뉴 호프 커뮤니티 교회는 8~10가족으로 이뤄진 600개의 '따뜻한 사랑으로 돌보는' (Tender Loving Care, 이하 TLC) 그룹을 세웠다. 한 그룹에 8~12명이 이상적이지만 평균 6~12명이 매주 참석하고 있다. TLC는 남성 혹은 여성 '평신도 목회자'들이 이끌고 있으며, 이들은 또한 각 그룹의 각 멤버를 위한 평신도 목회자로 섬기고 있다. TLC 그룹은 일반적으로 정해진 것들을 공부하는데, 주로 담임목사가 쓴 것들로, 성경에 기본을 둔 성경공부나 여러 구절들을 연구한 주제들로 이뤄져 있다. 하지만 TLC는 그 목적 자체가 성경공부는 아니다. 더욱더 분명하게 TLC 그룹의 핵심을 반영하고 있는 세 가지가 매주 모임에서 일어날 것으로 기대하고 있다.

1. 나눔
2. 대화적인 기도
3. 성경 적용

그렇게 그룹 멤버들은 소망과 고통, 죄, 고민들을 나누고 서로의 것들을 경험한다. 그들은 그룹에서 하나님과 대화하는 짧막한 문장 기도를 통해 영적으로 가까워진다. 그리고 성경 안에 있는 계시와 약속, 지혜, 매일의 삶에 대한 통찰들을 적용할 목적으로 성경을 연구한다(모임에 '숙제'는 존재하지 않는다. 숙제가 요구되면 오직 학생들만이 오게 되고 그 그룹은 치유 공동체가 아닌 교실이 돼 버리기 때문이다). 어떤 그룹은 다른 그룹들에 비해 이 세 가지 활동 중 하나에 더 많은 시간을 쓸 수도 있지만, 그룹들은 매번 모일 때마다 이 세 가지들이 모두 이뤄지는 것에 기반을 두고 세워진다.

뉴 호프 커뮤니티 교회는 세 개의 그룹으로 이뤄져 있는데, 각기 차별화된 의제를 가지고 있다. (1) 양육 그룹은 종종 그룹 생활 밖의 일이나 사역에 대해 이야기하기도 하지만 기도와 나눔, 성경적 적용을 통해 서로를 돌보는 데 집중한다. (2) 뉴 호프 커뮤니티 교회의 많은 12단계 그룹들과 같은 후원 그룹은 그룹 멤버들이 공통으로 가지고 있는 필요들을 채워 주며 극복과 치유에 집중한다. (3) 사역 그룹은 일이나 사역과 같은 것에 참여하는 사람들의 팀이다. 안내, 환영, 찬양 밴드나 청소년 후원 등 일이나 사역에 집중하지만, 그와 함께 나눔과 기도, 성경적 적용을 위해 정규적으로 모인다[뉴 호프 커뮤니티 교회와 대부분의 사도적 교회들은 모든 사람들이 특정 사역에 참여하기 위해 모이고, 그 기능을 수행하며 그룹으로 자신의 정체성을 확인하는 것이 매우 중요하다고 믿고 있다. 그들은 또한 그룹 경험이 필요하지만 '그룹에 참여하기'를 꺼리는 사람들(특히 남자들)도 그룹으로 모여서 하는 일에는 적극적으로 참여한다고 보고하고 있다. 더 나아가, 만일 한 교회가 이미 일이나 사역에 참여하고 있는 사람들을 '그룹'으로 조직하여 그룹운동을 시작하면, 이 단계는 교회의 새로운 소그룹 강조에 커다란 탄력을 주게 된다].

세 형태의 그룹들은 각각 범위와 초점이 다르다. 그럼에도 모든 그룹에는 빈자리가 하나씩 있다. 이것은 매 6주마다 적어도 한 명의 새로운 사람에게 복음을 전한다는 그룹의 사명을 상징한다. 이런 목적으로 뉴 호프 커뮤니티 교회의 대부분의 그룹은 신자이든 구도자이든 간에 새로운 그룹 멤버들에게 열려 있다9)('갑자기 방문하는 사람'은 제외). 각 형태의 그룹들은 나눔과 기도, 성경 적용을 경험하고, 그룹 리더의 역할은 '전문가'로 역할을 다하기보다는 멤버들의 참여를 돕는 데 있다. 그러면 평신도 사역자로서의 역할로, 리더는 모임과 모임 사이에 사람들과 연락하여 섬김, 목자, 전도자로서의 역할을 하는 것이다. TLC 그룹의 멤버들은 가족이 되었다. 그 안에서 그들은 서로를 끌어당기고 서로를 믿으며 자존감을 세우게 된다.

뉴 호프 커뮤니티 교회의 TLC 강조는 우리가 대부분의 교회에서 발견하게 되는 것보다 더욱 '높은 기대' 혹은 '높은 요구'이다. 그룹들은 매주 만난다. 리더는 그룹 리더와 평신도 사역자로 1년간 섬기겠다는 계약서에 서명을 한다(물론 갱신이 가능하다). 직무상의 평신도 사역자와 가족 책임자들은 일반적으로 매주 4~6시간을 섬긴다. 재정적으로 독립한 사람들은 몇 개의 그룹을 이끌거나 훨씬 큰 '무리'를 섬기기도 한다. 평신도 사역자나 보조 평신도 사역자들은 그룹을 이끌기 전에 한 주간의 훈련을 먼저 받아야 한다. 일단 리더로 참여하게 되면, 매주 열리는 리더 미팅에 참여해야 한다. 여기서 지난주 모임 보고서를 제출하고, 다음 그룹 모임에서 가르칠 내용을 공부하고, 평신도 사역자와 소그룹 리더로의 더 많은 훈련을 받는다.[10] 리더들은 자신의 그룹 멤버들을 직접 모아야 한다. 각 그룹은 매 6개월마다 일정한 범위 내에서 새로운 신자나 구도자를 환영하고, 새로운 TLC 그룹을 후원하며, 새로운 리더들을 확인하고, 개발할 것으로 여겨진다. 평신도 사역자들은 이러한 '열매들'이 분명해졌을 때 '선임 평신도 사역자'로 여겨지게 된다.

뉴 호프 커뮤니티 교회의 그룹 사역은 무한한 확장을 허락하기 위해 조직되었다. 각 TLC 그룹에는 세 명의 리더들이 있다. 평신도 사역자와 집주인 그리고 때가 되면 새로운 TLC 그룹이나 현재 그룹의 리더로 세워지게 될 평신도 사역자 훈련생이 그것이다. 그룹은 지역에 따라 조직된다. 지역 목회자들은 때때로 자기 지역에 있는 각 그룹을 방문하여 도움과 격려를 주고, 그룹 리더들은 지역 목회자들에게 보고를 한다. 뉴 호프 커뮤니티 교회 대부분의 그룹은 지리적인 구역 내에 있지만(한 지역 당 50~60개) 최근 뉴 호프 커뮤니티 교회는 '특별 지역'들을 추가했다. 1993년 뉴 호프 커뮤니티 교회는 여덟 개의 특별 지역을 조직했다.

1. 긍정적인 독신자 구역
2. 새로운 삶 승리의 구역
3. 어린이 구역
4. 청년 구역

5. 청소년 구역
6. 여성 구역
7. 음악 구역
8. 임무 구역

'음악 구역'은 교회 음악 사역에 관련된 그룹들로 이뤄져 있다. '임무 구역'은 안내와 같이 다양한 섬김을 하는 사람들의 그룹으로 이뤄져 있다. '새로운 삶 승리의 구역'은 600명 이상의 각종 중독으로부터 회복된 이들의 그룹으로 이뤄져 있고, 각 그룹은 같은 중독으로부터 회복된 평신도 목회자들이 이끌고 있다 (만일 이 모든 것들이 소그룹 사역을 위한 많은 구조들로만 보인다면, 뉴 호프 커뮤니티 교회의 리더들은 전통 교회 위원회, 예산이나 모임, 결산과 같이 잘 짜인 사업 구조를 가지고 있다고 대답한다. 대조적으로, 사도적 교회는 능률적으로 일을 할 수 있는 구조를 만들고, 확장이 완벽하게 가능하도록 사역 구조를 짠다).

당신의 교회에서 어떻게 이런 소그룹들을 시작하겠는가? 겔러웨이와 뉴 호프 커뮤니티 교회는 다른 교회들이 연구하고 수용할 수 있는 인상적이며 유용한 자료들을 제작했다. 또한 뉴 호프 커뮤니티 교회에서는 매년 세 차례(2월, 5월, 10월 첫째 주말) 교회 성장 강좌를 연다. 이 강좌의 금요일 저녁과 토요일 강의에서, 참석자들은 뉴 호프 커뮤니티 교회에서 평신도 목회자 지도자와 소그룹 리더들의 새로운 핵심 인원들에게 하는 실제 훈련에 참석한다. 짧은 기간 동안 그들의 자료들을 모두 공부한 후, 겔러웨이는 다음과 같은 유용한 통찰력을 제시한다. "여러분들은 제 대답을 좋아하지 않을 수도 있습니다. 목사가 범할 수 있는 최악의 실수는 전체 교구를 여러 구역으로 나누고 각 구역마다 리더들을 세운 후 이 모든 것들이 갑자기 살아나서 성공적인 가정 셀 교회들이 될 거라고 생각하는 것입니다." 그 대신 겔러웨이는 목사들에게 두세 개의 원형 그룹들을 먼저 세우는 것으로 이 과정을 시작하라고 조언한다. 이것은 소그룹 사역의 원리들을 배우고, 다른 이들을 가르치는 법을 가르치며, 리더들을 천천히 개발하기 위함이다. "대대적인 배가가 준비되기 위해서는 그 전에 기반을 다지는 3년에서 4년 이상의 인내 있는 수고가 요구됩니다."[11]

겔러웨이는 「20/20 비전: 어떻게 성공적인 교회를 창조하는가?」(20/20 Vision: How to Create a Successful Church)라는 책에서 특정한 그룹을 시작하기 위한 다음과 같은 처방을 제시하고 있다.

> TLC 그룹을 시작하게 될 때 가장 먼저 해야 할 일은 누가 리더, 보조 리더, 주인이 될지를 결정하는 것이다.
> 그 다음, 언제 그리고 어디서 매주 정기적으로 그룹이 만날지를 정확히 결정한다. 그런 다음, 첫 모임을 위한 날짜를 정한다. 가벼운 다과를 준비하라. 목표는 사람들이 다른 사람들과 함께하는 것을 즐기게 하고, 매주 계획된 TLC 그룹에 참여하도록 도전하는 것이다.
> 사람들이 어디로부터 오는가? 예상 가능한 그룹원으로 생각할 수 있는 누군가 혹은 모든 이들을 적어 예상 리스트를 만들라. 우

리 교회에는 우편 목록에 우편번호로 나눌 수 있는 수천 명의 예상 리스트들이 존재한다. 새로이 TLC 그룹을 시작하는 대부분의 사람들은 거의 무제한의 예상 인원들을 구역 목회자로부터 받을 수 있는데, 이것은 그 우편번호 지역 내에 살고 있는 사람들의 메일 리스트로부터 얻어진 것들이다.

하지만 특정 우편번호 지역에 사는 사람이라고 해서 TLC 그룹에 참여하라고 요구해서는 안 된다. 리더들은 하나님께서 그들의 마음에 주신 사람들을 초대해야 한다.

여기 항상 효과가 있을 세 부분으로 된 공식이 있다. (1) 예상 리스트를 만들라, (2) 예상 리스트를 위해 기도하라, (3) 예상 리스트를 이루라.[12]

뉴 호프 커뮤니티 교회의 리더들은 뉴 호프 커뮤니티 실험의 20/20 소그룹 전략이 잃어버린 영혼에게 다가갈 수 있고, 그들을 강력한 그리스도인으로 세우며, 사람들에게 사역과 섬김의 기회를 제공하고, 믿는 자들의 열정을 채우며, 지역 교회 안에 새로운 세대의 그리스도인 리더를 개발해 줄 수 있음을 보여 주었다고 믿는다. 하루 분 종합 비타민처럼 TLC 그룹은 '모든 것을 채워 주고' 있다. 이 전략의 적합성은 협력 목사인 데이빗 듀레이(David Durey)의 흥미로운 질문을 대하게 될 때 분명해진다. "만일 하나님께서 오늘 여러분의 집 앞에 100명의 회심자들을 내려놓으신다면, 그들을 어떻게 다루겠습니까? 그들을 제자 훈련시키고, 그들이 성장하는 것을 목격할 수 있는 최고의 시스템은 무엇입니까? 바로 평신도들이 이끄는 소그룹이 유일하고 정확한 답을 제공해 줍니다."

확장해 가는 소그룹 시스템을 관리하는 것은 어려운 일이다. 하지만 6,000명의 교인을 교역자들이 직접 돌보는 것만큼 어렵지는 않다. 겔러웨이는 원칙적으로 평신도가 이끄는 소그룹의 확장이 '무제한적인 성장'을 제공해 준다고 믿고 있다. 사치인 것처럼 들릴 수 있다. 하지만 한국에 있는 여의도순복음교회는 수년 동안 비슷한 전략을 따라 왔다. 내가 마지막으로 들은 것은 그들의 교인 수가 80만 명을 넘었다는 것이다! 그들 대부분이 처음 믿었고, 6만 개의 평신도가 이끄는 가정 셀 그룹을 통해 이제 성장을 경험하고 있는 1세대 그리스도인들이다.

**새들백 공동체 교회: 소그룹이 있는 교회**

새들백 공동체 교회는 소그룹 사역에 있어 뉴 호프 커뮤니티 교회와 재미있는 대조를 이루고 있다. 새들백 공동체 교회는 스스로를 '목적이 이끄는 교회'로 정의하며, 더 이상 스스로를 소그룹으로 이뤄진 교회라고 정의하지 않는다. 새들백 공동체 교회가 소그룹이 있는 교회이지만, 소그룹들은 교회로서 그들의 종합적인 전략과 사람들의 개발에 있어 절대적인 역할을 수행하고 있다. 예를 들어, 릭 워렌이 '새들백 전략'을 표현하기 위해 사용하고 있는 '새들백'(Saddleback) 두문자(頭文字)를 살펴보자.

- 구도자에게 민감한 예배(Seeker Sensitive Services)
- 유연 그룹(Affinity Groups)
- 목적에 이끌림받음(Driven by Purpose)
- 정의된 목표(Defined Target)
- 인생 개발 과정(Life Development Process)
- 전인 사역자(Every Member a Minister)
- 삶으로 하는 전도(Behavioral Preaching)
- 신뢰할 수 있는 리더십(Authentic Leadership)
- 받아들이는 분위기(Climate of Acceptance)
- 구조를 단순하게 하라(Keep the Structure Simple)

새들백 공동체 교회 또한 제자 양육을 시도했던 초기 교회들 사이에 잘 알려졌던 '야구장 모델'과 같은 것으로 강한 그리스도인을 개발해 내는 소그룹을 갖추고 있었다. 사람들을 향한 그들의 네 개의 목표(혹은 '베이스')는 그리스도를 알아 가기, 그리스도 안에서 자라기, 그리스도를 섬기기 그리고 그리스도를 전하기이다. 이 네 개의 목표들은 그들이 사람들의 마음에 그려 주는 네 가지 서약(회원으로, 성숙, 사역, 선교에 대한 헌신)과 관련된 것들이다. 더 자세히 말하자면, 이 분류에 의해 제안된 인생 개발 과정은 새들백이 101, 201, 301, 401이라고 이름 붙인 4시간짜리 세미나를 중심으로 세워져 있다. 두 번째 세미나인 201에서 사람들은 자신들의 성숙에 서약하도록 초대된다. 구체적으로 소그룹에 참여하고 동시에 매일의 헌신된 훈련과 정기적인 청지기 훈련을 받아들이도록 초대된다.

소그룹은 교회 성장을 향한 새들백의 접근에 있어 매우 중요하다. 그들은 교회가 양적으로 성장하려면 반드시 '작아져야' 한다고 믿고 있다. 이 양적인 성장은 교회 성장과 개인적인 성장을 돕고 사람들이 '소속돼' 있다고 느끼게 해 주는 소그룹의 시작을 통해서 가능하다는 것이다. 뉴 호프 커뮤니티 교회와 마찬가지로 새들백의 리더들은 소그룹과 대형 축제 예배의 이중 구조가 신약의 모델이며, 건강하고 강력하고 전염성이 강한 기독교의 존재에 절대적으로 필요하다고 믿고 있다.

협력 목사인 톰 홀러데이(Tom Holladay)는 평신도가 이끄는 소그룹이 있어야만 하고, 그들을 가정에서 모이게 해야만 하는 실질적인 이유를 덧붙이고 있다. 그것은 곧 성장하고 있는 교회들은 세상에 복음을 전하는 데 맞춰 충분히 빠르게 사역자들이나 건물 시설 등을 추가할 수 없으며, 이미 일어나고 있는 성장을 지원할 여력이 없다는 것이다. 가정과 은사가 있는 평신도들을 사용하는 것은 이미 우리에게 맡겨진 물리적, 인적 자원들을 동원하는 더 없이 좋은 방법이다. 가정 그룹 전력은 무한적으로 확장이 가능하고, 이러한 구조는 '주일학교 교실에 있는 금속의자들보다 더 견고한 교제와 관계를 세우게' 한다. 새들백이 소그룹을 강조함에 따라 매주 200개의 소그룹에서 2,600명이 만나고 있는데, 이것은 4,600명인 새들백 교인들의 반이 넘는 숫자이다.

새들백은 섬기는 구체적인 목적에 따라 네 개의 그룹으로 이뤄져 있다. 약 70~75퍼센트의 그룹이 가정에서 만나는 공동체 그룹으로, 친교와 나눔 및 서로를 섬김에 초점을 맞추고 있다. 다른 하나는 '돌보는 그룹'으로, 다양한 중독으로부터 회복이 필요한 사람들과 슬픔이나 다른 경험을 통해 도움이 필요한 사람들을 위한 그룹이다. 또 다른 하나는 성장 그룹이다. 성경이나 교리, 혹은 제자도에서의 책임에 뿌리가 필요한 사람들을 위한 그룹이다. 마지막 하나가 선교 그룹으로, 보다 넓은 지역에서 사람들에게 복음을 전하는 그룹이다.

새들백은 특별히 그룹들이 '친밀함'을 중심으로 조직되도록 격려해야 한다고 믿고 있으며, 이 '친밀한 그룹'들에게 그들이 배우고 행하는 것에 많은 자유를 주고 있다. '친밀함'과 '자유' 주제들은 그룹의 '에너지'와 관련이 있다. 새들백의 리더들은 만일 당신이 친밀함(공통의 문화, 관심, 위기나 사역에 기반을 둔)에 따라 사람들을 모으지 않으면, 리더가 그룹이 하나 되게 해 주는 접착제와 같은 역할을 해 주어야만 한다고 믿고 있다. 더 나아가, 톰 홀러데이는 "만일 당신이 소그룹을 억제한다면 그들은 당신을 밀어낼 것이다! 기꺼이 내버려 둘 수 있어야 한다!"라고 했다.

그룹들이 자신들의 의사결정을 정의하고 스스로의 교육과정을 결정하는 것을 새들백이 강조하는 것은 뉴 호프 커뮤니티 교회와 같이 어떻게 그들의 프로그램이 (여전히) 높은 기대에 의해 변했는지에 의해 설명되고 있다. 뉴 호프 커뮤니티 교회의 대부분의 그룹들은 대부분의 시간에 정해진 교육 과정을 따르고 있다.

이들 두 소그룹 사역이 대조를 이루는 몇 가지 모습이 있다. 뉴 호프 커뮤니티 교회는 그룹 리더들이 평신도 목회자로 섬기도록 계약을 체결한다. 새들백도 몇 년 동안 이 모델을 따랐지만, 그만두고 말았다. 뉴 호프 커뮤니티 교회처럼(그리고 많은 다른 교회들처럼) 새들백은 모임을 이끌 사람들을 모으는 것보다는 모임에 참석할 사람들을 모으는 것이 (훨씬) 쉽다는 사실을 알게 됐고, 그들의 그룹 사역들은 은사가 있고 훈련된 그리고 자원하는 그룹 리더들이 허락된 수만큼 빠르고 크게 성장한다는 사실을 발견했다. 새들백은 추가적으로 그룹 리더십의 은사를 받는 사람도 자신이 목회자나 그런 역할을 할 것으로 여겨지는 것을 원치 않음을 알게 됐다. 그래서 새들백은 여전히 (많은) 평신도 목회자들이 존재하지만 그 역할이 더 이상 그룹 리더의 역할에 연결되지 않도록 이들의 역할들을 나누었다.

뉴 호프 커뮤니티 교회의 그룹들은 매주 모인다. 새들백의 몇몇 그룹(또한 다른 많은 교회의 대부분의 그룹들)은 두 주에 한 번 모이고, 대부분의 다른 그룹들은 매주 모이며, 회복 그룹은 매주 모여야만 한다.

처음 형성된 몇 달 동안, 대부분의 새들백 그룹들은 정도의 차이는 있지만 닫힌 그룹이 되는데, 그룹들이 존속할 것으로 여겨지는 시기는 대략 2년 정도이다. 뉴 호프 커뮤니티 교회 그룹의 대부분은 열린 그룹으로, 매 6개월마다 새로운 누군가를 전도해야 하는데, 이들 그룹이 더 오래 지속될 것으로 여겨진다(아마도 정기적으로 새로 들어오는 멤버들이 어느 정도가 되면 그룹을 재구성하기 때문일 것이다).

이 두 교회들은 계속되는 그룹 리더들의 기대로 변하게 된다. 뉴 호프 커뮤니티 교회의 그룹 리더들은 매주 보고서를 제출해야 하는 반면, 새들백에서는 한 달에 한 번 그룹의 이름과 그 달의 평균 참석자만을 보고하면 된다. 뉴 호프 커뮤니티 교회는 모든 그룹 리더들이 매주 훈련 모임에 참석하도록 하지만, 새들백은 그룹 리더들이 한 달에 한 번 지역 평신도 목회자들과 만나고 분기에 한 번 대규모 훈련에 참석하도록 하고 있다.

새들백 교회 소그룹 사역의 성장 전략은 세 개의 '문'으로 표현할 수 있다. 교회의 '정문'은 매 주말에 열리는 네 번의 '구도자에 민감한 예배'를 말하며, 대부분의 사람들은 교회 생활을 이 문을 통해 시작한다. 소그룹은, 몇몇 사람들이 교회 생활을 시작할 수 있도록 돕는 '옆문' 역할을 하는데, 특히 회복 그룹이 그렇다. 소그룹은 교회의 '뒷문'이라는 관계에서 매우 중요한 역할을 한다. 소그룹은 그룹에 참여한 사람들을 위해 뒷문을 닫는다. 효과적으로 사람들을 '흡수'하고 그룹에 포함시킴으로써 뒷문을 찾지 못하게 만든다.

### 윌로우크릭 커뮤니티 교회: 소그룹을 가지고 메타 교회로 가는 교회

윌로우크릭 커뮤니티 교회는 소그룹의 역할을 깊이 평가하는 것으로, 특히 새 신자의 삶에 제자 훈련이 필요하다는 생각 위에 시작됐다. 윌로우크릭은 그들의 잘 알려진 '일곱 단계 전략'(Seven Step Strategy)에 항상 그룹을 포함시켜 왔다.

1. 그리스도인 게리(Gary)는 '불신자 해리'와 우정을 쌓고 복음을 전할 수 있게 마음 문이 열리도록 기도한다.
2. 마음이 열리자, 게리는 복음을 전하고 해리와 함께 복음에 대한 대화를 시작한다.
3. 게리는 해리를 주말 '구도자 예배'로 인도하고, 해리는 여러 달 동안 참석한다.
4. 해리가 복음을 받아들이고 그리스도를 따르기 원하게 될 때, 수요일 새 공동체에 참석하기 시작한다(참여함에 따라, 해리는 5, 6, 7단계에도 동의한다).
5. 새로운 삶을 시작한 해리는 첫 2년간 소그룹에 참여하고 모임에 참석한다.
6. 해리는 자신에게 주어진 영적 은사와 열정을 발견하고 사역에 참여하게 된다.
7. 해리는 '불신자 레리(Larry)'와 우정을 쌓고 위 과정을 반복한다.[13]

이렇게 윌로우크릭은 소그룹이란 회심 후 첫 2년간 필요한 것이고 다른 그리스도인들에게는 매우 바람직하지만 선택적인 것이라고 여겼다. 하지만 1990년대 초, 윌로우크릭은 정말 놀라운 성장을 경험하게 되면서 결국 모든 사람들이 소그룹에 참여하게끔 할 수밖에 없게 된다. 왜냐하면 300명의 직원들이 있을지라도 모든 교인들을 지속적으로 돌보며 영양분을 공급해 주지 못하기 때문이었다. 윌로우크릭 커뮤니티 교회의 「교회 지도자 핸드

북」은 다음과 같이 설명하고 있다.

> 윌로우크릭 교회가 성장해 감에 따라, 직원들은 점점 더 교회와 사역에 있는 사람들을 온전히 돌볼 수 없게 되었다. 더 많은 직원을 고용하거나 아니면 이 필요들이 채워지지 않은 상태로 그냥 내버려 둬야 하는 상황에 놓이게 되었다. 첫 번째 것은 분명 현실적으로 불가능했고, 두 번째 것은 생각조차 할 수 없는 일이었다. 적당한 크기로 사역을 분산시켜서 평신도가 그 사역에 참여하게 만들어야만 했다. 출애굽기 18장에서 이드로가 모세에게 한 조언에 기반을 둔 소그룹 구조와 칼 조지와 그레그 오그던(Greg Ogden)이 발전시킨 메타 교회 이론이 이 필요에 대한 답을 제시해 주었다. 모두가 돌봄을 받고, 또 그 누구도 열 사람 이상을 돌보지 않는다는 내용이었다.[14]

윌로우크릭의 리더들은 '소그룹이 있는' 교회에서 '소그룹 교회'로 변하는 것이 사실상 당구대회에서 모든 공을 다시 배치하는 것과 같음을 깨닫게 된다. 전체 시스템에서 이제 가장 전략적인 사람들은 월급을 받는 직원들이 아니라 소그룹 리더들이었다. 직원의 역할은 사역을 주로 하는 것에서 평신도 사역을 수월하게 하는 것으로 바뀌었다. 조직적으로, 교회는 훨씬 더 잘 분산되어, 이제 전체 교회가 소그룹 교회이기 때문에 예전에 있었던 소그룹 부서는 문을 닫게 됐다. 윌로우크릭은 기존에 평신도 간부가 광범위한 사역을 하던 것에서 그룹들이 사역을 하는 것으로 조직했다. 또한 은사가 있는 사람들을 훈련해서 그룹 리더로 세우는 것을 강조했다. 3년 후, 그 결과로 8,000명이 약 1,100개의 그룹에 참여하게 됐다.

윌로우크릭의 리더들은 다른 사도적 교회들처럼 셀 그룹과 축제 예배가 사도행전에 절대적으로 요구된 '초소형'과 '대형' 구조 모델이라고 믿고 있다. 이제 경험을 통해 그들은 소그룹이 '예수 그리스도께서 모든 믿는 자들을 향해 의도하신 삶의 변화에 있어 최상의 환경'[15]이라는 확신을 갖게 됐다. 그들은 모든 믿는 자들이 다른 믿는 자들과 연결돼 있어야만 하며, 그렇게 함으로 기존의 그룹들이 확장, 배가될 수 있다고 믿는다. 그렇기 때문에 모든 그룹은 상징적으로 '빈 의자'를 가지고 있고, 모든 그룹들은 새로운 그룹들을 잉태할 수 있는 관계를 가지고 있다. 윌로우크릭은 소그룹들이 함께해야 할 것들을 사랑하라(Love), 배우라(Learn), 결단하라(Decide), 행하라(Do)는 다음의 네 가지 동사로 정의하고 있다.[16]

## 소그룹 삶의 네 가지 요소

- 사랑하라: 그룹 멤버들은 서로를 돌보며 책임, 기도 그리고 서로를 향한 섬김의 행동을 통해 서로의 삶을 나눈다.
- 배우라: 그룹 멤버들은 하나님과 자기 자신들에 대한 지식이 자라남을 경험

한다.
- 결단하라: 그룹 멤버들은 교육과정, 활동, 일정들에 대한 결단을 한다.
- 행하라: 그룹 멤버들은 활동이나 사역에서 함께 섬기는 것에 참여한다.

그룹 리더의 역할은 이 네 요소들로 모임을 수월하게 하고, 모임 사이에 멤버들을 돌볼 뿐만 아니라, 새로운 리더를 발굴하여 사역을 배가시키는 것이다. 그룹 리더는 또한 그룹 멤버에게 닥친 위기 상황 동안 하나님의 최전선에서 그들을 돌보는 역할을 하며, 그룹 멤버들과 교회 직원들과 함께 위기에 대한 적절한 지원역할을 한다.

윌로우크릭의 소그룹 사역은 성경적 공동체와 사람들이 온전히 예수 그리스도를 따르는 자가 되기를 원하는 교회의 갈망을 대변하고 있다. 윌로우크릭의 모든 그룹들은 교회의 비전, 사역과 핵심 가치를 공유하고, 모든 그룹은 사랑, 배움, 결단, 행함에 참여하며, 모든 그룹은 사람들을 하나님과 다른 사람 및 교회에 연결시키기를 원한다.

윌로우크릭의 모든 그룹들은 소그룹 리더(10명을 섬기는 리더), 훈련생(10명을 섬기는 부 리더), 코치(50명을 섬기는 리더), 구역 리더(500명을 섬기는 리더)가 참여하는 구조로 되어 있다. 이 모든 리더들은 '리더십 공동체'에 참여하고 있는데, 매달 한 번씩 모여 비전을 나누고, 훈련 받고, 그룹 리더들을 이끄는 코치들과 함께 훈련을 받는다.

뉴 호프 커뮤니티 교회, 새들백 공동체 교회와 같이 윌로우크릭에도 몇 가지 형태의 그룹들이 있다. 소그룹 리더를 위한 교회 핸드북은 다음과 같이 설명하고 있다.

> 윌로우크릭에 참여하는 이들의 많은 필요와 다양한 수준의 성숙도를 조정하기 위해 다양한 그룹이 개발되었다. 그룹들은 일반적으로 유사한 영역에 따라 세워지는데, 결혼 여부, 연령, 사역, 직업, 개인적 필요, 사회적 지위 등과 같은 것들이다. 사실상 모든 그룹은 아래에 있는 다섯 개의 주요 구분에 따라 분류된다. 각각의 소그룹은 자율과 차별성을 갖고 있지만, 대부분의 그룹들은 아래의 다섯 목록 중 하나로 특징 지을 수 있다.
>
> **신자를 위한 제자 훈련 그룹** - 잔더반(Zandervan)이 출판한 윌로우크릭의 「하나님과의 동행」(Walking with God)을 사용한다. 이 그룹은 의도적으로 믿는 이들을 성경, 기독교 이해, 영적인 제자 훈련에 뿌리 내리게 한다. 이들은 18~24개월간 한 달에 두 번씩 만난다.
>
> **신자들과 불신자들을 위한 공동체 그룹** - 멤버들이 그리스도를 닮아 가고, 서로를 사랑하며, 빈자리를 채우기 위해 새로운 이들을 초대하고 새로운 그룹을 출산하도록 돕기 위한 그룹이다. 한 달에 두 번 모이며, 24~36번의 모임을 갖는 동안 새로운 그룹을 출산해야 한다.
>
> **신자들과 불신자들을 위한 섬기는 그룹** - 사역이나 일을 성취하며, 새로운 이들에게 복음을 전하고, 그리스도인들을 성장하게

하기 위한 그룹이다. 매주 모이며, 이들이 성장하고 재생산하는 속도는 사역에 달려 있다.

**신자들과 불신자들을 위한 후원 그룹** – 슬픔 가운데 있거나, 별거, 중독, 그 외 개인적인 어려움을 겪고 있는 그룹 멤버를 돕기 위한 그룹이다. 매주 모이며, 모이는 기간은 그룹의 의사결정과 멤버들의 필요에 따라 달라진다.

**불신자들을 위한 구도자 그룹** – 윌로우크릭의 그룹 삶에서 가장 최근에 생긴 주요 실험이다. 구도자들을 그리스도께로 인도하고 새 신자를 제자 훈련시키는 것이 그 목표이다. 이들의 의사결정이나 교육 과정은 그룹 멤버들의 질문에 따라 형성된다. 두 주에 한 번 모이며 (그룹이 개발된 초기인 지금) 1년간 모임이 이뤄진다.[17]

소그룹의 성장과 배가를 위한 윌로우크릭의 근본적인 이유는 특히 설득력이 있다.

소그룹은 소그룹 자체만을 위해 존재하지 않는다. 그리스도를 본받는 사람들은 이기적이 되라는 본능에 저항한다. 그들은 자신들이 경험한 그룹 생활을 통해 동일한 방법으로 분리된 다른 사람들을 포함시키기를 소망한다. 따라서 그룹은 성장과 재생산을 위한 살아 있는 전략을 가져야 하며, 그렇게 함으로 어느 날 지역 교회의 일원으로 모이는 모든 이들이 확인 가능한 관계적인 연결에 포함되어야 한다.

소그룹 리더십의 성공은 딸 그룹의 생존 능력에서 분명하게 볼 수 있다. 목표는 단순히 새로운 그룹을 시작하는 것이 아니다. 건강하고 삶의 변화를 창조하는 그룹을 잉태하는 것이다. 새로운 그룹은 결국 새로운 그룹 자신을 잉태해야만 생명력이 있다고 여겨지게 된다. 이런 방법에서 적어도 계속해서 새로운 그룹들을 잉태한 세 개 이상의 그룹을 잉태한 사람이 'Senior 리더' 가 되는데, 다른 말로 적어도 세 개의 소그룹 '손자(Grandchildren)들' 을 가진 리더를 말한다.[18]

## 구도자를 위한 소그룹들

많은 사도적 회중들은 현재 그들의 소그룹 삶에 잠재적 그리스도인들을 포함하고 있다. 매 6개월마다 많은 교회들은 그들의 교인들에게 채우도록 도전하고 있는 '빈자리' 외에도 근본적으로 잠재적 그리스도인 구도자들을 위한 그룹들에 대한 몇몇 접근은 그들의 근본적인 이유와 결과 면에서 매우 인상적이다.

### 새들백 공동체 교회: 라이트하우스 성경공부
(Lighthouse Bible Study: 이하 LBS)

새들백 공동체 교회의 리더들이 구도자들을 참여시킬 적당한 소그룹 전략을 찾았을 때, 그들은 네비게이토에서 개척한 접근법이 그들의 구도자들에게 적합하다는 사실을 알게 됐다. 새들백은 매년 150명이 넘는 잠재적 그리스도인들을 LBS에 참여시키고 있고, 이 성경공부는 구도자 예배 교육과 요한복음에 기본을 두고 있다. 주말 예배에 많은 구도자들(부활절 예배 때와 같은)을 끌어들이고 있고, 그곳에서 릭 워렌은 관심이 있는 사람들을 LBS에 참여하도록 초대한다. LBS에 참여하기 위해서는 다음과 같은 세 가지 자격이 따른다.

1. 그리스도인이 아니어야 한다.
2. 성경에 대한 진지한 의심(궁금증)을 가져야 한다.
3. 이러한 것들을 다른 사람들과 토론할 수 있을 정도로 지적으로 열려 있고 정직해야만 한다.

지난 부활절 예배로부터, 50명의 사람들이 LBS에 참여했다. LBS는 보통 집이나 사무실에서 열리는데, 기독교운동 통찰력에 대한 네비게이토의 관심을 드러내고, 세상의 지역 공동체에서의 출발점을 마련한다. 이 그룹들은 네비게이토에서 훈련받고 전도에 은사가 있는 평신도들이 인도한다. 협력 목사인 톰 홀러데이는 LBS 연구가 '단단한 땅을 경작하는 데 있어 인상적인 기록'을 가지고 있다고 알려 주고 있다. 그룹 리더에게 있어 핵심적인 자료는 「소그룹을 통한 효과적 전도」(Your Home a Lighthouse)이다.[19] 밥과 베티 젝스(Betty Jacks)는 뉴잉글랜드에서 20년간 이 방법을 개척하여 갈고 닦았으며, 네비게이토에서는 이것의 유용함을 널리 보고하고 있다.

새들백의 LBS 브로슈어는 이 경험을 '기독교에 대해 궁금해 하고 성경이 무엇을 말하고 있는지 알고 싶어 하는 이들을 위한 연구'라고 설명한다. 이 브로슈어는 사람들이 '요한복음을 통한 흥미진진한 여행'을 시작하도록 초청한다. 하나님에 대한 핵심 성구 중 하나를 오랫동안 생각하는 이 연구는 '하나님은 누구신 가?', '그분은 어떤 분이신가?' 또한 '그분은 어떻게 내 삶과 관계가 있는가'와 같은 질문들을 이해할 수 있게 도와준다. 각 세션 은 사람들이 다른 질문을 할 수 있도록 시간을 조정해 준다.

LBS는 그리스도인들과 다른 세상 이웃들 간에 존재하는 틈에 다리를 놓을 수 있도록 설계되었다. 라이트하우스 리더 훈련은 성경공부의 두 가지 목표를 강조한다.

1. 하나님의 사랑을 전하여 사람들이 그리스도를 주님과 구세주로 받아들이도록 이끈다.
2. 새 신자를 영적으로 자라도록 도와 하나님의 사랑을 다른 사람에게 더 잘 전하게 한다.

리더들에게 무엇을 해야 하는지 말해 주는 전통적인 훈련 교재 가 평범하기는 하지만("사람들을 편안하게 하라", "모든 사람들에게 익숙한 번역을 제공하 라", "소심하거나 관심이 없는 사람들에 대해 민감하라"와 같은 것들), 몇몇 규정된 '해서 는 안 되는 일'은 주목할 만하다.

**하지 말아야 할 것들**
- 성경공부에서 기도하는 것
- 종교적인 음악을 연주하는 것
- 종교나 교회에 대해 이야기하는 것
- 종교적 그룹들의 문을 두드리거나 그들과 토론하는 것
- 사람들로 읽게 하는 것
- 의견을 묻기 위해 이름을 부르는 것
- 다른 사람들에게 속삭이는 것

매 과정을 시작하면서 리더는 그룹 멤버들에게 "우리의 가장 중요한 목적은 하나님에 대해 더욱 배우고, 그분이 어떤 분이며, 그분이 우리의 삶에서 어떤 역할을 하시는지"를 주지시켜야 한다. 리더는 개별적으로 쉬운 번역 성경을 나눠 주고, 큰 소리로 읽은 후 다음과 같은 질문들로 참석자들이 그 구절을 진행하도록 돕는다.

1. 이 구절이 오늘날 우리에게 어떤 의미를 갖고 있는가?
2. 이 구절이 당신에게 어떤 의미가 있는가?
3. 이 구절이 당신의 삶에 어떻게 영향을 주는가?
4. 이 구절이 어떤 의미라고 생각하는가?
5. 이 구절에서 하나님, 그리스도, 우리 자신, 우리의 책임 그리고 다른 사람들과의 관계에 대해 무엇을 배울 수 있는가?
6. 이 구절에 연관된 사람이 있는가?
7. 이 구절에 대해 이해하지 못하는 부분이 있는가?

라이트하우스 훈련은 리더들에게 참석자 한 사람 한 사람과 사회적으로 시간을 함께 보내고(계획된 성경공부 모임 외에), 그룹 안의 각 사람들을 이해하고 사랑하며, 사무실이나 집을 사람들이 그리스도를 만날 수 있는 장소로 만들도록 위임을 한다. 라이트하우스 훈련 교재는 스코틀랜드에 있는 아이오나 공동체의 설립자인 조지 맥로드 경의 성명에 있는 전략의 비전을 표현하고 있다.

십자가를 높이 들라(Lift High the Cross)

조지 맥로드 경(George McLeod)

나는 십자가가 교회의 첨탑 위에뿐만 아니라 시장의 광장에도 높이 들려져야 한다고 강력히 주장하는 바이다. 나는 예수께서 대성당의 모습처럼 두 양초 사이에 있는 십자가에 못 박히신 것이 아니라 두 도둑 사이의 십자가에, 마을의 쓰레기 더미 위에, 죄목이 너무도 광범위해서 죄목을 히브리어, 헬라어, 라틴어로 적어야 했다는 주장 사이에 세워진 십자가를 회복하고 있다. 그곳은 조소자들이 욕을 하고, 도둑들이 저주하며, 군사들은 도박을 했던 곳으로, 바로 그곳이 예수께서 죽으신 곳이기 때문이다. 그리고 그 모든 것들을 위해 예수께서 죽으셨다. 그곳이 그리스도인들이 있어야 할 곳이며, 그러한 일들이 그리스도인들이 해야 할 일들이다.[20]

## 윌로우크릭: 구도자 소그룹들

여러 해 동안, 윌로우크릭의 리더들은 모든 구도자들이 익명으로 남아 있어야 할 필요와 권리를 강조했다. '불신자 해리' 와 '불신자 메리' 는 단순히 주말 구도자 예배에 참석하도록 권면을 받고 익명으로 남아 있으면서 그들의 속도와 방식에 맞춰 기독교 가능성을 확인해 볼 수 있다. 하지만 최근 윌로우크릭은 그들의 대상들 중 대규모의 소수민족들이 이동하고 있음을 감지했다. 상당한 숫자의 구도자들이 현재 자신들이 익명성을 필요로 하고 가치를 평가하는 그 이상으로 상호 작용과 '그것을 통해 이야기하는 것' 을 평가하고 있다.

그래서 윌로우크릭은 구도자 그룹을 시작하게 되었고, 리더십은 새롭게 참여한 게리 풀(Gary Poole)이 맡았다. 그는 인디애나대학교에서 학생으로 있던 시절 대학 안에서 구도자 그룹을 시작한 경험이 있었다. 2년간의 실험 기간 동안, 윌로우크릭에는 정해진 기간에 25~50개의 구도자 모임이 생겼다. 모임의 절반은 교회에서, 나머지는 가정에서 모이는 형태였다. 구도자 그룹의 열매들로부터, 윌로우크릭에는 현재 여섯 개의 새 신자 그룹 모임이 있다.

이 그룹들은 기독교에 대해 알아보고 있는 다양한 상태의 6~10명의 사람들에게 긍정적인 경험을 제공해 주도록 설계되었다. 더욱 구체적인 목표는 잠재적 그리스도인의 영적인 여정에서 장애물을 제거하고, 그들이 받아들일 수 있게 되었을 때 그리스도를 영접할 기회를 주고 그리스도를 따르기 시작하도록 하는 것이다. 게리 풀은 구도자 소그룹에 대한 세미나에서 많은 구도자가 다음과 같은 것들을 필요로 함을 이야기하고 있다.

- 그들을 있는 그대로 받아들이고, 판단하지 말라.
- 주로 다른 구도자들과 함께 믿음을 확인하고 조사하는 데 자유롭게 하라.
- 경청하고 이해하라.
- 인내를 가지고 가까워져라.

구도자 소그룹의 리더는 그룹 내의 구도자들에게 열려 있고, 정직하며, 사람들이 늘 지켜볼 수 있는 역할 모델이 돼야 한다. 리더는 그들을 돌보고, 그들을 위해 기도하며, 역할 모델로 섬기고, 모임 전과 후 그리고 모임 중에도 구도자들과 개별적으로 상호 교류해야 한다. 구도자들은 종종 리더로부터 "일대일로 관심을 받지 못하면 믿음의 선을 넘지 않는다"라고 보고하고 있다. 그룹 멤버들이 그리스도를 '용서하시며 이끄시는 분'으로 영접하게 될 때, 이 과정을 돕는 사람은 새 신자들이 그룹과 자신들의 이야기를 나누도록 초대한다.

윌로우크릭은 몇 가지 방법으로 새로운 구도자 그룹에 참여할 사람들을 모집한다. 주말에 열리는 구도자 예배에서 참여 기회를 알리면, 10~15명이 매주 관심을 보이고 주보에 있는 절취카드를 낸다. 희망자들은 매 주말 예배 후 영접실로 초대되고, 몇 가지 질문을 받은 후 이들 중 몇 명이 구도자 그룹에 참여한다. 윌로우크릭이 '기독교 101' 반을 제공할 때, 구도자 그룹의 후보자들은 경험에 따라 나뉘게 된다. 또한 윌로우크릭의 사람들이 잠재적 그리스도인들에게 친근해짐에 따라, 자신들이 구도자 그룹에 참여하기도 한다. 그룹을 통해 믿음을 알아보는 모든 초대는 어떠한 압력도 없이 돌봄을 받는다. 종종 초대한 이들은 "한번 와서 확인해 보세요"라고 말한다. 그리고 그들은 그룹을 방문하라는 이 초대에 "예" 혹은 "아니요"라는 대답을 요구한다.

구도자를 위한 소그룹의 첫 모임은 너무도 중요하다. 의사결정을 정의하고, 모임의 성격을 결정하며, 심지어 구도자들이 다시 돌아올지에 대한 영향을 주기 때문이다. 게리 풀은 "어디에 사시죠?", "어디서 일하시죠?" 혹은 "윌로우크릭에 오신 지는 얼마나 되셨나요?" 등의 서먹서먹함을 푸는 질문으로 소개를 시작하라고 충고한다. 그런 다음 리더는 "가장 좋아하는 영화는 무엇이며 그 이유는 무엇입니까?" 혹은 "당신에게 최고의 조언자는 누구이며 그 이유는 무엇입니까?"와 같은 질문으로 어느 정도 참여도를 높일 수 있다(풀은 또한 모든 모임을 '아이스 브레이크'로 시작하라고 충고한다). 네 번째 모임정도 되면 풀은 다음과 같은 질문을 해도 된다고 믿는다. "여러분들의 영적인 여정을 1~10단계로 설명해 보시기 바랍니다. 5는 믿음으로 넘어선 라인입니다."

첫 번째 과정을 진행하며 반쯤 되었을 때 리더는 다음과 같은 매우 중요한 질문을 한다. "예수님께 어떤 질문을 하든 대답해 주신다면, 당신은 어떤 질문을 하시겠습니까?" 리더는 모든 질문을 기록한다. 바로 그 자리에서 대답을 해 주지 않아도 된다(풀은 구도자들이 "누군가 자신의 말을 경청해 주길 바란다"고 말한다. 또한 누군가가 "억지로 밥을 먹여 주는 듯한 즉각적인 답을 원하는 것은 아니다"라고 충고한다). 질문은 다음 주에 교육과정을 정하는 기본이 된다. 종종 그룹은 매주 하나의 질문을 다루기도 한다. 과정 중간에 리더는 각 질문에 대해 예수께서 대답하시는 성경의 구절을 찾도록 도전받기도 하고, 예수께서 대답하신 그 구절들이 결론을 끄집어 낼 수도 있다.

다음 과정에서 리더는 단순히 예수께서 하신 대답을 전달하는 것이 아니라, 그룹이 관련된 구절(들)을 연구하면서 예수님의 대답을 발견하도록 돕는다. 그룹 혹은 리더는 결국 그 시간의 결론에서 가능한 한 정확하고 기억할 만한 진리를 전한다. 일단 처음 질문들이 성경을 통해 언급되면, 다른 질문들이 표면으로 모습을 드러내거나, 리더 자신이 그룹에게 성경을 통해 확인해 보도록 질문을 던진다. 예를 들어, 리더가 이렇게 질문을 한다. "뭔가 귀중한 물건을 잃어버렸을 때를 이야기해 봅시다. 어떤 기분이 들까요? 그리고 그것을 찾았을 때 무슨 일이 벌어질까요?" 그런 다음 누가복음 15장의 세 가지 비유에 대해 연구할 준비를 하게 하고, 하나님께서 귀하게 여기시는 사람들과 아무런 관계도 없게 된다면 하나님께서 어떻게 느끼실지와 같은 것을 발견하게 된다. 윌로우크릭은 구도자 소그룹을 위한 중요한 참고 도구로「세렌디피티 성경」(The Serendipity Bible)과 그 연구 가이드를 만들었다.

### 브래디 교회: 디스커버리 성경 연구

브래디 교회는 잠재적 그리스도인들에게 다가가고 새로운 도시 교회를 세우기 위해 '디스커버리 성경 연구'를 사용하기로 했다. 디스커버리 성경 연구는 필리핀과 인도, 케냐에서 개척된 것으로 브래디 교회의 리더인 캐롤 데이비스와 톰 울프는 이 세 개의 다른 국가에서 보인 방법의 유용함에 감명을 받은 후, 이것이 브래디 교회가 다가가서 섬기기 원하는 모든 소수민족들에게 적합한 사실을 발견했다. 이 연구는 평신도들에 의해 대상 지역의 가정에서 열둘 혹은 그 이하의 수로 이뤄졌는데, 그들 중 대부분은 비그리스도인들이었다.

몇 년 전, 브래디 사람들은 마침내 헌팅턴 공원에서 한 교회를 시작했는데, 이곳은 LA에서 가장 가난한 지역 중 하나였다. 그들은 다음 여섯 개의 질문을 하며 집집마다 조사를 하고 다니는 것으로 시작했다.

1. 이 지역에 필요한 것들이 무엇이라 생각하는가?
2. 이런 필요나 문제들의 해결책이 무엇이라 생각하는가?
3. 성경이 이에 대해 무엇을 말하고 있다고 생각하는가?
4. 성경을 읽어 본 적이 있는가?
5. 사람들이 직면하고 있는 문제의 해결책에 대해 이야기하기 위해, 이웃에 있는 성경공부에 참석해 볼 생각이 있는가?
6. (만일 그럴 의사가 있다면) 당신의 집에서 모임을 가져도 되겠는가?

매 다섯 번째 질문에서 사람들은 자신들의 집에서 성경공부를 하겠다고 답했다. 집주인들은 그들의 사회적 네트워크에 있는 사람들을 그룹에 참여하도록 초청했다. 브래디 교회의 평신도들은 헌팅턴 공원 지역에서 열두 개의 디스커버리 성경 연구를 이끌고 있으며, 그들은 지교회를 시작했다. LA 지역 분지에서의 브래디의 독특한 사역은 수백 명의 사람들에게 복음을 전했고 열두 개의 교회를 시작하게 했다. 그들은 다른 많은 지역에서 성경공부 그룹을 시작할 수 있는 리더의 수만큼 디스커버리 성경 연구를 시작할 수 있음을 발견했다.

이 방법은 그룹 리더가 성경의 전문가가 되지 않아도 되는 독특한 이점을 가지고 있다. 이 프로그램의 여섯 개의 질문들은 규정된 성경 구절을 통해 그룹을 이끈다.

### 디스커버리 성경공부의 여섯 질문들
1. 당신이 좋아하는 것은 무엇인가?
2. 당신이 좋아하지 않는 것은 무엇인가?
3. 이해할 수 없는 것은 무엇인가?
4. 하나님에 대해 무엇을 배웠는가?
5. 어떤 반응을 보이고 싶은가?
6. 집에 가져가고 싶은 구절, 생각, 문장 등이 있는가?

그룹의 목적에 있어 마지막 세 개의 질문이 가장 중요하다. 하지만 처음 세 개의 질문들도 아이스 브레이크를 위해 필요하다.

모두가 첫 질문에 대한 답을 가지고 있다. 어떤 그리스도인들은 감정적으로 두 번째 질문을 거부하지만, 비그리스도인들은 그렇지 않다. 이 과정에서 세 번째 질문은 어떠한 경우에도 일반적으로 다루지 않는다. 하지만 몇몇 참석자들은 그들이 이해하지 못하는 것을 말로 표현함으로 그들이 이해하는 것에 집중하여 심리학적으로 자유롭게 되어야 할 필요를 드러냈다.

이 여섯 질문들이 수많은 성경 구절을 통해 그룹을 인도하는 데 유용한 반면, 회심자들을 위해 5주간 이어지는 추가적인 성경공부인 디스커버리 성경 연구는 세 개의 서로 다른 잠재적 그리스도인들을 위한 다섯 구절로 된 세트에 집중한다.

**행복은**
(교육받은 개념적인 사람들을 위해)
1. 시편 1편
2. 시편 51:1-13
3. 로마서 3:21-26
4. 로마서 8:29-39
5. 고린도전서 13장

**예수님을 발견**
(덜 교육받은 전통적인 사람들을 위해)
1. 마가복음 1:21-34
2. 마가복음 10:13-16
3. 마가복음 10:17-31
4. 마가복음 12:41-44
5. 누가복음 23:32-43

**예수님의 능력**
(중독과 학대를 경험한 이들을 위해)
1. 마가복음 1:21-28
2. 마가복음 2:13-17
3. 마가복음 3:1-6

**첫 단계들**
(새 신자들을 위해)
1. 베드로전서 1:22-25
2. 에베소서 1:11-20
3. 에베소서 4:21-32

4. 마가복음 4:35-41          4. 에베소서 5:1-6(or 1-21)
5. 마가복음 9:33-37          5. 에베소서 6:10-18

    이것들은 디스커버리 성경 연구를 효과적으로 만드는 것을 돕는 '볼트와 너트'들이다. 그룹은 다섯 주 동안 한 주에 한 번, 한 시간씩 모여서 한 주에 한 구절씩 진행한다. 공부는 현대인의 성경과 같은 현대 번역본을 사용하고, 리더는 참석자 개개인들에게 그 주의 구절을 복사한 것을 나눠 준다. 리더가 소망하고 기도하는 것은 성경을 나누고 다른 이들과 함께함을 통해 사람들이 그리스도와 믿음을 발견하는 것이다.

    브래디 교회는 디스커버리 방법의 몇몇 유리한 점들을 발견했다. 교회보다는 친구 집에 가는 것이, 이방인보다는 친구, 친척, 이웃을 만나는 것이, 이웃이 아닌 사람들보다는 이웃을 만나는 것이, 교회보다는 한 그룹에 참여하는 것이 처음에는 훨씬 받아들이기 쉽다는 것이다. 초점은 성경이지 리더가 아니다. 던져진 질문에는 '옳고 그름'이 없으며, 이러한 것들은 비그리스도인들이 편안하게 느끼도록 돕는다. 그 결과 비그리스도인들은 그들이 이해할 수 없는 책이라고 여겼던 성경 구절을 이해하는 성공을 경험하게 된다. 악한 마귀는 어디서든 기독교운동이 쉽지 않게 만들며, 성령을 통하지 않고서는 아무도 '예수를 주라' 시인하지 못하지만, 그럼에도 캐롤 데이비스는 디스커버리 성경 연구가 'ABC만큼이나 간단하다'고 제안한다.

A. 구도자들은 아는 이들과 함께 성경을 공부한다.
B. 이 접근 방법은 성경 중심이다.
C. 여섯 개의 분명한 질문들은 디스커버리운동의 심장이다.

## 회복과 후원 그룹

알코올 중독자 자주 치료협회(Alcoholics Anonymous, 이하 'AA')는 1940년대부터 시작되었다. 당시 뉴욕 시에 있는 갈보리 성공회 교회의 목사였던 사무엘 슈메이커(Samuel Shoemaker)는 산상수훈의 말씀과 야고보서로 두 명의 새 신자들을 도와주었고, 이들은 스스로의 회복 경험으로 현재 유명한 '12단계들'의 윤곽을 잡게 되었으며, 많은 사람들이 이 과정을 따라서 알코올 중독으로부터 자유롭게 되었다. 이들은 또한 교회로부터 독립된 자치 기구인 AA를 세웠다. 그 기간에 대부분의 교인들은 '술 취한 사람들'과 어떻게 관계해야 할지를 몰랐으며, 알코올 중독자들은 비판받을 것을 두려워했기 때문에 당연히 교회에 오기를 꺼려했다. 이런 두 가지 이유로, 아직까지 어느 누구도 중독자들을 충분히 이해해 주지 못했었다.

이제 우리는 그들이 고민했던 알코올 중독이 중독이라는 빙산의 일각일 뿐임을 알게 됐다. 수백만의 사람들이 '본질적인 중독'인 술, 담배, 카페인, 음악, 마약 및 다른 불법 약물이나 진정제와 다른 규정된 약과 같은 것들에 중독돼 있다. 뿐만 아니라 수백만의 사람들이 도박이나 성, 일, 도벽, 폭력, 권력이나 돈, 소비, 지나치게 관계에 의존하는 등의 '행위 중독'의 범주에서 고통을 겪고 있다. 수천만 명의 북미 사람들이 이런 것들에 중독되어 있거나 이런 중독과 상호 의존적인 관계를 갖고 살고 있다. 슈메이커는 이 널리 퍼진 상태를 다음과 같은 관찰로 예상했다. "거의 모든 이들이 문제를 갖고 있고, 스스로가 문제이며, 문제와 함께 살고 있다."

슈메이커와 다른 그 어떤 AA 설립자들도 몇몇 교회들이 현재 중독되어 억압받고 있는 개인들을 위한 회복 사역을 하고 있는 그런 범위는 상상도 하지 못했었다. 이 사역은 전통 교회와 사도적 교회 사이에 새로운 선을 긋고 있다. 극소수의 전통 교회들만이 회복 사역을 하고 있다(몇몇 목사들은 "AA 사람들에게 우리 건물을 쓰게 해 주고 있습니다!"라고 전하기도 한다). 대조적으로, 내가 연구한 모든 사도적 교회들은 회복 사역에 많은 투자를 했는데, 특히 최근에 그러했다. 12단계의 치유 사역들이 사도적 교회들에게 새로운 강조를 하고 있긴 하지만, 이들 사역들은 잠재적 그리스도인들에 대한 사역 위에 사도적 교회들이 지속적인 강조로 일조하고 있다.

사도적 교회들이 그들의 신학적인 중독에 대한 해석에 있어 어느 정도 다른 점도 있기는 하지만 다음의 주제들은 일치하고 있다. 중독은 심리학적, 그리고 영적으로 매우 깊고 복잡한 고통이다. 중독은 이 세대가 가지고 있는 파괴적인 악이 우리 문화를 장

악한 전형적인 형태이다. 구체적인 중독이나 압박에 걸려들면 사람들의 삶은 '통제 불능'의 상태가 되고, 그들의 감정과 에너지는 얼어붙어 버리며, 사람들은 공허와 고통, 일종의 '광적인 상태'를 경험하게 되고,[21] 그들과 가족의 삶은 '기능 장애'가 생긴다. 뿐만 아니라 이들은 다른 사람들과 하나님으로부터 멀리 떨어져 버리게 된다. 중독이 상습적인 복용보다 큰 문제이기 때문에, 중독자들은 스스로를 자유롭게 할 수가 없다. 그럼에도 중독자들은 중독 사실(혹은 그 심각성)을 부인하며 스스로가 통제할 수 있다는 착각에 빠져 있다. 보통, 사람들은 사회적 책임과 지원을 통해 계획된 하나님의 능력을 통해서만 그 영향과 중독으로부터 자유롭게 된다. 이 12단계는 사회적인 과정과 일반적으로 함께하는 하나님의 행하시는 형태를 대표한다. 회복 사역을 장려하는 광고지에서, 새들백 공동체 교회는 자신들이 '통제 가능한' 상태라고 믿는 사람들을 대하는 데 반어법을 사용한다.

### 중독과 강박 관념에 사로잡힌 사람들에 대한 12단계
(악명 높은 표준 이하 판)

1단계 – 나는 (우리가 아닌) 중독/강박을 완벽히 통제했었고, 내 삶은 훌륭했으니, 고맙지만 사양하겠다.
2단계 – 나는 항상 나보다 큰 능력은 없었음을 알고 있었다. 하지만 당신들 모두는 제정신으로 돌아가야만 했다.
3단계 – 나는 내 의지와 삶을 내 중독/강박을 돌보는 데 사용하기로 결심했다. 나를 이해해 주는 유일한 것이기 때문이다.

4단계 – 나는 그 어느 누구의 외형적이고 망상적인 부도덕한 목록이 아닌 나 자신의 것을 만들었다.

5단계 – 나는 영원히 그 누구에게도 아무런 존재가 아님을 인정한다.

6단계 – 나는 하나님이 당신의 모든 단점들을 심판하게 만들 준비가 되어 있었다.

7단계 – 나는 겸손하게 하나님이 다른 누군가를 귀찮게 해 줄 것을 요구했다.

8단계 – 나는 나에게 피해를 준 사람들의 목록을 만들고 그들에게 복수를 하려고 했었다.

9단계 – 나는 언제든 가능할 때면 직접적으로 복수했고, 특히 그들이나 다른 사람들에게 피해를 주고 상처를 입힐 수 있었을 때 그랬다.

10단계 – 나는 계속해서 다른 사람들의 목록을 만들어, 그들이 잘못할 때마다 즉시 그들에게 말해 주었다.

11단계 – 나는 술/마약/관계/음식/성과 같은 것들과 나 자신과의 무의식적인 접촉을 유지하려고 했고, 내가 원하는 것만을 위해 기도했으며, 원하는 것이 있을 때는 그것을 얻을 힘을 구했다.

12단계 – 이러한 단계의 결과로 영적인 죽음을 갖게 되면서도, 나는 이 이야기를 다른 중독/억압받는 사람들에게 전하여 내가 끌어들일 수 있는 한 최대한 많은 사람들을 끌어들이려고 노력했다.

다른 전단지에서, 새들백은 진정으로 자유롭게 하는 12단계를 전하며, 성경적 관점에서 12단계와 일치하는 제안들이 담긴 성경 구절들을 함께 담았다.

## 12단계와 성경적인 비교

1. 우리는 우리 자신의 중독과 강박적인 행동에 대해 아무런 힘이 없고, 우리의 삶을 주체하지 못함을 인정한다(롬 7:18).
2. 우리 자신보다 큰 힘을 믿게 된 것이 우리가 제정신을 차릴 수 있게 해 주었다(몬 2:13).
3. 우리가 깨달은 대로 우리의 의지와 삶을 하나님의 돌보심에 드릴 것을 결심했다(롬 12:1).
4. 우리 자신이 가지고 있는 무서움을 모르는 도덕적 목록을 만들고 찾았었다(애 3:40).
5. 하나님과 우리 자신과 다른 사람들에게 우리 잘못의 분명한 본성을 인정했다(약 5:16).
6. 하나님께서 이들 인격적인 결함들을 제거하시도록 할 준비가 완전히 되어 있다(약 4:10).
7. 겸손히 그분께 우리의 모든 단점들을 제거해 주실 것을 요구했다(요1 1:9).
8. 내게 해를 준 모든 사람들의 목록을 만들고 그들의 모든 것들을 고칠 것을 의도하게 되었다(눅 6:31).
9. 상처가 될 경우를 제외하고는 가능한 한 언제든 직접적으로 그들을 개선하려 했다(마 5:23-24).
10. 개인적인 목록을 계속 만들고, 우리가 잘못했을 때는 즉각적으로 인정한다(고전 10:12).
11. 기도와 묵상을 통해 우리가 이해하는 하나님과 우리 의식의 접촉을 향상시키려 했고, 우리를 향한 그분의 뜻의 지식과 그것을 행할 힘만을 위해 기도했다(골 3:16).
12. 이 단계들의 결과로 영적인 경험을 갖게 되면서, 우리는 이 이야기를 다른

사람들에게 전하고, 우리의 모든 일에 이 원리들을 적용한다(갈 6:1).

중독적이고 강박적인 사람들에 대한 훈련에서 릭 워렌 목사와 존 베이커는 12단계의 뿌리를 팔복에 두고 있으며, 확신, 변화, 포기, 고백, 회복, 기도, QT, 증거와 서로 돕는 폭넓은 성경적 원리들을 분명히 하고 있다. 그들은 "우리의 높은 힘은 예수 그리스도이다. 예수님은 실질적인 훈련과 매일, 매순간 우리와 관계하기를 간절히 바라신다.

그분은 우리가 한 번도 우리 자신에게 행할 수 없었던 것을 행하실 수 있으시다"라고 선언하고 있다. 그들은 자신의 회중들에게 "기적이 일어나기 전까지 멈추지 말라. 하나님의 도우심으로, 당신이 고대해 왔던 변화들이 그대로 일어날 것이다"라고 권고한다.

새들백의 금요일 저녁은 '회복을 찬양하는' 것으로 드려진다. 200~300명의 사람들이 (1) 바비큐 파티, (2) 축제 예배에서 중독에 관련된 말씀이 전해지고, (3) 경험과 힘, 소망들을 서로 나누는 아래 제시된 소그룹들 중 하나에 참여하기 위해 모인다.

- 약물에 중독된 청소년들
- 약물에 의존하는 남자들
- 약물에 의존하는 여자들
- 상호 의존적인 남자들의 모임
- 상호 의존적인 여자들의 모임(두 그룹)

- 약물에 의존하는 관계 안에서의 상호 의존적인 여자들
- 신경쇠약으로 식욕을 잃은 여자들의 모임
- 성도착으로부터 새롭게 된 남성들의 모임
- 월남 참전 군인들의 회복 모임
- 성적/육체적 학대로부터 회복되고 있는 여성들의 모임
- 십 대들을 위한 구조 모임

새들백의 브로슈어「회복을 찬양하라: 예수님과 함께하는 12단계」(Celebrate Recovery: 12Steps With Jesus)와 회복 중인 사람들을 위한 교육 과정에는 라인홀드 니부어(Reinhold Niebuhr)의 유명한 기도가 담겨 있다.

### 평온을 구하는 기도

주여, 제가 변화시킬 수 없는 일들을 받아들이는 평온을,
제가 변화시킬 수 있는 것은 변화시키는 용기를
그리고 그 둘을 구별할 수 있는 지혜를 주옵소서.
하루하루 살게 하시고
한순간 한순간 누리게 하옵시며
고난을 평화에 이르는 길로 받아들이게 하시고
죄로 물든 세상을 내 마음대로가 아니라
예수님처럼 있는 그대로 받아들이게 하옵소서.
당신께서 모든 것을 바로 세우실 것을 신뢰케 하시어
이곳에 사는 동안 사리에 맞는 행복을

그리고 저곳에서 당신과 더불어
영원토록 온전한 행복을 누리게 하옵소서. 아멘.[22]

뉴 호프 커뮤니티 교회는 대부분의 사도적 교회들보다 훨씬 더 중독에 걸린 사람들과 깨어진 가정들을 대상으로 하고 있다. 그들은 대부분의 회복 사역의 범위에 있어 다른 이들보다 긴 경험을 갖고 있다. 주기적인 변화와 함께, 뉴 호프 커뮤니티 교회는 약 600명의 사람들을 회복과 후원 모임에 매주 참여시키고 있다. 이 사역은 '승리한 새로운 삶'(New Life Victorious)으로 이뤄져 있는데, 대부분의 회복과 후원 그룹들은 월요일 저녁에 만난다. 이 교회는 사람들로 다음과 같은 가능성을 믿도록 초대한다.

가르침과 교육, 기도,
개인적 성장을 통해
중독/강박적인 행동의 고리를 깰 수 있다.

이 교회의 인쇄물에는 "'승리하는 새로운 삶'은 아무런 도움 없이는 벗어날 수 없는 약물 의존, 중독, 강박적 행동을 갖고 있는 사람들과 그들을 이해하고 싶어 하는 모든 이들을 위한 영적인 12단계 프로그램이다"라고 쓰여 있다. 그리고 리더들은 "후원 그룹은 사랑하고, 수용하며, 조금도 위협적이지 않은, 회복 사역에 훈련된 평신도들이 인도한다. 하지만 '새로운 삶' 그룹들은 영적인 후원 그룹들일 뿐, 전문적인 치료 그룹이나 AA 모임이 아니다"라고 설명한다.

월요일 저녁의 첫 시간은 찬양, 말씀과 기도, 치유와 회복으로 인해 삶이 어떻게 변하고 있는지를 보고하는 사람들의 간증과 정신적, 영적, 감정적 관점에서 주어지는 교육적인 발표로 이뤄진 예배로 드려진다. 그리고 두 번째 시간은 사람들에게 적합한 회복 소그룹을 제공하는데 그들은 이것을 '안전하고 당신의 사생활을 존중해 줄 수 있는 그룹'이라고 소개한다. 리더는 다음과 같은 질문들로 그룹 경험을 위해 사람들을 준비시킨다.

- 회복은 과정이지, 한 번 거쳐 가는 행사가 아님을 인지하자.
- 한 번에 모든 답을 얻을 수 없음을 알자.
- 신뢰를 쌓는 데 시간이 걸림을 알자.
- 하나님의 도우심으로 무엇이 당신에게 최선인지를 확인할 수 있다. 다른 이들의 조언이 필요치 않음을 알자.
- 적어도 4주 동안은 같은 그룹 안에 연결되고 묶여 있어야 함을 알자(원한다면 4주 후 그룹을 바꿀 수 있다).
- 리더는 다른 회복 그룹을 이끌며 그곳에서 치유받은 평신도 목회자임을 인지하자.
- 다른 사람들을 돕기 위해서가 아닌 자기 자신을 위해 그룹에 있음을 인지하자.

최근 두 달 동안 사람들의 필요에 따른 열다섯 개의 회복 그룹이 제공되었다.

- 알코올과 회복
- 여성의 알코올과 마약 회복
- 문제가 있는 환경의 청소년[23]
- 상호 의존에 대한 가정 후원[24]
- 감정적 회복[25]
- 분노를 통제하는 방법
- 회복 팀
- 아이들을 위한 긍정적인 행동
- 남자들의 기도와 나눔
- 여자들의 기도와 나눔
- 터프 러브(친구나 가족의 마약 중독 등을 치료하기 위해 엄한 태도를 취하는 것)[26]
- 어린 시절 학대받은 여성들
- 성도착으로부터의 회복
- 섭식 장애로부터의 회복
- 건강한 관계 개발

다른 두 달 동안, 월요일 저녁에는 일중독, 낮은 자존감, 심한 스트레스, 담배 중독, 그 외 다른 중독들과 강박에 있는 사람들을 위한 회복 그룹을 제공한다. 교회는 또한 교육 과정과 후원 그룹, 화요일 저녁, 수요일 정오 및 수요일 저녁 그리고 금요일 저녁의 회복 그룹을 제공한다. 이들 그룹 중에는 위에 나열된 것과 같은 문제들을 갖고 있는 사람들을 위해 선택적인 일정이 잡혀 있다. 다른 것들은 독특한 것들로, 별거로부터의 회복, 이혼으로부터의 회복, 슬픔으로부터의 회복, 분노 다스리기와 건전한 선택 등이 그것들이다.

뉴 호프 커뮤니티 교회는 '금요일 기도의 밤'을 제공하면서, 그 시간은 "후원 그룹에서 드러난 문제들을 위해 기도받을 수 있는 안전한 피난처로, 사람들은 3시간 전체 혹은 부분적으로 참여하여 그들의 고통과 고민, 필요들, 승리들을 나누며, 감정적, 영적, 정신적 혹은 육체적 필요를 위한 기도를 받는다"라고 설명한다. 뉴 호프 커뮤니티 교회의 「성공적인 새로운 삶」(New Life Victorious) 브로슈어에는 아만다 브레들리(Amanda Bradley)의 시가 담겨 있는데, 중요한 내용은 다음과 같다.

> 만일 당신이 당신 주위에서 보여지는 모든 것들과
> 당신 자신의 것들을 소중히 여긴다면…
> 당신의 최고의 삶을 사는 것이 어떤 의미이고
> 당신이 될 수 있는 최고의 '당신'이 되는 것이 무엇인지를 알게
> 될 것이다.[27]

데일 겔러웨이는 새로운 세대에 있는 많은 교회들이 회복과 후원 사역들을 필요로 하는 늘어 가는 사람들에게 이 사역을 제공하도록 부름받게 될 것이라고 믿고 있다. 대부분의 사람들이 제자화 되지 않았기 때문에 회복과 후원 사역들은 교회 내에 두 번째 '정문'을 만들게 될 것이다. 이러한 교회들은 그들의 사역 대상 지역에 있는 사람들과 그들의 필요와 고민이 무엇인지 이해하기 위해 필요한 '시장 분석' 같은 것을 접하게 될 것이다. 이 교회

는 그룹 리더들을 확인하고 개발하게 될 것이다. 이 리더들은 특정 중독으로부터 회복된 그리스도인이어야 하고, 그러한 특정 중독을 위한 사역을 하게 될 것이다(이것이 필연적으로 느리지만 가장 심사숙고해야만 할 과정일 것이다. 리더가 준비되지 않은 사역을 제공할 수는 없기 때문이다).

    더욱 전통적인 교회 리더들은 사람들의 필요, 요구, 기호, 좋아하는 것들을 심각하게 받아들이는 도전을 종종 거부하기도 한다. 아마도 복음의 진리가 퇴색될 것을 두려워하기 때문일 것이다. 그렇기 때문에 그들은 사람들의 요구들을 '숙고' 하거나 사람들에게 선택을 주는 것을 비관적으로 바라보고 있다. 해결책은 무엇인가? 이러한 교회 리더들에게 사도적 교회의 회복 사역들을 관찰하게 하자. 그리고 한때 깨어졌다가 온전케 된 이들을 인터뷰하게 하자. '관련' 되는 것을 거부하던 모습들은 봄날 햇살에 눈 녹듯이 녹아내릴 것이다. 그러면 사람들의 필요에 대한 초점이 정말로 그들의 교회에 몰아닥치게 되고, 하나님의 긍휼이 우리 주위에 있는 파괴적인 중독들에 대해 우리로 하나님의 치유의 대리인이 되지 못하게 하는 수많은 변명들을 무너뜨리는 것을 보게 될 것이다. 일단 알코올, 일, 음식 중독과 상호 의존을 가진 사람들을 위한 잠재적인 그룹에 리더가 배치되고 계획되어지면, 교회는 폭넓은 광고와 초청을 할 수 있게 된다.

    대부분의 지역 사회에서 회복과 후원 그룹들을 시작해야 하는 기회와 필요는 광범위하며, 교회 외에는 그 어떤 기관들도 수백만의 사람들이 필요로 하는 이 회복 사역을 제공해 줄 위치에 있지 않다. 내가 연구해 온 사도적 교회들은 위대한 사업가 정신으로 이 도전에 응답하고 있으며, 그들이 시작하는 후원과 회복 사역들은 교단 본부로부터의 허락이나 어떻게 해야 할지를 알려 주는 조언자의 도움을 기다지리 않아도 되게끔 필요의 범위와 필요들을 채워 주기 위한 지역 교회의 조직 능력에 대해 가르쳐 주고 있다.

윌로우크릭 커뮤니티 교회는 자신들의 '공동체 돌봄 사역들' 내에 몇몇 후원과 회복 사역들을 개척해 왔다. 이 사역들이 이 운동에 대한 우리의 조사를 완성하게 해 줄 것이다. 이것들은 이 사역들에 다음과 같은 근본적인 이유를 제공한다.

> 공동체 돌봄의 가장 중요한 철학은 사람들이 하나님께 소중하다는 사실로부터 시작된다. "여호와는 마음이 상한 자에게 가까이 하시고 중심에 통회하는 자를 구원하시는도다"(시 34:18). 모든 사람들은 영적 혹은 감정적 성장을 방해하는 문제들을 때때로 직면하게 된다. 이 문제들은 위기, 현명치 못한 선택, 삶의 원칙들을 무시, 어린 시절의 성장 부진이나 화학적 불균형, 개인적인 죄, 다른 사람의 죄의 영향 혹은 영적인 시험이나 훈련의 결과일 수도 있다.
>
> 이유가 무엇이든 간에, 하나님께서는 치유의 대리인으로 그리고 위기나 필요의 시간을 보내고 있는 이들을 후원하도록 교회를 부르고 계신다.[28]

윌로우크릭의 전형적인 주간에는 350명 정도의 많은 이들이 AA(알코올 중독자 자주 치료 협회), AI-Anon(알코올 중독자들의 가족들), AI-Ateen(십 대 알코올 중독자들), AI-Akids(6~12세 사이의 알코올 중독 아이들), NA(마약 중독자 자주 치료 모임), EA(감정 자주 치료 모임), OA(과식자들 자주 치료 모임), SA(성도착자 자주 치료 모임), S-Anon(성도착자 가족 모임), Co-DA(종속적 관계 자주 치료)와 같은 중독 그룹에 관련된 일에 참여하고 있다.

윌로우크릭에는 몇몇 다른 차별화된 후원 그룹이 있는데, 재건 사역은 파경을 경험한 이들에게 성경적 안목과 관계 회복을 제공해 주면서 하나님을 경외하는 결단으로 이끈다.[29] 이 프로그램은 8주간의 세미나로 시작되는데, 이들은 마지막 두 과정에서 결혼 생활의 회복을 시도하는 한 그룹과 이혼을 생각하거나 현재 이혼한 상태에 있는 한 그룹으로 나뉘어진다. 이들 두 그룹들은 매주 모이는 후원 그룹으로 계속된다. 재건 사역 내에는 결혼 회복이나 이혼으로부터의 회복을 거치고 있는 부모들의 아이들을 위한 후원 그룹이 있는데 바로 '오아시스'(Oasis)이다. 윌로우크릭은 다음과 같이 전하고 있다.

> 파경에 이른 부모들의 아이들은 비슷한 가족 환경 가운데 있는 자기 또래의 아이들을 만나고 교류해야만 한다. 이러한 것들을 통해 아이들은 자신들의 상황이 그렇게까지 비정상적이거나 유별나지도 않다는 확신을 제공받게 된다. … 아이들은 종종 자신들이 표현하지 못하는 것들을 문제를 일으키며 말썽을 부리는 방법들로 표현하기도 한다. 특히 오아시스에서는 분명한 사실이다.

이 사역의 초점은 아이들이 자신들의 통제할 수 없는 감정들을 건설적으로 다룰 수 있도록 돕는 것이다.

나는 12단계의 회복 그룹운동이 어느 날 1990년대와 21세기 초반의 '숨겨진 부흥운동'으로 여겨지게 될 것이라고 제안한다. 교회들을 관찰하고 1세대 신자들을 인터뷰하면서, 그 어떤 단순한 형태의 전도보다도 12단계운동을 통해 훨씬 더 많은 사람들이 하나님의 구원의 은혜를 경험하고 있다는 것을 알게 되었다.

하지만 이 운동에 참여할 것을 고려하고 있는 교회 리더들은 어느 정도의 현실성이 필요하다. 뉴 호프 커뮤니티 교회의 데일 겔러웨이는 세상 사람들만을 목표로 삼아서는 많은 필요와 고민을 가진 사람들과 장애인 그리고 그들의 가족들에게 다가가거나 섬기는 것이 가능한 교회를 세울 수 없다는 사실을 깨닫게 해 주고 있다. 그러한 것들은 교회 리더들의 에너지와 교회의 재정을 소진하게 만들어 버린다. 또한 그러한 많은 교회들은 성공한다거나 이러한 사람들을 섬기기 위해 필요한 비용을 지불하거나 직원과 시설들과 프로그램의 수준에 맞게 지원해 줄 수 있는 위치에까지 절대 이르지 못하게 된다. 따라서 도시 전체에 복음을 전하지 못하는 것은 말할 것도 없다. 그렇기 때문에 겔러웨이는 "우리는 또한 우리의 비전을 함께 나눌 성공적인 사람들을 초대하는 바입니다"[30]라고 인정했다.

## 올바로 균형 잡힌 소그룹

내가 연구한 모든 사도적 교회들은 소그룹의 힘을 통해 사람들에게 일어난 일에 큰 강조를 하고 있다. 프레이저 기념 연합 감리교회의 성과는 다른 곳보다 덜 분명하다. 그 이유는, 그들이 주일학교 위에 세운 것의 평균 참석자가 같은 교단의 것보다 많기 때문이다. 몇몇 주일학교 그룹들이 규모가 큰 학급이기는 하지만, 이 반들은 서로에게 어느 정도의 연결과 양분, 기도, 사역을 위한 작은 그룹들로 나뉘어져 있다.

기쁨의 공동체 교회는 북미에 있는 그 어떤 루터 교회들보다 소그룹 삶에 더 많은 사람들을 참여시키고 있다. 킹햄스버그 연합 감리교회는 등록 교인 수가 1,000명에 육박하지만 소그룹에는 약 1,200명이 참여하고 있다!

새 찬양 교회는 이 운동을 100개 이상의 그룹들에 'Buster'(소그룹 활성화를 위해 필요한 자-편집자) 회원들을 참여시킴으로 계속하고 있다. 이 교회는 '타협할 수 없는 우리 사역의 요소들'이라고 정의할 수 있는 네 개의 핵심 가치들을 매우 분명히 하고 있다.

- 기도와 예배
- 창조성
- 소그룹
- 삶과 리더십 개발

새 찬양 교회의 리더들의 철학에 있어 소그룹은 없어서는 안 될 것이다. 그들은 이 근거를 이렇게 내놓고 있다. "우리는 그리스도인들과 잠재적 그리스도인들의 소그룹이 제자 만들기와 성과, 무장, 책임 그리고 성장에 있어 최고의 장소라 믿기 때문에, 우리의 모든 사역의 측면들이 셀 기반이 되도록 격려할 것이다."

집회를 시작한 지 8년이 지난 후, 새 찬양 교회는 매주 105개의 그룹을 갖게 되었는데, 그중 열두 개는 회복과 후원 그룹들이다. 이들 그룹들 중 몇몇은 현재 우리가 예상할 수 있는 문제들, 즉 알코올 중독이나 상호 의존, 슬픔, 이혼, 낮은 자존감이나 강박적 분노로부터의 회복을 갈망하는 등의 것들을 목표로 삼고 있다. 하지만 다른 그룹들은 상상할 수 있는 지역 교회의 반응들, 즉 동성애나 성적 학대, 영적인 학대로부터의 회복을 갈망하는 사람들을 위한 그룹을 대표하고 있다.

물론 소그룹이 모든 곳에서 환영을 받는 것은 아니다. 많은 교회와 교회 지도자들은 아직 이 그룹운동의 능력과 약속을 발견하지 못한 상태이다. 작은 교회의 많은 목사들은 자신의 양들을 스스로가 직접 먹이는 것을 선호하고 그것을 위해 부름받았다고 느끼고 있다. 대형 교회의 많은 목사(와 직원들)들은 교회를 소그룹으로 나누는 것을 주저하고 있다. '통제하지 못하게 될 것'이라고 생각하기 때문이다. 이 장을 시작하면서 내가 강조했던 바와 같이 많은 (다양한 가치의) 의제들이 소그룹을 통해 추구될 수 있다. 예를 들어, 파빌 이클리(Favil Yeakley)는 소그룹 사역 중 그룹 리더들이 그

룹 멤버들의 삶을 지나치게 통제하는 모습이 드러나는 소그룹 사역의 유형을 조사해 왔다.[31]

로버트 우스노스(Robert Wuthnous)의 「여정을 함께하며」(Sharing the Journey)는 열다섯 명의 학자들이 한 팀이 되어 미국의 소그룹운동을 3년 동안 연구한 후 이해할 만한 결과를 내놓았다.[32] 우스노스의 연구는 열 명 중 네 명의 미국인이 어떤 종류이든 계속되고 있는 소그룹에 참여하고 있고, 이 운동은 조용히 매우 주요한 영향을 주고 있다고 결론 지었다. 이것은 그룹에 참여하고 있는 사람들뿐만 아니라 그 공동체 전체의 문화 이해와 탁월한 사람들에게까지 미치는 것들이다.

우스노스와 그의 동료들은 일반적으로 소그룹에 우호적이지만, 그들의 비평은 많은 소그룹 사역에 존재하는 모순과 결함들을 드러내며, 그들의 몇몇 비평은 내가 사도적 회중들에게 기본이라고 주장해 온 두 구조(소그룹과 대형 예배)와 관계가 있다. 예를 들어, 우스노스는 소그룹이 일반적으로 유연관계의 소그룹인 것보다 (문화, 인종, 성별, 연령에 따라) 이질적이어야 한다고 믿고 있다.[33] 다시 한번 사람들은 소그룹 경험을 통해 하나님의 초월성과 위엄보다는 하나님과의 친밀감을 얻게 되는 것으로 보인다.[34]

하지만 소그룹들의 모든 것이 가치 있는 것만을 줄 것이라고 기대하는 것은 현실적이지 못하고 비생산적이다. 특히 우리의 다른 구조(대규모 축제 예배)가 더욱 이질적이게 되고, 하나님의 우월하심을 더욱 전하게 될 때 그렇다. 하지만 우스노스 교수는 불행히도 대형 축제 예배를 갖추고 있는 교회를 '대형 교회'라고 특징 짓고 있다. 그는 매우 큰 교회들은 교만과 물질적인 욕망의 산물이며, "거대한 객석에 꽉 들어찬 수천 명의 사람들의 개념인 대형 교회는 공동체에서 찾을 수 있는 진정한 수준의 관계는 전혀 맺지 못한다"라고 믿고 있다. 또한 그는 대형 교회들에 있는 그룹들은 거대하게 성장하는 괴물의 근육과 같이 퇴화되고 만다고 주장하고 있다.[35]

이 저자의 과장은(대부분의 책에 있는 더욱 객관적이고 과학적인 언어와는 상당히 다른), 대부분의 사람들이 "그들이 주장한 것은 옳고, 그들이 부인한 것은 모두 잘못된 것이다"라고 말한 F. D. 모리스(F. D. Maurice)의 의견을 우리에게 일깨워 주고 있다.

어떤 경우에든, 몇몇 사회학자들은 이와 같은 문제에 대한 다른 관점을 갖고 있다. 1977년, 존경받는 종교 사회학자들 중 한 사람인 데이비드 마틴(David Martin) 교수를 인터뷰했다. 당시 그는 런던의 경제 대학에서 가르치고 있었으며, 영국 감리교회의 평신도 설교가이기도 했다. 나는 이렇게 물었다. "종교 사회학의 영역에서 대형 교단의 복음 전도 접근 방법을 무엇이라 특징 지어야 하겠는지요?" 그 어떤 교단에서도 이런 질문을 한 적이 없었다고 한 후 그는 '두 개의 결론을 확신을 가지고' 내놓았다.

먼저, 그는 모든 그리스도인들과 잠재적 그리스도인 및 구도자들이 성경공부, 나눔, 기도, 책임, 후원 그리고 상호 권고할 수 있는 소그룹에 속해야 한다고 했다. 사람들이 소그룹에서 경험하지 못하게 되면 전혀 경험할 수 없는 것들이 있다고 했다. 둘째, 대형 기독교 집회나 축제 예배는 다시 그 시기가 온 개념이다. 그는 대규모 축제 예배에서 독특하게 가능한 비전, 힘, 소망 그리고 전염성을 이야기했다.[36] 초대 교회와 초기 감리교회들은 이 두 원리들을 알고 있었다. '사도적 교회들'의 세대가 이제 다시 한 번 그것들을 보여 주고 있다.

의심의 여지없이 '사도' 프로젝트에서 소그룹 사역을 평가하는 세 개의 분명한 기준은 사람들에게 복음을 전하고, 그들의 삶을 변화시키며, 영향력 있는 평신도 목회 중심으로 되어 있다. 교회로부터 얻은 나의 자료들이 이 점들에 풍부한 반면, 윌로우크릭의 소그룹 사역 중 한 경우가 상당히 독특했다.

한 남편이자 아버지인 40대의 데니스(Dennis)는 시카고 중심가의 항공 회사에서 일을 하고 있다. 2년 전, 열한 살짜리 아들이 집과 학교에서 어려운 시간을 보내고 있었고, 당시 '주의력 결핍 장애'라고 잘못 진단된 증세 때문에 병원에 입원된 상태였다. 병원의 창문 너머로 자신의 아들을 지켜보고 있던 데니스는 마치 꿈이라도 꾸는 듯한 모습에 주저앉아 버렸다. "나는 결과를 통제할 수 없으며, 내 삶에 내가 통제할 수 있는 것이 많지 않음을 깨달았습니다." 그는 기도하려고 애쓰며 이렇게 말했다. "하나님, 이 상황을 이겨내게 하소서. 똑바로 그리고 좁은 길로 가겠나이다." 같은 시기에 그는 직장에서 팔을 다치게 되어 물리치료사를 만나러 갔다. 치료사인 에쉴리(Ashley)는 윌로우크릭에 다니고 있었고, 그녀의 사무실에는 윌로우크릭 간행물이 있었다. 그날 저녁, 데니스가 아내에게 이렇게 말했다. "물리치료사 말이야. 뭔가 좀 이상해. 아무도 그녀처럼 잘 대해 주거나 그렇게 신경 써 주지 않거든." 데니스가 윌로우크릭 책자에 대해 이야기하자, 아내는 그 교회가 극장에서 모였을 때 몇 번 참석했던 기억이 났다.

부부는 에쉴리에게 전화 연락을 했고 에쉴리와 그녀의 남편은 데니스와 그의 아내를 윌로우크릭 구도자 예배로 데려갔다. 그날 아침의 드라마는 데니스의 아들에 관련된 것이었다. "15년 만에 처음으로 참석한 예배였어요. 제 아들에 관한 드라마를 보고 저는 큰 충격을 받았지요. 예배 후, 나는 어떻게 해야 구원받을 수 있는지를 사람들에게 묻기 시작했어요." 빌 하이벨스 목사는 데니스에게 몇 번 다시 돌아와서 이 충동을 시험해 보라고 충고했다. "두 주 후 나는 그리스도께 내 삶을 드렸고, 아내는 이틀 후 예수님을 따르기로 결심했습니다."

어느 주말, 데니스는 아버지와 아들을 위한 캠프에 참여했다. 다른 네 명의 아버지들로 이뤄진 그룹의 미팅에서, 데니스는 아들과 아들의 치료를 위해 기도해 달라고 부탁했다. "하나님과 그룹이 제게 가족으로서 힘을 주었습니다." 데니스의 아들이 결국 조울증으로 진단되어 병원으로 돌아갔을 때 "그룹에 함께한 아버지들이 긴급 모임을 갖고는, 내게 손을 얹고, 우리 부자를 위해 1시간 반 동안 기도했습니다"라고 데니스가 알려 주었다. "그룹의 사랑과 후원이 내게 어떤 의미인지를 충분히 강조하지 못할 거예요. 이게 바로 교회예요. 그룹들이 교회이고, 돌봄이 교회입니다. 가장 중요한 것은 가슴에 있죠." 아들은 나아졌지만, 아직 완치는 않았다. "하지만 아들이 청소년 사역에 오기를 좋아해요. 그 어느 곳에서보다 이 교회에서 더 큰 사랑과 돌봄을 받고 있어요." 데니스는 지금 남성 그룹을 인도하고 있다. 이 그룹에는 같은 나이 또래의 아들이 있는 그룹 멤버들이 그룹 리더가 되는 것을 돕고 있다. 다른 네 명의 아버지들은 남성들의 사역에서 코치로 활동 중이다. 이 다섯 명은 여전히 그룹으로 만나고 있다. 데니스는 "하나님께서 우리 남성들의 그룹을 모이게 만들어 주셨어요"라고 믿고 있다.

성경과 기도, 양육이 경험되는 소그룹이 사람들의 삶에 변화를 일으키는 것은 당연한 일이다. 하지만 사실상 그러한 것들이 그룹 멤버들이 복음을 전하고 증거하도록 준비하는 것을 돕는가? 교회들을 인터뷰한 결과 복음을 전하고 초대하는 이들은 그와 동일하게 소그룹에 참여하여 경험을 나누고 믿음을 이야기한다. 그러기 위해서는 믿음을 나누기 위한 능숙함을 요구했고, 그런 다음 어느 정도 자연적으로 삶의 다른 관계로 확장된다. 또한 소그룹을 통해 복음을 받아들인 이들은 더욱더 믿음을 다른 사람들에게 전하기를 원하는데, 그 이유는 어느 정도 사람들을 일종의 그룹 삶으로 초대할 수 있는 직접 얻은 지식이 있기 때문이다. 이러한 사람들 중 하나가 이렇게 전하고 있다. "나는 내 이웃을 교회나 내 그룹의 빈자리 혹은 이웃과 같은 문제를 가진 사람들을 위한 그룹에 초대할 수 있다!"

로버트 우스노스의 연구는 그룹 삶과 증거 간의 이 종합적인 상호 관계를 확인했다. 우스노스의 샘플링에 있는 약 55퍼센트의 그룹 멤버들은 그룹에 참여하는 것이 그들로 믿음을 나누게 했다고 전했다. 우스노스는 그룹에 참여하는 것이 그리스도인들의 삶에 만들어 내는 거대한 차이점 중 하나라고 보고한다.[37] 성경을 공부하는 그룹이 참석자들의 믿음에 가장 큰 영향을 주고 또한 그룹 멤버들로 믿음을 나누게 하는 것으로 보인다.[38] 그뿐 아니라 몇몇 구절은 기초적인 신앙이 자라게 하고, 사람들이 서로서로 믿음을 나누도록 돕는다. 우스노스는 그룹 멤버들의 증인의 삶을 위한 영적인 준비에 필요한 또 다른 중요한 요소를 확인했다. 한 사람의 영적 신뢰성에 대한 확신과 감정이 그것이다.

> 그룹 멤버들은 어느 정도의 영성을 그들의 삶에 포함시킴으로 자연적으로 빛을 발하게 하려고 노력하고 있다. 대부분의 현대인들이 그렇게 모이는 것처럼, 멤버들도 비 신뢰를 드러내는 것을 걱정하고 있다. 그들은 이웃이 자신들을 속인 것이라고 생각하길 원치 않는다. 아마도 그 어떤 것보다 그룹은 멤버들의 영성이 그들의 삶의 방식에 연결됐다는 확신을 심어 준다. 개인적인 경건과 어떤 공동체의 중요한 다른 이들 간의 언어적 연결을 제공함으로 그렇게 할 수 있다. 그런 과정을 통해 그들의 믿음이 신실하다고 확인하고, 그들은 다른 사람들이 그렇게 자연스럽게 끌리게 될 것이라 느끼게 된다.[39]

우스노스는 이 책의 마지막 장에 예상하는 중요한 통찰을 더하고 있다. 복음을 전하는 그룹 중심의 사람들은 '많은 성직자들이 지지하는 이전의 복음 전도 프로그램들에 이끌리지 않고', 특히 기법이나 변론에도 아니며, '모든 응답으로 웃기만 하는 그리스도인 거품'이 되는 것에도 이끌리지 않는다. 그들의 접근법은 더욱 자연스럽고 관계적이며, 자주 '깊고 더욱 오래 가는 충격'이 있다.[40]

그렇게 영향력 있는 그룹들은 그들의 멤버들 중 많은 이들을 전도와 복음 증거를 위해 준비시키지만, 항상 그런 것만은 아니다. 때로 매우 오랫동안 만난 그룹들은 닫힌 그룹이나 집단이 되어 새로운 사람들을 그룹으로 초대하지도, 그룹 밖으로 전도를 하지도 않는다.

실제로 소조렌(Steve Sjogren)은 전도하는 그리스도인들 중 매우 극소수만이 개인 전도를 한다고 주장하고 있다. "(전도하기 위한) 일반적인 시나리오는 한 개인이 스스로 불신자에게 복음을 전하도록 하는 것이지, 개인적으로 그리스도인들이 지역 공동체에 나가서 복음을 전하는 것으로는 효과적이고 널리 퍼지는 전도가 일어나지 않는다. 대부분의 사람들에게 이 방법으로 나아가는 것은 너무 무서운 일이다"라고 확언하고 있다.

이러한 광범위한 이유를 통해, 교인들 대부분을 소그룹에 참여시키는 것이 효과적으로 사도적 교회를 세우는 데 커다란 기여를 했음을 알 수 있다.

## 5장_ 어떻게 평신도 사역이 기독교운동을 앞으로 나아가게 하는가?

작년 크리스마스 전 주일 아침 11시 예배에서, 켄터키 지역 교회 렉싱턴 사람들은 담임목사와 가족들에게 선물을 드렸다. 이 목사는 바로 최근 위기 가운데 있던 한 사람을 도왔고, 선물 증정과 간증을 위해 이 사람이 초대되었다.

12월 초 어느 날, 목사는 아침 8시 무렵에 교회에 도착했다. 다음 주일 주보를 준비하고, 주일 설교문을 작성하고, 몇몇 서신을 적고, 회의에서 3시간을 보낸 후, 남은 오후와 저녁 시간을 집에서 보냈다. 그날 저녁 9시, 하루 일과를 마칠 시간이 지났음에도, 그는 한 가정을 방문해야 한다는 '인도함'을 받았다. 집주인 남자는 곤경에 처해 있는 목소리로 누구냐고 물었다. 약 1시간 전에 한 친척이 전화를 해서 그를 총으로 쏴 죽이겠다고 위협했던 것이다! 목사는 둘 사이에서 전화를 건 친척과 남자를 중재했고, 결국 자정이 약간 못되어 집으로 돌아왔다. 이 일은 직원 교구 관계

위원회가 목사에게 목회의 변화가 필요하다고 알린 지 얼마 되지 않은 후의 일이었다. 그 이유 중 하나는 교인들이 충분한 목회자의 돌봄을 받지 못하고 있다고 느끼고 있었기 때문이었다.

위원회는 교인들이 정당한 목회자의 돌봄을 받지 못하고 있다고 결론을 내렸다. 하지만 그들은 ('전통 교회'의 패러다임으로) 사람들이 적절한 목회자의 돌봄을 받을 수 있다고 잘못 판단했고, 그것이 목사의 '잘못'이라고 결론을 내리는 잘못을 범하였다. 몇몇 예외 경우가 될 수 있는 작은 교회들을 제외하고는 그들의 목사로부터 적절한 목회자의 돌봄을 받고 있는 사람들은 많지 않다. 한때 가능했을 수도 있지만, 사람들의 '철 지난' 달력이나 모든 목회자들의 늘어난 일로서는 더 이상 가능하지 않은 일이다.

뉴 호프 커뮤니티 교회의 협력목사 릭 마틴즈(Rick Martinez)는 전통 교회 목사들에게 다음과 같은 질문을 그들의 교회 리더들에게 던져 볼 것을 부탁했다. "우리 교인들 중 충분히 많은 이들이 온전한 목회자의 돌봄을 받고 있다고 생각하십니까?" 그리고 그는 이렇게 조언하고 있다. "그들이 '아니요'라고 대답할 테니 너무 걱정스럽게 느끼지 마세요. 그들에게 동의하세요. 동의하는 것 때문에 그들이 놀랄 것입니다!"

내 조사는 마틴즈의 결론과 가까운 세 개의 결론을 만들어 냈다. 먼저, 적절한 위기에 대한 목회자의 돌봄을 받는 것으로 보이는 많은 전통 교회들이다. 응급 수술을 받거나 사랑하는 이가 죽었거나 하면 목사는 거기 있을 것이다. 하지만 사실상 전통 교회에는 꾸준히 정기적으로 주마다(혹은 월/분기별) 주어지는 목회자의 돌봄을 받고 있는 이가 없다. 두 번째, 보다 나은 적절한 위기 상황의 돌봄은 정기적인 목회자의 돌봄을 통해서만 형성되는 관계에 달려 있다.

세 번째, 규칙적인 목회자의 돌봄(위기에서의 돌봄보다 나은)은 사람들로 하여금 자신의 믿음을 나누게 한다. 믿음을 전하고 다른 이들을 그리스도와 교회로 초대하는 대부분의 그리스도인들은 그들 스스로가 목사로 섬기고 있는 중요한 이들과 규칙적으로 영적인 대화나 기도를 하고 있다. 그러나 믿음을 전하거나 초대하지 않는 대부분의 그리스도인들은 어떤 목사에게서도 규칙적으로 돌봄을 받지 못하는 이들이다. 현재 기독교 안에 있는 또 다른 위기 상황에 오신 것을 환영하는 바이다. 대부분의 교인들은 정기적인 목회자의 돌봄을 받지 못하고 있고, 이것은 아직까지 전통 교회들의 침체의 또 다른 원인이 되고 있다.

하지만 이 문제에 대해서는 다음의 이야기에 제안된 것과 같은 확실히 증명된 해결책이 있다.

## 평신도 사역에 대한 성경적 전례들

잭 로저(Jack Rogers)는 풀러 신학대학에서 철학을 가르쳤던 분으로 내게 평신도 사역을 '재발견' 하도록 도와준 분이다. 캘리포니아의 장로교도들을 대상으로 한 발표회에서 로저는 여성에 대한 성직자 안수에 대해 호의적으로 언급했다. 질문과 답변 시간에 한 사람이 '성경적으로 여성에게 안수하는 것'을 정당화해 보라고 로저에게 도전을 해 왔다. 나는 로저의 대답을 절대 잊지 못할 것이다. "당신이 남성에 대한 안수를 정당화해 줄 수 있다면 기쁨으로 여성에 대한 안수를 성경적으로 정당화하겠습니다. 아니면 성경적으로 누구에게든 안수하는 것을 정당화해 보시죠! 초대 기독교는 평신도운동이었습니다. 오늘날 기독교 전통이 의미하는 바에 의하면 어느 누구도 '임명되지' 않습니다." 로저는 사제직에 있어 누군가를 안수하는 것은 교회의 후기 법으로 만들어졌다고 설명했다. 전통의 산물이지만 신약성경에 의해서는 그렇지가 않았다.

물론 잭 로저가 옳았다. 예수님과 사도들은 모두 '신학을 우회한 이들'이었다. 그들은 유대주의에서 성직자로서 인정되는 교육이나 교육의 요구 사항에 부합한 이들이 아니었다. 초대 기독교운동은 성직자를 임명하지 않은 채 일어나고 발전되었다. 하나님의 새로운 백성들은, 한 몸으로 "거룩하고, 왕 같은 제사장"으로 임명되었다(벧전 2:5, 9). 바울에 의하면, 성령께서 어떤 이들에게는 사도로, 다른 이들은 선지자로, 선생으로, 기적 행함으로, 치유와 돕는 은사로, 관리하는 은사로 그리고 전도자와 목사와 같은 은사를 중심으로 "성도를 온전케 하며 봉사의 일을 하게 하며 그리스도의 몸을 세우려" 하신다(고전 12:28, 엡 4:11-12).

그렇게 많은 사역들이 있고, 모두에게는 사역을 위한 몇몇의 은사가 주어졌다. 그리스도의 몸은 돕는 사역들을 필요로 하고, 어떤 것이 더 중요하다 할 수 없을 만큼 각 사역이 중요하다. 신약성경은 성직자와 평신도, 프로와 아마추어, 선수와 구경꾼 간의 인공적이고 비극적인 틈을 만들지 않았다.

## 평신도 사역에 대한 종교개혁에서의 선례들

'만인 제사장'이라는 성경적 진리는 개신교 개혁의 중요한 발견 중 하나였다. 케네스 스캇 라투렛(Kenneth Scott Lutourette)은 마틴 루터의 관점을 이렇게 설명하고 있다.

> 루터는 로마 교회가 만들어 낸 성직 서임을 유지했다. 루터는 오랫동안 이어져 온 의식이 비난받아서는 안 된다고 인정했지만, 모든 그리스도인들이 제사장이며, 사제직은 단순히 다른 그리스도인들이 동의했을 때만 맡겨지는 사역이고, 사제 임명은 교회에서 설교자를 선택하는 의식이라는 기본적인 확신을 반복했다. 로마로부터 강요를 받게 되면서, 루터는 성직 수여식이 성직자와 평신도를 구분하고 성직자가 평신도를 확정하기 위해 만들어졌다고 언급했다. 모든 것들을 물리치거나 서약을 반대하지는 않은 반면, 루터는 수녀나 수도사들의 영구적인 가난한 삶이나 순결, 순종에 대한 그 어떤 성경적 근거도 찾지 못했다. 그는 성직자나

종교적인 서열 같은 것들이 하나님 앞에서 밭의 농부나 집안일을 하는 주부보다 더 거룩하지 않다는 주장을 계속해서 유지했다.[1]

평신도 사역에 대한 현대 작가들의 일반적인 생각은 종교개혁이 사람들에게 권위 있고 접근하기 쉬운 성경과 믿음만을 통한 은혜로 의롭게 됨을 가져다주었지만, 종교개혁은 모든 믿는 자들이 제사장이라는 약속을 전해 주지 않았으며, 웬일인지 그런 교리가 한 번도 영향을 준 적이 없었다고 결론지었다. 그렇기 때문에 그들은 "종교개혁에서 끝나지 않은 일이 마침내 완성될 수 있는 세대를 우리가 살고 있다"고 확신하고 있다.[2]

하지만 적어도 종교개혁의 한 가지인 18세기 감리교가 이 교리를 완성했고, 오늘날 누군가가 요구한 만큼이나 영향력 있게 만든 적이 있었다. 우리는 이 사실을 기록에 추가시켜야만 한다. 이것은 이 세대의 생각을 확인하고 그리움에 젖은 감리교도들을 달래기 위한 것뿐만 아니라, 지금 제시되고 있는 것은 오늘날 우리가 꿈꾸고 있는 대규모의 혁명적인 영향이 과거에 이미 실현된 적이 있음을 보여 주기 위해서이다.

존 웨슬리는 성령께서 많은 평신도들에게 사역을 위한 각양의 은사를 주셨음을 깨닫게 됐다. 1738년에 있은 올더스게이트 의 체험 후 1~2년 내에, 웨슬리는 전도와 가르침, 사역, 리더십에 많이 필요한 운동을 그의 손에 쥐고 있었다. 사실상 그가 사역에 배치시킨 사람들 중에 직임을 받은 성직자는 한 사람도 없었다.

그가 기용한 사람들은 은사가 있는 평신도들뿐이었다.

웨슬리는 평신도 해결책을 향해 열정적이지는 않았지만, 그것을 고려할 만한 경험에서 나온 확신을 갖고 있었다. 민감했던 소년 시절, 존은 그의 어머니 수산나(Susanna)가 주일 저녁 사역을 성장케 하는 부인할 수 없는 능력을 여러 달 동안 목격해 왔다. 200명 가까운 사람들이 그녀의 엡워스(Epworth) 부엌 안과 밖에 모였다. 그녀는 존이 나중에 토마스 맥스필드(Thomas Maxfield)와 생각컨대 다른 평신도들이 설교를 하도록 하나님의 부르심을 받았다는 결론을 내리도록 하는 것에 영향을 미쳤다. 일찍이 존은 사역을 돌보시는 하나님의 축복과 많은 감리교 평신도들이 증거하는 것을 목격했다.

그렇게 존은 그리스도인과 비그리스도인들을 대상으로 한 교회의 사역이 주로 평신도에게 맡겨졌다고 깨닫게 되었다. 영국교회를 포함한 다른 전통 교회들이 몇몇 평신도들을 몇몇 사역과 일에 참여시키는 동안, 감리교는 재빨리 다른 교단들을 '세속에서 나오게' 하여 본질적으로 평신도운동이 되었다.

평신도들은 사실상 모든 감리교도 사회의 안과 밖에서 벌어지는 사역을 담당했다. 속회 리더들과 조 리더 그리고 다른 종류의 소그룹 리더들은 물론이고, 지역 설교자들과 순회구역들을 실질적으로 담당하는 일명 '조력자'들까지 모두가 평신도들이었다. 다른 평신도들은 아픈 사람들과 병원에 입원한 사람들을 찾아가며, 또 다른 이들은 아이들과 가족들을 돌보고, 또 다른 이들은 가난한 사람들과 과부, 이혼한 이들의 가족을 찾아가며, 여전히 다른 이들은 제자 훈련되지 않은 사람들과 대화를 나누며 구도자들을 위한 새로운 속회를 시작한다.

웨슬리는 평신도 사역의 조직들을 발전시킬 수 있는 기회를 놓치지 않았다. 리더들은 다양한 사역을 위해 주의를 기울여 사람들을 골랐고, 각 사역에는 '직무 내역 설명서'가 있었다. 사람들은 다양한 역할들을 위해 '개발' 되었다. 그들이 하는 일은 관찰되고 '코치' 되었다. 뿐만 아니라 감리교의 독특한 사역과 전도의 결합으로, 사역을 한 모든 이들은 동시에 복음을 전했다. 웨슬리는 교회성장운동이 (재)발견한 것이 무엇인지를 알고 있었다. 그것은 규칙적으로 신앙을 전하는 대부분의 그리스도인들은 어떠한 사역에라도 참여하고 있는 그리스도인들이고, 그들의 사역을 통해 하나님께서 일하심을 경험하는 사람들이었다. 그렇게 속회 리더들과 병든 자들을 찾아다니는 사람들, 사역을 하고 있는 다른 평신도들의 주된 목적은 '영혼 구원' 이었다.

물론 초기 감리교에도 설교자는 있었으나, 그들은 쉽사리 자신의 신분과 중요성을 과장하곤 했다. 그들은 몇 개 사회의 '지역들'을 섬겼고, 매 1, 2년마다 순회를 했으며, 어떤 경우든 그들 대부분이 임명되지 않은 평신도 설교가들이었다. 일정한 시기에 설교가들이 그들의 연례 회의를 통해 자신들의 교단을 운영한 것이 사실이다. 평신도들은 고위 성직자들의 정책에 참여하지 못했었지만, 그들의 시간과 에너지는 사회와 공동체 내의 사역들을 위해 자유로워졌었다.

웨슬리는 이 운동과 사람들의 가능성을 믿었다. 그는 리더들에게 읽고, 배우고, 개발하라고 도전했으며, 리더들이 성령의 위대한 운동을 위한 대리인이 될 수 있다고 믿었다. 웨슬리가 사람들의 은사와 능력을 과대평가했을 수도 있다. 고든 랩(Gordon Rapp)은 "웨슬리의 거위들은 너무 자주 웨슬리의 눈에는 백조로 보였다"라고 말했다. 하지만 평신도운동에서 감리교는 '만인 제사장직'이라는 슬로건을 훨씬 넘어섰을 뿐만 아니라 사실상 중요한 모든 사역을 평신도들에게 맡겼던 청교도운동이었다. 감리교는 우리가 무어라 불러야 할지 알기도 전부터 '평신도 사도직'을 가지고 있었다.

감리교가 결국 자신들의 독특한 정체성인 평신도운동을 버리고, 적어도 어느 다른 기독교 전통처럼 정상적인 기능을 하지 못하는 성직자-평신도 체제로 들어선 것은 부인할 수 없는 사실이다. 수십 년 전, 감리교도들이 장로교와 성공회의 사회적 지위를 추구했고, 전통은 감리교도들의 강조점들을 평신도 사역에서 전문 사역으로 옮겨 버렸다. 오늘날의 감리교 성직자들과 평신도들은 그들 교구의 세상이라기보다는 그들 세상의 교구로 여겨질 가능성이 훨씬 높아졌다. 그럼에도 역사상 감리교는 역사적인 성취와 여러 세대를 견뎌 온 평신도 사역과 선교의 한 모델로 서 있다. 우리가 오늘날 제시하고 있는 것은 증명되지 않은 이론적인 몽상이 절대 아니다.

오랫동안 교단들 안의 몇몇 리더들과 분석가들은 우리의 생애 안에 평신도 사역이 회복될 것이라고 부르짖어 왔다. 하지만 평신도 신학 체계에 바탕을 둔 예언적인 설교와 책들은 어느 정도 지속적인 차이를 만들어 왔다. 대부분의 교회 지도자들은 신학적인 사상과 대중적인 옹호를 넘어 무엇을 해야 할지를 알지 못했다. 그것은 모든 믿는 이들이 제사장이 돼야 한다는 것이 현실이 되어야 하는 것과 또한 깨달아지는 것을 보기 원하는 것이기도 하다. 우리는 이 딜레마에 대한 '절망적인' 많은 경험을 해 왔다.

하지만 최근 점점 그 수가 늘어 가는 지도자들은 평신도 사역과 평신도 사도직이 회복되는 중요한 발견들을 경험해 왔다. 그들의 개척은 많은 다른 회중들에게 재생산이 가능한 방법들을 보여 주고 있다. 이들 교회들에서 나는 많은 평신도들을 접하고 배치시키는 두 개의 효과적인 모델들을 관찰해 왔다. 나는 이것을 지원자 모델과 세미나 모델이라고 부른다.

## 지원자 모델: 프레이저 기념 연합 감리교회

앨라배마 주 몽고메리에 있는 프레이저 기념 연합 감리교회는 7,500명의 등록 교인이 있고, 그들 중 83퍼센트가 190개가 넘는 평신도 사역에 참여하고 있다. 프레이저가 평신도들을 사역에 참여하게 하는 방법은 많은 수의 분명한 차이와 혁신에 기반을 두고 있다.

프레이저 시스템에서 두 핵심 원리 중 첫 번째는 자유지원제이다. 대부분의 전통 교회는 교회 내의 다양한 일에서 섬기는 이들을 모집하되, 자주 '둥근 구멍'에 맞는 '사각 말뚝'을 모집하곤 한다. 몇몇의 경우, 교회 리더들은 매년 법원에 제출하는 보고서에 규정된 사무실과 자리가 '다 차 있는' 것처럼 보이기 위해 단지 빈 자리를 채우는 것이 목적인 사람들을 모집하는 경우가 있다. 목사들이나 다른 교회 리더들이 사무실이나 일을 위해 사람들을 모집할 때, 많은 사람들은 자신들에게 은사가 없거나 관심이 없는 일에도 "예"라고 대답할 만큼 유순하다. 그리고 당연히 그들의 일의 성과가 최고보다 못한 것이 사실이다.

교회들은 미 정부가 배워 온 것들을 배우고 있다. 그것은 다름 아닌 징병보다는 모병이 훨씬 좋은 성과를 얻을 수 있다는 것이다. 프레이저의 담임목사인 존 에드 메디슨은 평신도 사역에 대한 지원 방법이 몇 가지 이유에서 훨씬 더 효과적이라고 믿고 있다. 각 개인들이 많은 사람들을 한꺼번에 모으려고 하는 리더들보다 훨씬 더 자신들의 능력과 은사에 대한 직관력을 가지고 있는 경향이 있다. 사람들이 한 가지 일에 자원을 하면, 그들은 엄청난 주인 정신을 갖게 되고, 더욱더 일을 잘 수행하며, 더 큰 성과와 탁월함을 동반한다. 자원 시스템은 사람들의 가장 강력한 관심에 도전하고 그들의 재능과 은사를 확인해 준다.[3]

사람들이 사역에 지원하도록 돕는 프레이저의 주된 방법은 매

11월마다 있는 '사역 메뉴' 순환을 포함하고 있다(내가 확인한 마지막 것). 여기에는 다음 해의 사역에 포함된 190개의 선택사항들이 들어 있다. 리더들은 사람들에게 사역 메뉴에 1지망과 2지망을 표시하도록 격려한다. 이러한 것들은 리더들이 메뉴에 있는 대부분의 사역들에 충분한 수의 사람들을 배치시키도록 해 준다. 사역들을 위해 훈련시킨 다음 새해 1월에 시작하게 한다. 각 개인의 서약은 1년씩이며, 많은 사람들이 매년 같은 사역에 서약을 갱신한다. 프레이저의 리더들은 모든 교인들이 적어도 하나 이상의 사역에 참여한다는 기대를 전하고 있다(만일 메뉴에 있는 190개의 선택사항들 중 마음에 드는 것이 없다면 191번이라는 공간이 있다. 거기에는 당신이 시작하기 원하는 사역을 적어 넣을 수 있다!). 새로운 교인들이 이 교회에 참여하며, 새로운 교인을 위한 오리엔테이션 과정에는 한 개의 기본적인 의제가 있다. 사역 메뉴를 이용해서 그들이 사역에 참여하는 것을 확인하는 것이다.

만일 11월에 어떤 사역에 사람들이 채워지지 않는다면? 그것은 하나님께서 그 사역을 위한 충분한 사람을 자원하지 않도록 인도하신 것을 보여 주는 것이기 때문에, 프레이저는 그 사역을 시작하지 않는다. 메디슨은 다음과 같이 설명한다.

> 충분히 많은 사람들이 지원하지 않는다고 해서 중요한 사역이 그 즉시 중지돼서는 안 된다. 예를 들어, 사역 메뉴에 있는 '11월 주차 안내' 칸에 아무도 사인을 하지 않는다면, 교회는 이 사실을

알리고 이곳에 다시금 지원할 수 있도록 두 번째 기회를 준다. 이번에도 아무도 지원하지 않는다면 더 이상 필요로 하지 않게 된 이 사역을 위해 멋진 장례 예배가 필요하다. 지난해 있었던 이 사역을 계속하기 위해 원하지도 않는 사람들을 모집하는 것보다 훨씬 더 효과적인 것이 이 장례 예배이다.

프레이저의 접근법에서, 직원들의 주된 책임은 사역을 하는 것이 아니라, 교회의 평신도 군대를 훈련하고, 가르치며, 그들의 사역과 선교를 용이하게 한다. 직원들은 평신도 사역을 수월하게 하는 탁월한 방법들을 개발해 낸다. 한 방법은 평신도 사역에 참여한 개인들을 인정함을 강조하고 있다. 내 관찰에서 메디슨과 직원들은 프레이저가 이룬 것에 절대로 큰 신뢰를 두지 않는다. 그들은 사역을 하는 평신도들을 칭찬한다. 프레이저는 매달 「프레이저 가족 뉴스」를 출간한다. 이 양질의 기독교 간행물은 보통 사진과 함께 프레이저 평신도 사역을 담고 있다. 많은 기사들이 사도행전의 확장인 것처럼 읽혀진다.

또 다른 용이한 접근법은 자주 간증을 사용하는 것이다. 예를 들어, 많은 교회 예배에는 평신도들이 자신들의 사역을 통해 하나님께서 무엇을 하고 계신지를 간단히 이야기하는 시간이 있다. 예배 시간 중 정해진 시간에 사람들이 서로에게 인사를 하면서 악수를 하고, 이름을 나누고, 자신들이 섬기고 있는 사역에 대해 이야기하도록 초대된다. 다시 한번 프레이저의 위원회 모임들은 의제에 대한 시간을 가지며 한두 명의 사람들이 그들의 사역에서 하나님께서 무엇을 행하고 계신지를 전하게 한다. 교회의 행정 이사회 미팅이나 사역 위원회에는 각각 자신들의 사역과 그것이 의미하는 바를 보고하는 사람들이 있다.

전체적인 효과는 '전염적' 이다. 간증을 하는 행동은 사역에 대한 사람들의 서약을 보강하고, 자신들의 경험들을 공개적으로 말로 전하게 해 준다. 사역에 참여하지 않는 사람들은 참여하고 있는 수많은 이들로부터 모든 이들이 사역에 참여해야 한다는 프레이저 교회의 기준의 중요성과 그들의 적극적인 참여를 장려하는 이야기들을 듣는다. 또한 이러한 행동들은 평신도가 그들의 삶을 중요하게 만들 수 있는 교회에 열려 있는 방문자들에게 호소력이 있다. 이 모든 것들이 만들어 내는 분위기는 하나의 다른 결과를 갖고 있다. 프레이저는 내가 아는 교회들 중 내부 충돌이 가장 적은 교회이다. 메디슨은 이렇게 설명한다. "배를 젓고 있는 사람들에게는 소란을 일으킬 시간이 없습니다."

프레이저 사역 철학의 첫 번째 주요 원리가 자유지원제라면, 두 번째는 필요를 만나는 것이다. 이 원리는 '기업가적 평신도'를 위한 길을 열어 주었다. 프레이저의 역사는 크게 사역의 배가 역사이며, 프레이저의 새로운 사역의 대부분은 채워지지 않은 사람들의 필요에 대한 반응이다. 교회의 사역 위원회는 모든 프로그램들과 사역들 그리고 새로운 프로그램과 사역에 대한 제안들을 다음의 두 질문으로 평가한다.

1. 이것이 필요를 채워 주는가?
2. 이것이 제자를 만들어 내는가?

교회는 교단 본부로부터 좋은 프로그램을 가져오는 것만으로는 이 철학을 최대한 이행하지 못한다는 것을 발견해 냈다. 프레이저가 종종 그들이 찾을 수 있는 교단이나 선교 단체의 좋은 자료들을 가져다 쓰기는 했지만, 지역적으로 개발된 프로그램이 보통은 가장 효과적이었다. 프레이저는 사실상 사람들의 필요를 채워 주는 사역에 평신도를 참여시킴으로써 우리가 보아 왔던 교회 안의 많은 평신도들의 '탈진'을 막았다고 믿고 있다.

프레이저에서 사역이 개발돼야 할 필요들을 찾는 데는 세 가지 방법이 있다. 먼저, 프레이저에는 채워지지 않은 필요를 찾아내기 위해 도시를 조사하고 정보를 주고받는 회원들로 이뤄진 평신도 특수 팀이 있다. 예를 들어, 프레이저의 사역 지역에 있는 유치원생과 초등학생 나이의 아이들의 수를 확인한 이 팀은 프레이저에서 주 중 운영되는 4~5세의 아이들을 위한 유치원과 확장된 주일 어린이 예배가 필요하다고 알렸다. 1980년대 말, 프레이저는 아침 9시 40분에 드려지는 열두 개의 어린이 예배를 특징으로 삼았다. 다시 한번 전략 팀은 각 사역들에 대한 확장 가능한 필요를 발견해 냈고, 이로 인해 프레이저는 도시에서 가장 큰 사역들을 개발했다.

프레이저가 필요를 찾아내는 두 번째 방법은 각 멤버들이 그들의 도시 내에서 접촉하는 네트워크를 통해, 필요를 찾아내고 교회에 보고하는 것이다. 그리고 세 번째 방법은 사역 메뉴에 있는 191번째 항목으로, 거기에는 자신들이 시작하는 것을 돕기 원하는 사역을 적도록 돼 있다.

프레이저 교회는 평신도의 은사와 능력을 확인하고 자원제도 원리를 이행함을 통해, 평신도가 자유롭게 되고, 능력을 최대한 발휘할 수 있게 되며, 교회가 지역운동이 될 수 있음을 배웠다. 프레이저는 또한 사역에 대한 평신도 접근의 위대한 비용 절감 효과를 발견해 냈다. 메디슨은 이렇게 설명한다.

> 사역에 전문가를 고용하는 것이 아니라 평신도를 참여시킴으로, 당신은 물질적인 자산에 대한 청지기도에 대한 책임을 다할 수 있다. 사역에 있는 모든 교인들이 지역 교회보다 훨씬 적은 비용으로 사역의 결과들을 배가시킨다. 교인이 3,000명인 대부분의 교회들이 자신들의 예산 중 40~55퍼센트를 직원 월급과 상여금으로 사용하는 반면, 프레이저는 직원들을 위해 30퍼센트의 비용만을 필요로 한다.[4]

## 세미나 모델: 윌로우크릭 커뮤니티 교회와 새들백 공동체 교회

자원 모델은 사람들이 직관적으로 인식하거나 혹은 성령에 이끌린 사역이 무엇을 위한 것인지를 알게 해 준다고 여겨지는 반면, 세미나 모델은 사람들이 사역에 헌신될 준비가 되기 전에 더 나은 개인적인 통찰이 필요하고, 스스로 평가하는 훈련을 받게 되면 자기통찰력을 얻게 되고 바람직한 결정을 내릴 수 있게 된다고 여긴다.

윌로우크릭 커뮤니티 교회의 '네트워크' 방법은 고려할 만한 가치가 있다. 이 교회에는 6,000명의 교인들이 90개의 사역에서 4,500개의 역할로 섬기고 있다. 수많은 사람들의 의미 있는 자리를 알려 주는 네트워크 자료들은 잔더반에서 다른 교회들이 활용할 수 있도록 윌로우크릭 훈련 방법을 출판했다. 그들의 많은 가정(假定)들은 프레이저의 것과 흡사한 것들로, 모든 그리스도인들에게는 사역을 위한 은사가 주어졌고, 사람들이 그들에게 주어진 은사와 힘으로 섬기게 될 때, 더욱 효과적이며 그리스도의 몸이 영화롭게 될 수 있는, 그러한 그리스도의 제자로서 채워져야 할 의미 있는 섬김의 장소를 사람들이 필요로 한다는 것이 그것이다. 윌로우크릭은 더 나아가 사람들은 자신들이 진정으로 누구인지를 발견할 필요가 있고, 그들로 효과적인 종으로 개발되는 것을 돕는 조직된 과정이 필요하다고 믿는다. 그들의 과정의 목적은 '올바른 사람들을 올바른 곳에 올바른 이유들로' 배치하는 것이다. 그들의 과정은 세 가지 단계를 포함하고 있는데, 가르침, 상담 그리고 섬김이 그것이다.

가르침의 과정은 8시간짜리 세미나로, 근본적으로 사람들이

(1) 어디에서 섬겨야 할지를 알려 주는 '열정', (2) 사역 가운데서 무엇을 해야 할지를 알려 주는 '영적인 은사들', (3) 어떻게 섬겨야 할지를 알려 주는 '개인적인 스타일'을 발견하는 것을 돕기 위해 설계되었다. 윌로우크릭은 모든 그리스도인들이 그들의 '섬김 개요'를 기본으로 하나님의 나라를 섬기도록 부름받았다고 믿는다. 이 '섬김 개요'에는 그들의 열정, 개인적인 은사들, 개인적인 스타일이 복합적으로 들어 있다.

한 과정에서, 네트워크 세미나는 사역과 관련된 우리의 열정(이나 확인 혹은 부담이나 부르심)이 "특정 사역에서 차이를 만들기 위해 우리를 강권하시는 하나님의 열망이다"라고 가르친다. 사람들은 '열정 평가'라는 양식을 채우며 그들의 열정을 확인하게 된다. 이 방법은 몇몇 질문들로 참여자들이 선언문을 완성하도록 한다. 그중 하나는 이런 것이다. "내 인생 마지막 날에, 내 삶을 뒤돌아보며

―――――――――――――――――――――――
―――――――――――――――――――――――

―――――――――――――――――――――――
와(과) 같은 일을 했음을 알게 되길 간절히 원한다."

두 개의 다른 조사들은 여러 개의 선택으로 되어 있다. 참여한 사람들은 스물한 개의 선택 사항들(어린이, 젊은 기혼자, 노인, 십 대 부모, 독신 부모나 죄수 등과 같은) 중 '내가 돕기 원하는 사람'을 확인한다. 또한 스물네 개의 선택 사항들(가족, 교육, 불법, 굶주림, AIDS, 미아 찾기 등과 같은) 중 '내가 강하게 느끼는 주제나 이유'를 확인한다. 여전히 다른 조사는 사

람들에게 그들의 삶에서 갖는 5~7개의 최고의 경험을 나열하며, 그들이 무엇을 했고 왜 그것이 자신들에게 의미가 있었는지를 간략하게 설명하도록 한다. 이 훈련은 보통, 사람들의 열정에 통찰력을 주는 삶의 경험들로부터 한 주제를 드러내도록 돕는다. 사람들은 '상담 그룹'으로 이 과정을 마치게 된다.

네트워크 세미나는 영적 은사에 대한 교리를 가르치고 참석자들의 은사를 발견하게 해 주는 것을 돕는 데 다섯 개의 과정을 사용한다. 성령의 은사는 하나님께서 우리를 향해 가지신 목적에 따라 성령께서 우리 안에 나눠 주신 특별한 능력이다. 은사는 신실한 사역에 사용되며 그리스도의 몸 된 교회를 세우는 데 사용되도록 한 개나 그 이상이 주어진다. 다양한 몸에 각 부분이 있는 것처럼 우리는 각자 다른 은사를 갖고 있고, 교회의 전체적인 사역을 위해 우리는 각자의 은사를 의지한다.

은사에 대한 첫 번째 과정은 참석자들을 성령의 은사들이 담겨 있는 여덟 개의 성경 구절들로 이끈다. 이 구절들을 통해 읽는 이들은 귀납법적으로 성경에 언급된 스물세 개의 은사들을 소개받는다. 참석자들은 그 후 자신들에게 있을 수 있는 은사를 결정해 주는 방법으로 나아간다. 이 발견들은 여전히 사역에 참여함으로 검증되어야 하고, 몸 된 교회에 의해 확인돼야만 한다. 두 번째 과정은 사역이 우리의 힘에 기반을 두고 진행돼야 하는 중요성을 확인시켜 주고, 그들의 은사들을 열정에 어떻게 연결시켜야 하는지를 보여 주며, 그들이 고려해야만 하는 사역의 종류들을 확인하는 것을 시작하도록 돕는다.

세 번째 과정은 사랑의 역할과 평신도 사역에서 섬김을 소개하고, 네 번째 과정은 사람들이 하나님께서 주신 개인적인 스타일을 확인하도록 돕는다. 이 과정에서 "어떻게 활력을 얻는가?"라는 질문이 주어지고, 이 질문은 참석자들 스스로가 일 중심인지 사람 중심인지를 결정하도록 돕는다. 또 다른 질문에서 "어떻게 스스로가 조직되는가?"라는 질문이 주어지고, 이것은 참석자들이 체계적인 사람인지 그렇지 않은지를 결정하는 것을 돕는다. 참석자들은 그 후 자신들의 개인적인 스타일이 다음의 네 분류 중 하나임을 발견하게 된다.

| | |
|---|---|
| 일 중심/조직적이지 않은 (Task/Unstructured) | 일 중심/조직적인 (Task/Structured) |
| 사람 중심/조직적이지 않은 (People/Unstructured) | 사람 중심/조직적인 (People/Structured) |

한 사람이 어떻게 섬길지가 확인되면, 이 과정은 참석자들이 가장 잘 섬길 수 있는 위치와 역할의 종류에 대한 추가적인 통찰로 결론짓는다. 다섯 번째 과정에서 사역을 위한 개인들의 가용한 정도(일과 가족, 다른 책임들과 활동하지 못할 상황들을 고려), 영적인 성숙도와 같은 변수들을 고려하는데, 각 사람들을 '컨설턴트'와의 회의를 위해 준비시키기 위한 것이며, '컨설턴트'의 사역은 사람들이 사역

안에 자리 잡도록 돕는 것이다. 세미나는 다음과 같은 중요한 신학적 확언들로 마친다.

> 창세 전, 하나님께서는 당신을 위한 사역의 기회들을 준비해 두셨다. 하나님은 당신을 지으셨다. 그는 당신과의 관계를 가능케 하기 위해 예수 그리스도를 보내셨다. 그는 당신을 부르셨다. 그는 당신을 구원하셨다. 그는 당신에게 성령을 보내 주셨다. 그는 당신에게 성령의 은사를 주셨다. 그는 그 은사로 당신이 그리스도의 몸 된 교회를 섬기도록 성령의 능력을 주셨다. 그는 당신이 담당하기 원하는 일들을 확인하셨다. 그는 당신의 마음에 열정을 두셨다. 그는 당신에게 개인적인 스타일을 주셨다. 그는 계속해서 활동하시며 함께하실 것을 약속하셨다. 이밖에 하나님께서 해 주셔야 할 일이 또 있겠는가?[5]

윌로우크릭의 리더들은 놀랍게도, "사람들은 자신이 단지 어디에서 섬겨야 할지를 찾아내기 위해 이 시간들을 기꺼이 보냅니다"라고 고백한다.[6] 윌로우크릭에서는 매달 150명이 네트워크 세미나를 마치고 있다. 컨설턴트들 중 대략 85퍼센트가 사역에 배치된다.

새들백 공동체 교회는 릭 워렌이 1980년도에 교회를 세운 이후 평신도 사역을 강조해 왔다. 릭 워렌은 전통 교회에는 단지 10퍼센트의 평신도들만이 사역에서 활동 중이며 40퍼센트 정도는 사역에 참여하기 원하지만 한 번도 부탁을 받아 본 적도, 어떻게 참여해야 할지도 모르고 있다고 전하고 있다. 이 자료는 평신도 사역에 있어 교회에 가능한 것이 무엇인지를 빠르고 극적으로 표현했다. 만일 평신도들의 시간을 위원회 일 유지, 관리로부터 자유롭게 한다면 훈련으로 평신도의 사명을 허락하고 권위를 실어 주게 된다. 1,000명이 넘는 새들백 교인들에게는 본업으로 여겨지기까지 해야 할 사역들에 대한 심각한 헌신이 요구되어, 수백 명의 사람들이 매년 단기간 해외와 타문화 선교 경험에 참여하고 있다. 15년의 새들백 역사에서 사람들은 스물다섯 개의 지교회를 심는 데 도움을 주었다!

새들백이 평신도 사역을 강조하는 것은 그것이 교회의 성공에 있어 하나뿐인 가장 위대한 열쇠이기 때문이다. 릭 워렌은 새들백 공동체 교회에 대해 "평신도들은 사역자들이고, 목회자는 관리인이다"라고 설명한다. 직원들은 대부분의 필요한 행정상의 결정을 하고, 이를 통해 평신도들 대부분을 움직이지 못하게 하고 나눠지고 지치게 만드는 위원회 일, 투표, 관리, 유지로부터 자유롭게 한다. 이러한 자유는 사람들의 시간과 에너지를 지역 공동체에서 사역하고 전도할 수 있게 한다. 직원들의 핵심 역할은 평신도들을 '이끌고 먹이는' 것이며, 그렇게 함으로 봉사의 일을 위해 '성도들을 무장시키는 것'이다.

교회는 사람들이 있는 곳에서 시작되고, 사람들이 섬기고 재생산이 가능한 그리스도인들이 되는 것을 돕는 '삶 개발' 과정을 관리한다. 워렌은 '야구장' 모델을 개발했는데, 이것으로 사람들의 개발을 인도하도록 가르치고 있다. '1루 베이스'는 멤버십에 대한 서약을 포함하며, '2루 베이스'는 성숙, '3루 베이스'는 사역, '홈 베이스'는 선교이다. 이들 각각의 표석들은 4시간짜리 세미나(#101, #201, #301, #401로 표현하고 있다)로 이뤄져 있다. 사람들은 세미나의 끝에 그들의 삶을 세미나의 초점에 헌신하도록 초대를 받는다. 릭 워렌은 대부분의 목회자들이 직면하고 있는 가장 큰 질문은 "어떻게 청중들을 군대로 만드는가"라고 믿고 있다. 그래서 새들백의 사역에 대한 #301 세미나는 전체 전략에 있어 너무도 중요하다. 새들백의 접근법 뒤에 있는 주된 전제는 프레이저와 윌로우크릭의 것으로 이뤄져 있다. 둥근 원에 사각 기둥을 억지로 넣어서는 사람들을 효과적으로 모을 수 없다는 것이다. 대부분의 전통 교회들은 먼저 일의 범위를 정하고 거기에 채울 사람들을 모으지만, 맞는 사람인지는 고려하지 않는다. 그런 방법이 순종을 이끌어 내기는 하겠지만(그들이 당신을 좋아한다면 "예"라고 할 것이다) 결과는 그렇지 않게 된다.

평신도 사역에서 워렌은 기능이 형태를 따라야 한다고 믿고 있다. 그렇기 때문에 당신은 사람들이 어떻게 '형성' 되었는지를 먼저 발견한 다음 그들의 '모양'에 맞는 사역이나 역할에 배치되도록 그들을 도와야 한다. '모양'(SHAPE)이란 단어가 사람들이 자신들이 누구이며 어디서 최고로 섬길 수 있는지를 발견하도록 돕는 새들백의 방법에 있어서 두문자 역할을 하고 있다. 사역에 대한 #301 세미나는 사람들의 영적 은사, 마음, 능력, 개성, 경험에 맞는 사역과 역할을 찾는 것을 도와준다. 한 사람의 사역은 그 사람의 성격에 따라 결정돼야 한다고 설명하고 있는데, 그것은 사람들이 자신의 모양대로 섬길 때 효과적이며 완성을 경험하기 때문이다.

> 하나님께서 나를 어떻게 만드셨느냐가 내가 무엇을 하기 원하시는가를 결정한다. 내가 어떤 사람인지를 이해하게 될 때 내가 어떤 목적으로 창조되었는지를 이해하게 된다. 이것이 내 삶을 향한 하나님의 뜻을 아는 비밀이다.

우리 각 사람들을 향한 하나님의 계획은 변함이 없으시다. 사용되지 않을 것이라면 우리에게 타고난 재능이나 기질, 영적 은사 그리고 모든 종류의 삶의 경험을 주시지 않으셨을 것이다! 이런 요소들을 확인하고 연구함으로, 우리는 하나님께서 우리를 향해 준비하신 사역, 우리가 그분을 섬기도록 의도하신 독특한 방법을 발견할 수 있다.[7]

그런 다음 세미나는 각각의 참석자들이 그들만의 독특한 모양(SHAPE)을 발견하는 것을 돕는 방법으로 진행된다.

이 세미나는 사람들이 그리스도의 몸 된 교회 내에서와 교회를 넘어선 사역을 위한 영적인 은사들을 발견하도록 돕는 것으로 시작된다. 새들백의 리더들은 영적인 은사들을 이해하는 것이 신약성경의 일정한 형태나 규칙이 아니었음을 깨달았다. 은사들의 몇몇 목록들은 하나하나가 구별되고, 생각건대 소모적인 것이 아니었던 것 같다. 더 나아가, 영적인 은사, 교리는 '무거운' 신학이 아니고, 소위 삼위일체 이론처럼 '설명력'이 부족하다(예를 들어, 나는 한 번도 영적 은사 질문지에 대답하는 것을 통해 전에 알지도 못하고 있다가 '대접'의 은사가 자신에게 있음을 알게 됐다는 사람들을 만나 본 적이 없다). 그럼에도 영적 은사를 행하는 것은 그리스도인으로 자신에게 있는 몇 개의 은사를 분명히 하고, 그들의 '은사 혼합'을 고려하며 이 분명해진 자각으로 섬기기 시작하도록 도울 수 있다. 하지만 새들백의 리더십들은 사람들이 사역에서의 경험으로부터 그들의 은사를 더욱 확실하게 발견하는 것을 목격했다. 세미나 매뉴얼은 스물세 개의 다른 은사들을 나열하고 설명하며 자신들에게 가능한 은사들을 조사하는 기회를 준다. 전도의 영적 은사에 설명된 것은 다음과 같다.

전도
긍정적이고 위협적이지 않은 방법으로 불신자들에게 예수의 복음을 전하는 능력. 그리스도를 나눌 수 있는 기회를 감지하고 사람들을 믿음으로 응답할 수 있도록 이끄는 능력.

(       ) 내게 이 은사가 있음이 분명하다.
(       ) 내게 이 은사가 있을 수도 있다.
(       ) 내게는 이런 은사가 없다.

세미나 동안, 참석자들은 각 은사에 대해 스스로 가장 적합하다고 여기는 것에 표시를 하고 나중에 은사들에 대해 잘 알고 있는 그리스도인 친구들과 이것을 확인하게 된다.

'마음'에 대한 세미나는 사람들을 이끄는 동기들, 즉 윌로우크릭이 '열정'이라고 부르는 것을 분명히 하는 것을 돕는다. 이 세미나는 사람들의 관심, 열정, 한편으로는 동기와 다른 사람들을 향한 하나님의 뜻과 조화를 이루는 것을 당연히 여기는 마음으로 깊은 신학적 논점을 만든다. "하나님께서는 당신에게 타고난 관심을 주신 데 대한 분명한 목적을 갖고 계십니다"(대조적으로, 많은 전통 교회들과 그리스도인들은 하나님께서 우리에게 무엇을 하라고 부르시든 그것은 우리의 관심과는 반대임이 분명하다고 가정하는데, 이것은 신학적으로 성령께서 우리에게 무엇을 하도록 부르신 것과 하나님께서 우리를 창조하신 목적이 일치하지 않는다는 것을 나타내고 있다). 세미나의 기록들은 다음과 같이 단언하고 있다.

> 하나님께서는 우리 각자에게 우리가 활동이나 주제나 우리의 관심을 끄는 환경을 만날 때 질주하게 하는 독특한 감정적 심장 박동을 주셨다. 우리는 본능적으로 어떤 것들은 깊게 느끼나 다른 것들은 그렇지 않다.

하나님께서 주신 이 동기는 우리의 삶에서 내적인 안내 시스템으로 제공된다. 이것은 당신의 관심이 무엇이고, 무엇이 당신에게 최고의 만족과 성취를 가져다줄지를 결정한다. 또한 당신으로 특정 활동과 주제 그리고 환경을 추구하도록 동기를 부여한다.[8]

참석자들은 계속해서 그 다음의 실행에서 그들의 관심을 분명하게 한다. 먼저 자신들이 즐겼고 잘한 것들, 각자의 삶에서 10년 단위로 이룬 것들을 정리하여 목록으로 만든다. 그런 다음 일반적인 동기를 부여한 실마리들을 발견해 내기 위해 자신들의 업적의 목록을 연구한다. 이러한 것은 동기를 부여하는 다음과 같은 가능한 동기들 중 2~3개를 확인할 수 있게 해 준다. 나는 다음의 것들을 하기 좋아한다.

- 설계/개발: 무언가를 시작 단계로부터 만들기
- 개척: 실패를 무릅쓰고라도 새로운 개념을 시도
- 조직하기: 이미 시작된 것을 조직
- 운영/유지: 이미 조직된 것을 운영/유지
- 섬김/도움: 다른 사람들이 책임진 것들을 성공으로 이끄는 것을 섬기고 도움
- 획득/소유: 쇼핑이나 획득 혹은 가치 있는 것들을 모으기
- 뛰어남: 최고가 되고, 높은 기준을 얻기 위해
- 영향: 다른 사람들의 믿음, 태도, 행동 등을 형성함에 있어
- 수행: 이미 시작된 것을 넘겨받아 더 좋게 만듦
- 보수: 고장난 것을 고치거나 오래된 것을 바꿈
- 이끌고 책임을 짐: 무엇이 또는 어떻게 돼야 하는지를 감독하거나 결정
- 목적을 이룸: 완성에 이르기까지 끈기 있게 계속하고 지켜봄
- 법칙을 따름: 정책에 따라 움직이고 기관의 기대를 충족시킴
- 성공함: 옳은 것을 위해 싸우고, 잘못된 것에 반대하고, 불의를 극복함

'능력들'에 대한 과정은 우리가 유전적으로 혹은 경험을 통해

얻게 된 능력이나 기술이 집이나 시장에서처럼 교회에서도 유용한 것을 확인한다. 이 과정에서 참석자들이 처음에 작성했던 성취 목록들을 참조하게 해 주고, 각 성과들을 이룬 행동들을 나타내는 모든 동사에 표시하라고 지시한다. 그런 다음 참석자들은 이들 동사들을 스물여섯 개의 특성화된 능력의 '목록'과 비교하게 되는데, 특히 오락, 모집, 예술, 선전, 급식 그리고 장식과 같은 다양한 측면의 교회 사역들에 유용하며 자신들이 가장 강한 2~3개의 면을 확인하게 된다.

'각 개인의 성질'에 대한 단계는 참가자들이 자신들의 개성에 적합한 영역에서 섬기도록 격려하는데, '하나님께서 당신의 기질을 어떻게 만드셨는지'와 부합한 것을 찾는다.

그런 다음, 잘 알려진 마이어스 브리그(Myers-Brigg)의 개성 유형 질문과 기질에 대한 지침(MBTI) 위에 세워진 것으로 참가자들은 다음의 다섯 가지 중 자신이 어디에 있는지를 확인한다.

| | | |
|---|---|---|
| 외향적인 | 3 2 1 / 1 2 3 | 내향적인 |
| 사색가 | 3 2 1 / 1 2 3 | 느끼는 사람 |
| 타성적 | 3 2 1 / 1 2 3 | 다양성 |
| 자제하는 | 3 2 1 / 1 2 3 | 자기를 표현하는 |
| 협력하는 | 3 2 1 / 1 2 3 | 경쟁적인 |

최종 과정은 하나님께서 또한 사람들의 삶의 경험들, 특히 그

들의 (1) 교육, (2) 직업, (3) 사역, (4) 고통스러운 경험들이 사역을 위해 그들을 준비시키셨음을 이해하도록 돕는다. 이 주장들 중 가장 혁명적인 것은 하나님께서 우리를 '심한 타격'이나 고통스러운 경험을 통해 준비시키며, "하나님을 사랑하는 자 곧 그 뜻대로 부르심을 입은 자들에게는 모든 것이 합력하여 선을 이루신다"라는 사실이다. 그러므로 #301 세미나에 참석하는 이들은 특히 '하나님께서 당신이 이미 겪은 일들을 겪는 사람들을 섬기는 데 당신이 열려 있기를 바라신다' 라는 가능성을 고려하게 된다. 참석자들이 그들의 중요한 교육, 직업, 사역과 고통스러운 경험을 기록한 후, 4시간짜리 세미나는 사역 철학과 통찰력의 요약으로 마친다.

그 후 사람들은 자신들의 교육 자료들을 집으로 가져가서 '사역 프로필'을 기도로 채우며 자신들의 모습 중 최고의 평가를 확인한다. 그들은 이 내용들을 채우면서 가족 멤버들과 그리스도인 친구들의 이해를 고려한다. 그들은 평신도 사역 안내자와 약속을 잡는다. 이 안내자는 사람들을 (200개 이상의 직업 내용 설명서들 중) 그들의 모습에 가장 잘 맞는 3~4개의 직업 내용 설명서로 인도하고 이들 중 기도 가운데 한 개를 고르게 한다. 새들백에는 현재 이 4시간짜리 세미나를 경험한 1,000명 이상의 평신도들이 있는데, 이들은 자기 자신들에 대한 중요한 것들을 발견하고 확인했으며, 자신들의 삶을 평신도 사역과 선교에 헌신했고, 자신들을 위해서 '모양이 갖춰진' 사역을 섬기고 있다. 새들백은 현재 수백 명의 새로운 평신도들을 매년 배치하고 있는데, 그들 중 많은 이들이 새 신자들이다. 수백 명의 교인들이 지역 공동체 사역들과 복음 증거에 참여하고 있고, 오렌지카운티의 '운동'으로서의 교회 성장 이미지를 드러내고 있다.

## 목자로서의 평신도

교회에는 많은 평신도 사역이 존재한다. 프레이저에는 190개의 사역에 평신도들이 참여하고 있음을 기억하고 있을 것이다. 하지만 교인들이 아무리 많은 사역에 참여하고 있을지라도, 하나님의 백성에게 계속적으로 목회자들의 돌봄을 주는 것만큼 중요한 것은 없을 것이다.

사도적 교회는 단순히 사람들을 '얻고'(그리고 교회를 통계적으로 세운다) 그런 다음 사람들이 스스로를 방어하게 내버려 두는 것을 무척이나 싫어한다. 얻을 가치가 있는 사람들은 돌볼 가치가 있다. 더 나아가, 계속적인 돌봄은 사람들을 계속 연결되게 하고, 자신들이 어딘가에 소속되어 있고, 중요하다고 느끼게 하며, 그들을 제자화시키고, 그들 스스로의 사역과 선교를 향해 나아가게 하는 것을 가능케 한다. 제자들을 개발해 내는 새들백의 '야구장 모델' 이론은 이 점의 좋은 예이다. 사람들을 향한 교회의 목표는 그들을 1루 베이스로 데려가는 것이고(멤버십), 그런 다음 2루 베이스로(성숙으로 인도함을 받은), 그런 다음 3루 베이스(사역), 홈 베이스(선교)로 인도하는 것이다. 릭 워렌은 "야구에서와 같이 사람들을 베이스에 남겨 둬서는 신뢰를 얻을 수 없다"라고 설명하고 있다.

우리는 이 장을 시작하면서 대부분의 교인들은 그들의 목회자로부터 계속되는 적합한 목회자의 돌봄을 받지도, 받을 수도 없다고 했다. 위기상황에 돌봄을 받기는 하지만 계속되는 돌봄은 아니다. 그리스도인들은 삶이 좋을 때뿐만 아니라 어려울 때도 목회자로부터의 돌봄이 필요하다. 하지만 목회자의 확장된 직무 내용 설명서는 목회자들이 모든 교인들의 개인적인 목사가 되는 것을 불가능하게 만들어 버렸다. 소수의 교회들만이 계속해서 역할을 담당할 충분한 목사와 직원들을 구할 수 있는 실정이다. 하지만 모든 교회들은 교인들 안에 '양들을 돌볼' 수 있는 적절한 능력과 성령의 은사를 갖고 있는 충분히 많은 사람들이 있다. 많은 평신도들이 훈련을 통해 목회자들이 하는 90퍼센트의 일을 해낼 수 있음을 우리는 배우고 있다. 수많은 평신도들은 사람들과 접촉하며 격려할 수 있고, 그들을 사랑하고 돌보며, 그들의 말을 들어 주고 감정이입을 하며, 영적인 대화에 참여하고, 병원에 있는 그들의 침상에서 함께 기도해 주며, 상실과 슬픔을 후원해 주는 등 양을 돌보는 목자로서의 일반적인 돌보는 일에 쓰임받을 준비가 되어 있다.

우리는 이미 소그룹에 대한 장에서 뉴 호프 커뮤니티 교회와 같은 교회들에서 소그룹 리더들이 그룹 내의 사람들에 대해 목회자로 섬기고 있음을 보았다. 뉴 호프 커뮤니티 교회에는 600명 이상의 훈련을 받은 은사가 있는 평신도 목회자들이 존재한다. 데일 겔러웨이의 소그룹 리더들을 위한 사역 기술은 목회적인 돌봄을 위해 평신도를 준비시킴에 있어 무엇이 가능한지를 보여 주는 좋은 예이다.

새들백 공동체 교회는 대부분의 교회들과 같이 모든 목회 사역을 임명된 목회자들이 시도하는 방식으로 시작했다. 이 교회가 4년째 되었을 때 500~600명을 섬기던 릭 워렌은 '벽'에 부딪히고 말았다.

> 나는 여전히 모든 설교와 양육 그리고 모든 기도와 목회를 혼자 도맡아 하고 있었다. 또한 여전히 상담을 비롯한 모든 것을 하려고 하고 있었다. 완전히 에너지가 바닥나고 말았다.
> 어느 수요일 밤, 나는 고백했다. "여러분, 내게는 더 이상 이 교회의 속도에 맞출 에너지가 없습니다. 못하겠어요. 하지만 신약성경을 보면, 하나님께서는 내가 모든 것을 도맡아 하는 것을 기대하지 않고 계십니다. 내가 할 일은 여러분들의 사역을 위해 여러분들을 무장시키는 것입니다. 한 가지 제안을 하겠습니다. 나는 기도와 말씀 사역에 전념하겠습니다. 여러분들이 이 교회의 사역을 담당한다면 저는 여러분들을 말씀으로 온전히 배부르게 할 것을 약속합니다. 어떻습니까?"
> 그날 밤, 우리는 일종의 거래를 한 후 계약서에 사인을 하고 악수를 나누었다. 나는 그들이 영양이 충분한 말씀을 공급받으며 사역을 담당할 거라 확신한다. 그리고 즉각적으로, 교회는 새로운

수준의 성장으로 폭발적인 반응을 보였다.

새들백은 여러 해 동안 뉴 호프 커뮤니티 교회와 비슷한 모델을 따랐다. 소그룹 리더가 동시에 그룹 멤버들에 대한 평신도 목회자로 섬겼던 것이다. 하지만 그들은 일의 한 부분으로 '목회자'를 모집하는 것이 더 어렵다는 사실을 발견했다(그룹 리더로서의 은사와 재능이 있는 많은 사람들은 자신들을 '목회자'로 여기지 못했던 것이다). 그룹 사역을 확장하는 데 필요한 리더들의 수가 부족하자 그들은 역할을 나누었다. 그럼에도 불구하고, 새들백에는 4,200명의 교인들을 섬기는 150명의 평신도 사역자들이 있다.

새들백에서 좋은 평신도 목회자를 만들 것으로 보이는 사람들은 새들백의 기간제 목회 기관에 초대된다. 릭 워렌은 첫 훈련보다는 일에 대한 훈련과 사람들을 훈련시키기 위해 매달 열리는 S.A.L.T.(Saddleback Advanced Leadership Training)를 더 많이 의지한다. 릭 워렌은 많은 교회들이 "사람들을 무리하게 훈련시킴으로 그들의 불을 꺼 버린다"고 주장하고 있다. 이것은 사역에서 그들의 모습이 실질적으로 표현되기 전에 이뤄지는 1년짜리 훈련과도 같은 것을 말한다. 그럼에도 이 과정은 은사를 받은 사람들이 적절하게 시작할 수 있는 좋은 모델이다.

새들백의 평신도 목회자 과정의 몇몇 주요 과정들은 평신도 목회자들의 인격, 자질, 직무 내용 설명, 새들백의 전체 전략에서 평신도 목회자들의 역할, 병원 방문 원칙 그리고 기본적인 평신도 목회 기술들에 대한 소개에 집중하고 있다. 네 개의 성경 구절로부터 목사의 마음에 집중하고 있는 이 과정은 특히 주목할 만하다. 여기 이 내용에 대한 릭 워렌의 완전한 개요가 있다.

목회자의 마음(릭 워렌)

'목사(Poimen): 목자'

성경에는 우리에게 선한 목자의 특성을 알려 주는 네 개의 핵심 구절들이 있다.

요 10:1-18, 시 23편, 겔 34:1-16, 벧전 5:2-4

효과적인 평신도 목회자의 표시

요한복음 10장

1. 선한 목자는 자신의 양을 부른다(3절).
2. 선한 목자는 자신의 양을 이끈다(4절).
3. 선한 목자는 자신의 양을 알고 있다(4~5절).
4. 선한 목자는 자신의 양을 위해 목숨을 바친다(11~13절).

시편 23편

5. 선한 목자는 필요를 채워 준다(1절).
6. 선한 목자는 인도한다(2~3절).
7. 선한 목자는 위로한다(4절).
8. 선한 목자는 희망을 준다(5~6절).

에스겔 34장

9. 선한 목자는 양 무리를 돌본다(2~3절).

10. 선한 목자는 약한 자를 강건케 한다(4절).
11. 선한 목자는 잃어버린 양을 찾는다(4~10절).

베드로전서 5장
12. 선한 목자는 간절히 원하고 갈망한다(2절).
13. 선한 목자는 좋은 본보기가 된다(3절).
보답(4절)[9]

어느 날 새들백의 한 설립 교인이 심장 발작을 일으켰고 릭 워렌이 그를 보기 위해 병원의 응급실 안으로 들어갔다. 응급실 담당으로 보이는 수간호사에게 릭 워렌이 말했다. "릭 목사입니다. 월트 스티븐스(Walt Stevens)를 보러 왔습니다." 수간호사가 대답했다. "아니 그 교회에는 목사가 몇 명이나 되는 거죠? 미안하지만, 안 되겠습니다. 너무 많은 목사님들이 보고 가셨거든요"라고 말한 후 간호사는 사라져 버렸다고 했다. "그래서 그냥 들어갔지 뭐예요. 허락을 얻는 것보다는 용서를 구하는 편이 쉬우니까요!" 워렌을 본 환자는 소리쳤다. "릭 목사님, 아니 여기서 뭐하시는 거예요? 내가 많이 아픈 것이 분명하군요! 이미 다섯 분의 평신도 목사님들이 다녀가셨거든요!" 5분 동안 함께한 후 그곳을 나온 릭 워렌은 깊은 감동을 받고 이렇게 말했다. "이게 바로 하나님께서 교회를 향해 의도하신 모습이다. 하나님께서는 한 사람이 원맨쇼를 하며 여기저기, 모든 곳에서 기도하는 것을 원치 않으셨다. 하나님께서는 평신도의 사역을 통해 일하시고 그들 또한 하나님께서 그들의 삶에서 역사하고 계심을 알 권리가 있다."

프레이저 교회가 1970년대부터 평신도들이 참여한 광범위한 사역을 해 왔지만, '평신도 사역'을 강조하기 시작한 것은 1988년부터였다. 강력한 주일학교와 적절한 위치에서 돌보는 '풍부한' 시스템에도 불구하고, 리더들은 기본적인 목회자의 돌봄에 평신도들이 포함될 필요성을 깨닫게 됐다.

프레이저는 이 바퀴를 다시 만들어 내려고 하지 않았다. 행정 목사인 얼 엔드류(Earl Andrews)는 그들의 목회 사역으로부터 가능한 모든 것을 배웠다고 회상한다. 이 사역은 평신도가 위험 상황에 대한 사역을 개척했고, 정기적인 목회적 돌봄을 위해 평신도 훈련을 시작했다. 프레이저는 후에도 국제 평신도 목회 사역에 참여했는데, 국제 평신도 목회 사역의 중요한 발기자 중 한 사람이 「목회 혼자 할 수 있는가?」(Can the Pastor do it alone?) 의 저자인 멜빈 스테인본(Melvin Steinbron)이다.[10]

프레이저는 이미 존재하는 풍부한 돌봄 시스템이 충분치 않다는 사실을 깨달으며, 1988년 평신도 목회 돌봄으로 나아갔다. 이미 평신도들로 이뤄진 팀들이 병원, 양호시설에 고정적인 방문을 제공하고 있었다. 이미 전문적인 상담가 직원들이 있었다. 모든 새로운 멤버들에게는 후원자가 있었고, 수천 명의 다른 사람들은 주일학교 반, 소그룹, 후원 그룹에 참여하고 있었으며, 의도된 요소로 서로를 돌보는(종종 리더들에 의해) 사역 그룹에 참여하고 있었다. 그들은 또한 목회적 돌봄 사역을 위해 은사 있고 훈련된 평신도 사역자들의 자원이 필요했다.

그들은 교회 내에 다섯 가족마다 한 명의 평신도 목회자를 제공하는 목표를 세웠다. 지금은 프레이저의 평신도 사역 프로그램을 이끌고 있는 마리 파르마(Marie Parma)는 아직 이 목표를 이루지는 못했다고 고백했다. 그녀는 다음과 같이 덧붙이고 있다.

> 이 방법으로는 모든 멤버들을 영원히 감당하지 못할 수도 있지만, 괜찮습니다. 왜냐면 풍부한 돌봄 시스템이 있기 때문입니다. 우리의 한계 내에서, 우리는 이미 배치돼 있는 175개의 평신도 사역자들의 배치를 우선순위로 합니다. 우리는 새로운 멤버들, 위기 가운데 있는 멤버들, 주일학교나 소그룹 또는 평신도 사역에 들어 있지 않은 사람들 그리고 평신도 사역을 요청하는 사람들에게 우선권을 주고 있습니다.

프레이저는 1년에 두 번 새로운 평신도 사역자들을 모집, 훈련, 배치하고 있다. 훈련은 멜빈 스테인본의 처방을 강조한다. "평신도 사역자들은 무엇을 하는가? … 우리의 평신도 목회자들이 네 개의 일을 하고 저들이 사실상 사람들에게 목회를 하고 있음을 알 수 있도록 무장한다." 이들 네 영역들은 P.A.C.E.로 쉽게 외워질 수 있다.[11]

P – 정기적으로 서로를 위해 기도(Pray)한다.
A – 사용할 수 있다(Available).

C – 정기적으로 서로 연락(Contact)한다.
E – 그리스도인으로서의 모범(Example)을 제공한다.

마리 파르마는 왜 충분한 평신도 사역자들을 모집하는 것이 어려운지에 대해 심사숙고했다. "모범(Example)이 하나의 장벽이 될 수 있어요. 어떤 사람들은 자신들이 예수께서 생각하시는 그런 모범이 아니라고 생각하거든요. 또한 실제보다 더 시간을 잡아먹는다고 생각해요."

프레이저는 아직 충분한 평신도 사역자들을 생산하는 방법을 찾지 못했다. 더욱이 엔드류는 평신도 사역자 프로그램을 관리하는 것이 대부분의 지원 사역들보다 심지어 더욱 '노동이 요구'된다고 강조하고 있다. 그럼에도 평신도 목회의 돌봄을 포함한 평신도 사역들이 미래의 물결이고 이 새로운 세대에서 가능한 새로운 개혁을 위해 없어서는 안 될 핵심이라고 믿고 있다. 엔드류는 "우리는 목회자가 이끄는 교회에서 평신도가 이끄는 교회로 가기 위해 전통적인 관성에 맞서고 있는 교회들을 보고 있습니다. 프레이저는 심각한 패러다임 전환을 경험하고 있는 많은 교회들을 돕는 것에 헌신했습니다"라고 보고하고 있다. 그들은 관심이 있는 교회들에게 다음과 같은 주소로 연락할 것을 강력히 권하고 있다.

Mel Steinbron
Pastoral Care Services
Hope Presbyterian Church
7132 Portland Avenue South
Minneapolis, MN 55423
(612)866-4055

또한 이 기관이 매년 여는 (4월) '평신도들이 이끄는 목회적 돌봄 국제회의'(International Conference on the Pastoral Care of the Congregation by Lay People)에 참석하도록 권하고 있다.

평신도 목회를 하기 위해 은사가 있는 평신도들을 일으키는 데는 몇 가지 이유가 있다. 그리스도인들은 규칙적인 돌봄이 필요하고, 목사 혼자서는 감당할 수 없다. 목회를 하는 평신도는 축복을 받고 성장을 경험한다. 활성화된 평신도 목회자들은 그리스도를 따르고 있지 않는 사람들에게 믿음을 전하기를 더욱 좋아한다. 목사나 영적인 인도자들과 규칙적인 영적 대화에 참여하는 그리스도인들은 또한 더욱 전염적이고 복음을 전하는 그리스도인이 된다.

## 기업가적인 평신도의 부상

전통 교회가 떠나는 곳에서 사도적 교회는 계속해서 목회 사역을 하고 있다. 두 스타일의 교회 모두 예배와 기독교 교육, 상담, 세례, 결혼과 장례와 같은 '기본적인' 사역들을 제공하지만, 사도적 교회들을 사람들에 대한 다른 목표와 더 큰 문화적 타당성으로 다르게 사역을 하고 있음을 보아 왔다. 많은 전통 교회들이 기본 사역들 외에는 거의 다른 것들을 제공해 주지 못하지만, 사도적 교회들은 전형적으로 기본 사역들을 넘어 광범위한 사역들을 제공한다. 자주 사도적 교회들은 '일반적인 사역들' 보다 '특별 사역' 으로 더 잘 알려진다. 예를 들면, 독신자들, 청각장애, 중독된 사람들, 베트남 참전용사나 AIDS 환자나 그 가족들과 같은 그들의 사역들을 스스로 구분 짓고, 대중적 이미지를 정의하고, 종종 교회가 지역 사회 전체를 볼 수 있게 해 준다.

더 나아가, 대부분의 사도적 교회의 특별 사역들은 평신도들의 창조물들이다. 전통 교회에서는 성직자들이 일반적으로 교회의 전체 의제를 정의하고 통제한다. 하지만 사도적 교회에서는 새로운 사역에 대한 평신도들의 아이디어를 환영하고 의존한다. 대부분의 새로운 사역들은 지역 사회의 관제탑에서 지시하는 코스에서는 채워지지 않는 필요로, 인정 많은 평신도들이 인지한 생각에서부터 먼저 시작된다. 내가 연구한 모든 사도적 교회들은 기업가적인 평신도들을 만들어 냈거나 얻었다.

새들백 공동체 교회의 교인들이 한 새로운 사역에 대한 '뜨거운 아이디어' 를 갖게 됐을 때, 교회는 다음과 같은 과정을 지켜봤다. 평신도들은 이 아이디어를 릭 워렌이나 직원들 중 한 사람에게 가져가고, 이것을 들은 사람들은 "왜 안 되겠어요?"라고 대답한다. 비슷한 아이디어가 이전에 시도되었다가 실패했더라도, 이번이 적절한 시기일 수도 있고, 혹은 이번에는 적합한 사람이 시행할 수도 있다. "아이디어가 이상해 보일지라도, 당신이 이야기해 주는 것보다는 그들 스스로가 알게 되는 것이 좋다. 왜 나 스스로 악역을 자처하겠는가? 만일 당신이 사람들에게 그들의 아이디어가 이뤄지지 않을 것이라며 그들의 꿈을 깨 버린다면, 오래지 않아 사람들은 시도 자체를 멈추게 될 것이다"라고 워렌은 설명했다.

종종 워렌이나 다른 사역자들은 "멋집니다. 당신이 직접 하시죠!"라고 대답할 것이다. 그들은 하나님께서 그 아이디어를 맡기신 사람이 제안된 사역을 이끌 사람이 돼야 할 것이라고 생각한다. 리더들은 이 아이디어를 전체 교인들에게 알리고, 모든 관심 있는 사람들을 대상으로 회의를 소집한다. 모임 후, 이 아이디어가 실행되는 것을 가능케 할 충분한 사람들과 필요한 리더십이 세워진다면, 이 아이디어는 새들백 공동체 교회의 새로운 사역이 된다(그 어떤 위원회 멤버도 허가해 줄 필요가 없다!).

새들백 공동체 교회의 정책은 다음의 네 지침들을 따르는 한 그 어떤 교인도 새로운 사역을 시작할 수 있다고 말하고 있다.

1. 교회 직원이 이 일을 이끌 것이라 기대하지 않는다.
2. 교회와 철학적이고 교리적인 조화를 이룬다.

3. 이 사역은 교회의 복음 전파를 해치지 않을 것이다.
4. 절대 모금을 하지 않는다.

새로운 사역을 위해 돈이 필요하다면, 예산 신청을 위해 교회에 예상 비용을 제출한다. "이것이 교회의 사역이라면, 예산을 책정합니다. 통일된 재정 없이는 연합된 교회가 될 수 없습니다. 75개의 사역들에 서로 다른 모금을 허락한다면, 모금으로 사람들을 죽이게 되고, 교회들이 항상 돈만 요구한다고 듣게 되면 구도자들은 멀어지게 됩니다"라고 릭 워렌은 말하고 있다.

새들백 역사의 많은 부분은 평신도들의 아이디어가 사역으로 이뤄진 역사이다. 남 캘리포니아의 자연적인 배경에서 가능한, 산에서 사막 지역으로 이어지는 기회들을 본 한 교인은 친교와 전도라는 두 방법으로 산행 사역을 고안해 냈고, 현재 75명의 사람들이 참여하고 있다. 컴퓨터 전문가인 다른 교인은 의회를 결성하고 기독교 게시판 서비스를 시작했다. 새들백의 이혼 회복 토론회와 대부분의 회복 사역들과 후원 그룹의 필요를 먼저 본 것은 평신도들이었다. 릭 워렌은 "사람들은 당신이 허락하는 만큼 창조적이 될 것이다. 만일 당신의 교인들이 끓어오르게 할 만큼 창조적이라면, 그들의 창조력은 당신을 놀라게 만들 것이다!"라고 주장해 왔다.

사도적 교회의 리더들은 평신도가 사역을 하며 새로운 사역을 만들도록 부름받았다고 하는 핵심 가치들을 자주 강화한다. 어느 날 한 자매가 노숙자들을 먹이고, 숙소 비용을 내고, 집으로 돌아오는 버스비를 지불해 주었다. 다음 주일, 이 자매는 릭 워렌에게 이 사실을 보고하면서 설명했다. "교회가 노숙자들을 위해 뭔가 대책을 세워야만 합니다." 그러자 릭 워렌은 대답했다. "그런데 교회에서 벌써 조치를 취한 것 같군요! 누가 교회인가요? 목회자가 아닙니다! 바로 자매님 당신입니다!" 다음 주일, 워렌은 강단에서 이렇게 알렸다. "저는 여러분들 중 한 사람에게 굶주린 자들을 먹이고 입히도록 권한을 부여했습니다. 이제 여러분들이 제게 물을 필요는 없습니다. 그냥 가서 그렇게 하시면 됩니다. 다름 아닌 여러분들이 그리스도의 사역자들입니다!"

프레이저의 성장, 힘, 성과들의 많은 부분은 기업가적 평신도에 기인한 것이다.

어떤 평신도들은 자신들의 제한된 상황에서도 기여할 수 있는 방법을 꿈꿨다. 예를 들어, 한 가정주부가 교회에서 50마일 떨어진 곳에 살지만 매주 TV를 통해 예배를 드려 왔다. 자매는 교회에 등록해서 사역에 참여하겠다고 요청했고, 자신의 집에서 교회에 등록을 한 후, 모든 새 교인들에게 확신과 격려의 편지를 보냈다. 그녀의 사역은 다른 새로운 멤버들에게 동기부여가 되어 사역에 열중하게 했다. 다른 자매는 평범하지 않으리만큼 부끄러움을 타면서도 병원에 입원했거나 외부에 자신을 격리시킨 이들에게 돌봄의 편지를 보냈다. 또 다른 자매는 자신이 해결하기로 결정한 문제를 확인하고, 매주 예배 후 교회 신도석에 있는 연필을

깎아 주었다.

다른 평신도들은 필요를 보고 그 필요를 채워 줄 평신도 팀을 조직하는 것을 돕는다. 한 교인은 몽고메리에 있는 성인 문맹인들의 수에 대한 자료를 수집했다. 성인들에게 읽는 법을 가르치는 이 사역에 대한 광고가 있은 후 스무 명이 응답했고, 훈련을 받은 후 지금은 일대일로 어른들에게 읽는 법을 가르치고 있다. 또 다른 교인은 이혼 회복 세미나와 후원 그룹을 구상하고 만들어 현재 매주 화요일 저녁 몽고메리시에서 120명의 마음을 사로잡고 있다. 이전에 '철의 장막'이었던 곳에 교회를 세울 수 있는 기회에 대한 기사를 한 평신도가 읽고는 프레이저의 한 팀이 전에 체코슬로바키아였던 곳에 감리교회를 세우는 것을 돕고 있다. 의료와 치과 팀을 이끌고 있는 한 치과 의사는 과테말라의 한 시골 마을로 들어갔다.

무주택자들을 염려하고 있던 프레이저의 한 자매는 '쇼 박스' 프로그램이란 것을 시작했다. 여기서 자원봉사자들은 화장품 및 세면도구들과 신약성경을 꾸러미로 만들었다. 프레이저의 자원봉사자들에 의해 운영되고 있는 '기독교 일자리 교환' 프로그램은 매년 수백 명의 사람들의 고용을 해결하는 일을 돕고 있다. 프레이저의 한 자원봉사자들은 케이블 방송의 교회 프로그램을 보고 전화를 걸어 오는 이들을 상담해 주고 있다. 한 간호시설의 간호사들로 구성된 프레이저의 한 자원봉사자 팀은 그들의 은사와 능력 그리고 관심사에 따라 몽고메리 간호시설에 시간을 쏟고 있다. 이들 중 몇몇은 목회자나 관리 일을 하고, 다른 이들은 말기 환자들을 도우며, 다른 이들은 환자 가족들을 돕고 있다.

프레이저의 교인이자 공인된 동물 조련사인 캐롤 테일러(Carol Taylor)는 어떻게 그녀의 독특한 능력이 사역에서 사용될 수 있을지를 고민했다. 그리고 그녀는 PAWS[애완동물은 일하는 성도이다(Pets Are Working Saints)]라는 것을 고안해 냈다. 오늘날 개와 고양이, 토끼, 새(와 그들의 주인들)는 치료를 지원하는 사역을 위해 훈련되고, 동물과 소유주 팀은 어린이 센터나 회복 센터, 감옥, 양호시설과 그 외 다른 곳에 배치되고 있다. 이 사역은 프레이저가 더 많은 애완동물들과 주인들이 훈련되고 쓰임받아야 함을 알려야만 하는 요구를 갖고 있었다. 교도소나 다른 기관에 있는 많은 사람들은 교회에서 온 사람들에게는 반응이 없지만 동물들이나 그 동물들을 가져올 만큼 자신들에게 관심을 갖고 있는 그리스도인들에게는 반응을 보이고 있다. 로드니라는 이름의 토끼는 어린이 센터에서 특히 인기가 있었고, 포메라니아 종인 스파클과 코카틸 앵무새인 엘비스는 양호시설에서 큰 인기를 얻었다. 한 양호시설에서 고양이 한 마리가 알츠하이머병이 있는 한 남자의 무릎 위에서 가르렁거리고 있었다. 그 남자는 "안녕 고양아!"라고 말했다. 이것은 그가 몇 년만에 처음으로 한 말이었다. 프레이저 사람들은 큰일만큼이나 작은 기적에도 하나님께 감사드리는 법을 배우게 됐다. 더 최근에 PAWS 사역은 여자 교도소의 사형수들에게 코카틸 앵무새들을 제공해 왔다. 매달 프레이저의 자매들은 새들을 위한 먹이와 공급물자들 그리고 수용자들을 위한 말동무, 대화 그리고 성경공부 가이드를 가져가고 있다.

## 비그리스도인들에 대한 사역

자신들의 교인이 아닌 사람들을 대상으로 한 사도적 교회의 사역이야말로 그들의 가장 구별된 모습이다. 전통 교회에서의 교인들과 그 가족들에 대한 사역은 거의 배타적이기까지 하다. 사도적 교회는 전체 지역 사회에 있는 많은 다양한 사람들에 대한 사역을 하며, 대부분의 외부 사역들은 사업가적 평신도의 창작품이다.

예를 들어, 킴(Kim)은 어머니 샤론 아모스(Sharon Amos)에게 아침 6시 30분에 근처에 있는 쇼핑몰까지 태워다 달라고 부탁을 했다. 거기서 오하이오 주 반달리아까지 28마일을 버스를 타고 가면, 친구들이 킴을 만나 5마일을 운전해 깅햄스버그 교회까지 갈 수 있기 때문이다. 샤론과 남편 웨인(Wayne)은 이 교회가 뭐가 그리 특별한지를 확인해 봐야만 했다. 이 교회의 비전에 이끌린 부부는 주일학교 교사로 섬기며 시카고, 뉴욕, 피츠버그와 멕시코를 대상으로 한 청소년 선교 프로젝트에 후원자로 섬기기 시작했다. 때가 되어, 샤론과 웨인 부부는 '꿈을 세우는 사람'을 개발해 냈다. 이것은 데이턴에 있는 저소득층 가족들을 위해 집을 새로 지어 주는 여름 청소년 노동 캠프 프로젝트였다.

마이크 슬라우터 목사는 '불타는 떨기나무' 로부터의 메시지와 비전을 자신의 교인들이 알아차리고, 다가가고 그리고 순종하도록 권고하며 자유롭게 해 주고 있다. 한 자매가 자신의 이웃에게 여성들의 사역을 시작할 것을 꿈꾸었고, 그녀는 아무것도 없는 상태에서 그 사역을 조직했다. 한 형제는 어린이 사역과 유치원을 개발해 냈다. 이 교회의 청소년 지도자는 데이턴 시내의 어린이들과 청소년들을 대상으로 한 방과 후 클럽 하우스를 시작할 것을 꿈꿨고, 깅햄스버그 교회의 청소년들이 세 개의 클럽 하우스의 자원봉사자로 섬기고 있다. 깅햄스버그 사람들은 10년 이상 '빨랫줄' 이라고 하는 의류 재판매 가게를 운영해 왔다. 자원봉사자들은 음식 창고, 가구 창고 등을 개발해서 운영하기 시작했다. '새로운 피조물 케어 센터'(New Creation Care Center)를 통해, 스데반 사역들(Stephen Ministries)에서 훈련받은 35명의 자원봉사자들이 고통 중에 있는 사람들을 위해 상담과 후원 그룹을 관리하고 있다. 마이크 슬라우터는 "사람들이 하나님의 불타는 떨기나무를 확인하도록 돕는 것이 교회의 일이다. 그런 다음 우리는 그들의 불타는 떨기나무에 물이 아닌 기름을 부어야 한다"고 믿고 있다.[12]

사도적 교회들의 많은 새로운 사역들은 남침례 교회의 행정관인 론 존슨(Ron Johnson)이 '사역 중심 전도'라고 부른 것을 통해 사람들에게 복음을 전하는 문들이 되고 있다. 자주 이들은 전통 교회의 전통적인 전도 방법으로 전도되지 못한 사람들에게 복음을 전한다. 전통 교회들은 잠재적 그리스도인들이 그저 '귀가 있는 영혼' 보다 조금 나을 뿐이라고 여기는 것처럼 보인다. 필요를 채워 주는 사역들을 통해, 우리는 행함 없이 말만 있는 것을 거부하고, 무시하는 사람들과 신뢰함과 친근함으로 민감한 관계를 쌓게 된다.

프레이저 사역의 형태는 여기에 좋은 예이다. 한 평신도가 뱃속에 있는 아이에게 장애가 있음을 알게 된 출산을 앞둔 부부를 위해 후원 그룹의 필요를 제안했다. 이윽고 이 제안은 장애아의 부모들을 위한 다른 후원 그룹을 이끌어 내었다. 한 달에 한 번 금요일 저녁, 프레이저는 장애가 있는 아이의 부모를 위한 '부모들의 밤'을 위해 탁아를 담당할 사람을 세웠다. 때 맞추어, 이 아이들을 위한 주일 탁아소와 주일학교 아이들과 아이들의 부모들을 위한 주일학교 반을 세웠다. 심지어 형제나 자매 중에 장애가 있는 아이들을 위한 후원 그룹을 추가했다. 이 사역들과 관련된 몇몇 사역들은 '프레이저의 평생 친구' 라는 전체적인 주제 아래 평신도가 잉태되고 개발되고 세워지게 됐다. 이 사역들은 많은 장애아 가족들을 믿음과 교제로 매료시켰다.

지역 사회 사역과 새로운 이들에게 복음을 전하는 이 중요한 연결은 무자비하게 사도적 교회를 비판한 이들의 한 요점이다. 어떤 비평가들은 교회가 '부풀어 오를 대로 오른 교회 멤버의 통계'에 대한 '집념' 때문에 이용할 수 있는 '고통 중에 있는 사람들' 을 찾아 그들의 지역 사회를 '계속해서 조사' 하며 교인들을 넘어선 사람들의 필요를 섬기고 있다며 고발해 왔다.

그러한 비난에 어떤 합리적인 대답을 줄 수 있겠는가? 대부분의 도시에서 구급차를 쫓아다니는 변호사, 평판을 추구하는 교수 그리고 빨리 수술을 끝내는 의사들을 찾을 수 있는 것처럼, 그러한 사역자를 찾는 것이 가능할 것이다. 동기가 적은 견습생으로부터 완벽하게 보호받는 전문가는 없다(사실, 그러한 전문적인 '비평가' 가 눈처럼 하얀 동기가 있다고 믿을 아무런 이유가 없다).

하지만 지역 사회 사역으로 성장하는 교회가 착취자라는 비평가의 풍자에 대한 네 개의 해설이 떠오른다. 먼저, 사역 중심의 전도야말로 더욱 성경적인, 즉 예수님과 초대 사도들이 사용한 전도 방법이었다는 것이다. 둘째, 이들과 같은 저자들 중 일부는 지역 사회 사람들의 필요를 섬기지 않고 오직 전도만 하는 교회들을 비판해 왔다!(몇몇 '비평가' 들은 둘 모두를 비판해 왔다!) 세 번째, 우리 중 일부는 전도가 너무도 중요하기 때문에, 복음을 가르치고 교회를 통해 사람들이 그리스도를 따르도록 초대하며 이 운동에 배치하는 것을 제외한 다른 모든 것을 했을지라도, 그것은 사람들을 극단적으로 가난한 상태에 남겨 놓게 되는 것이고, 이로 인해 '온정주의' 의 죄를 범하게 된다고 믿고 있다. '온정주의' 는 몇몇 비평가들이 다른 문화에서의 기독교 선교를 자주 비판한 내용이기도 하다(어떤 비평가들은 세 가지 모두를 갖고 있다!).

네 번째, 많은 지역 사회 사역들이 새로운 교인들이라는 결과를 얻었지만, 많은 교회들이 그렇지 못했다. 예를 들어, 프레이저 교회가 사형을 기다리는 이들과 양호시설이나 무주택자들, 간호를 받고 있는 영혼들을 얼마나 많이 받아들였는가? 이 목록들은 더 늘릴 수 있다. 예를 들어, 프레이저는 은퇴 예비역 소방관들처럼 재난 구조 사역에 대해 항시 대기하고 있는 차량과 자원봉사자가 있다. 그들은 허리케인, 회오리바람, 홍수와 같은 것들의 희생자들을 도울 수 있도록 무장되고 훈련돼 있다. 이와 같이 사역이 도와 온 모든 사람들은 프레이저의 교인이 되기에는 너무 멀리 살고 있었다. 이러한 교회들을 비판하는 이들은 이 교회들의 유일한 의제가 사역에 대한 야망과 수적인 교회 성장이라 주장하며 계속해서 많은 사실들을 피하는 예방 조치를 취해 왔다.

많은 사도적 교회의 사역들은 많은 새 교인들을 낳지 못하지만 예외도 있다. 22년간 프레이저 사람들은 교도소 사역을 해 왔고, 그로부터 적어도 한 명의 새 교인을 얻었다. 토미 웨이트(Tommy Waites)는 종신형을 살고 있었고, 프레이저 사람들이 찾아와 친구가 되어 줬다. 때가 되자 토미가 그리스도를 영접했고, 그리스도를 따르며 삶의 변화를 경험했다. 그가 가출옥 심사를 받게 됐을 때, 몇 명의 프레이저 형제들이 그가 가출옥을 받을 수 있도록 도와주었다. 토미는 프레이저에 등록을 한 후 교회 교관 담당 스태프로 일하기 위해 왔고, 나중에 프레이저로부터 후원받은 선교 프로젝트인 벨 거리 교회에서 사역했다.

윌로우크릭 커뮤니티 교회는 평신도 사역에 있어서 자신들을 또 다른 중요한 혁신으로 이끄는 한 동향을 최근 발견해 냈다. 교회 리더들은 많은 사람들이 더 이상 한 가지 문제로 고민하며 교회에 나오지만은 않음을 발견했다. 예를 들어, 한 여인이 음식 중독에 직장을 잃고, 경제적인 어려움을 겪고 있으며, 자녀 문제와 남편으로부터 버림을 받는 문제를 동시에 갖고 있을 수 있다는 것이다. 그에 대한 반응으로, 윌로우크릭은 50~60명의 상황에 맞는 자원 요원들을 개발해 냈다. 이들의 사역은 사람들의 여러 가지 필요들을 확인하기 위해 상담을 하고, 그들의 필요를 채워 줄 수 있는 포괄적인 계획을 세우기 위해 노력한다.

## 전통 교회들은 평신도들이 사역에 참여할 수 있게 할 수 있는가?

평신도 사역이 윌로우크릭에서 평신도 상황에 맞는 사역을 개발한 것만큼 숙달되게 되면, 우리는 일반 대중 그리스도인인 평신도운동의 무제한적인 가능성을 엿볼 수 있게 되고, 전통 교회 리더들이 자신들의 교회가 전통에서 선교로 언제든 옮겨 가기 전에 경험해야만 하는 패러다임의 전환의 넓이에 흔들리게 된다. 대부분의 교회들의 가능성은 그 어떤 요소보다도 평신도의 믿음과 비전 그리고 은사에 대한 목회자들의 제한된 시각으로 인해 더욱 좌절하게 된다.

우리들 대부분이 여전히 살아 있는 동안 일어나야 할 우리 교회들의 사도적 부활을 위해, 많은 목회자들(과 교단 지도자들)은 존 웨슬리가 너무 많은 자신의 '거위들'을 '백조들'로 본 것이 문제라고 진술한 것과 관련된 주된 패러다임의 전환을 경험해야 할 필요가 있다. 우리의 문제는 그것이 아니다. 우리들 대부분이 우리의 백조를 거위로 그리고 우리의 거위를 닭이나 칠면조 혹은 교회 기관들을 세우고 황금알을 낳는 거위로 보고 있다. 아무도 사람들을 있는 그대로 바라보지 않기 때문에, 웨슬리는 더 나은 면에서 잘못을 저질렀다. 만일 우리 교인들이 사역과 선교를 위한 은사가 있고 지음받았다고 보기로 선택하면, 그들 중 몇 명은 하나님을 실망시킬 수도 있다. 하지만 많은 이들이 빛과 소금이 되고, 우리의 교회들은 다시 한번 전염적인 운동을 일으킬 수 있게 된다.

그렇기 때문에 이 장은 분명한 해결책으로 두 개의 질문을 일으킴으로 결론을 내릴 것이다. 첫 번째, 우리 교인들은 자신들의 신도석을 박차고 일어나, 믿음을 경험하지 못한 이들에게 자신의 믿음을 나누겠는가? 내 관찰과 인터뷰에서, 평신도 사역과 전도 간의 상호 관계는 매우 높으며, 아마도 내가 이 책에서 강조한 그 어느 상호 관계보다 높고, 심지어 전도 훈련을 받아 왔던 그리스도인보다 높았다. 사역에 참여해 있고, 그 사역에 대한 은사가 있고, 때때로 하나님께서 그들의 사역을 통해 일하시는 것을 경험하거나 사역의 열매를 보는 사람들은 단순히 신도석에 앉아 있기보다는 훨씬 더 자신들의 신앙을 나누고 교회에 참여하도록 초대한다. 교회 내에서 회심한 사람들과의 인터뷰에서, 나는 늘 그들에게 누가 가능성으로의 '다리' 역할을 했는지를 물었다. 몇몇 교회에서 사실상 자기 가족들을 넘어 효과적인 초청을 하고 있는 사람들은 모두 어느 사역엔가 참여하고 있다. 그렇기 때문에 전통 교회가 그들의 평신도를 사역에 배치할 것인가에 대한 문제는 동시에 그들의 교인들이 사도적 사역에서 기능을 수행할 수 있는가 없는가의 문제이기도 하다. 이 세상은 그 어느 때보다 평신도들이 사역하고 전도하는 교회를 필요로 하고 있다.

두 번째, 우리 교인들은 사람들의 삶에서 행함과 섬김을 통해서만 경험할 수 있는 것을 그저 신도석에 앉아 있는 것만으로 그 능력과 성취를 경험할 수 있겠는가? 분명히 전통 교회의 사람들이 문제의 일부이다. 그들은 목회자들과 마찬가지로 게으름에 대한 면책 특권을 가지지 않는 자들이다. 그들은 자신들을 하나님 나라의 2등급 시민이라 잘못 인식하고, 교회에서 그들에게 제안한 은사나 그들이 조금이라도 교회를 변화시킬 수 있다는 것을 별로 경험하지 못한 채 목회자와 평신도의 역할을 나누고는 움직이지 않는 사람들이다. 우리는 우리의 충성스러운 성도들로 그들의 은사와 사역을 발견하게 하고, 사역에 참여함을 통해서만 오는 성장과 성취를 경험하도록 돕는 빚진 자들이다.

젊은 간호사이자 프레이저의 교인인 진저 스캇(Ginger Scott)은 평신도 사역자가 되었다. 그녀는 훈련을 받고 자신에게 맡겨진 가족들을 만났다. 더 한층 그들을 위해 함께 기도했고, 그들에게 스스로가 유용한 자임을 알게 만들었으며, 정기적으로 연락을 하고, 그들에게 모범으로 섬기려고 노력했으며, 점점 더 의미 있어져 갔다. 그들 중 하나가 마지(Margie)였다. 60세인 마지는 남편을 잃은 상태였다. 전에 암에 걸렸던 마지에게 암이 재발했고, 몇 달 동안 암으로 투병하다가 세상을 떠났다. 그 경험 내내, 진저는 마지와 연락을 하고, 후원을 해 주었으며, 하나님의 약속과 그녀와 함께 고통을 당하고 계신 분을 일깨워 주었다. 마지는 1990년 10월에 숨을 거두었다. 여러 달 후, 진저는 프레이저의 평신도 사역 프로그램 감독인 마리 파르마에게 다음과 같은 편지를 보냈다.

친애하는 마리에게

지난 며칠 동안 저는 마지에 대한 많은 생각을 하며 지냈습니다. 그녀는 너무 특별한 분이었어요. 당신이 내게 마지의 평신도 사역자가 되어 달라고 부탁했을 때를 되돌아보게 됩니다. 제가 다른 사람이 될 수 있을지를 확신할 수 없었기 때문에 정말 할 수 있는 것이 기도밖에 없었거든요. 하지만 마지가 얼마 전 과부가 되었고 암에 걸렸다는 사실에 내가 그분과 시간을 보내는 것이 그분이 평안해질 수 있겠다는 생각을 하게 만들었습니다. 적은 것이지만 알면 알수록 내게 큰 축복이 되었습니다.

마지는 그녀를 사랑하도록 허락해 주었습니다. 얼마나 큰 의미가 있었던지, 하나님의 사랑이 두 명의 서로 다른 사람을 이 짧은 시간에 하나로 만들 수 있다는 사실이 저를 놀라게 만들었습니다. 마지는 그녀의 마음을 저와 나누었습니다(그녀의 슬픔, 소망, 꿈, 두려움,

심지어 사랑 이야기까지!). 때로는 제게 전화를 걸어서는 "그저 이야기를 좀 나누고 싶어서요", "잠시 통화할 수 있을까요?"라고 말했죠. 한번은 마지를 놀래 주려고 갑자기 찾아간 적이 있었어요. 문을 열자마자 눈물을 흘리기 시작하더니 이렇게 말하더군요. "제가 지금 얼마나 진저를 필요로 하고 있었는지, 그리고 진저에게 전화하라고 스스로에게 얼마나 이야기했었던지…." 마지가 병원에 입원했을 때는 저에게 침대로 올라와 꼭 안아 달라고 한 적도 많았죠. 우리는 함께 울고, 웃고, 이야기를 나누고, 함께 기도했어요. 무엇보다 마지는 제가 마지를 사랑할 수 있게 해 주었어요.

제가 얼마나 마지를 사랑해야만 했는지를 마지는 모를 거예요. 제가 거절에 대한 두려움 없이 사랑할 수 있었던 것이 정말 오래전 일이었거든요. 하지만 저는 마지가 제 사랑에 사랑으로 대답해 줄 것이라는 것을 항상 알 수 있었어요.

마리, 마지의 평신도 사역자가 되어 달라고 해 줘서 고마워요. 결국 내가 '사랑을 몸소 체험'하게 되었어요.

사랑합니다.

진저 스캇

진저 스캇은 위험을 무릅쓴 사랑을 직면할 힘을 얻었기 때문에 결혼을 했고, 이제는 진저 스캇 피어슨이 되었다. 진저는 남편과 함께 앨라배마 주 헌츠빌로 옮겨 갔다. 진저는 여전히 평신도 사역을 하고 있지만, 부르심이 바뀌었다. 이제 말기 환자를 돌보는 간호사가 된 진지는 자신의 삶을 말기 환자들에게 바치고 있다.

자세한 이야기들을 제외한다면, 진저의 이야기는 독특한 것이 아니다.

왕국 사역에 있어서 당신 자신을 내려놓게 될 때, 당신은 '세상의 소금'과 '세상의 빛'이라는 활동 영역에 참여케 된다. 그리고 수도 없이 자신의 삶을 찾고 자신이 구원을 받고 온전해짐을 발견하게 된다. 모든 그리스도인들이 기독교의 가장 위대한 약속을 전해 주는 그런 경험에 대한 **빼앗길 수 없는** 권리를 갖고 있지 않는가?

## 6장_ 사도적 교회는 어떻게 세상 사람들에게 다가가는가?

　우리들이 사는 지역 사회에 사람들의 수가 늘어 가는 것처럼, 지니 휠러(Ginny Wheeler)는 신앙을 고백하거나 심지어는 교회에 한 번도 가 보지 못한 가정에서 자라났다. 지니는 신앙과 교회에 대한 약간의 흥미를 갖게 됐고 우연히 한 이웃과 함께 주일학교에 참석했지만 "거기에 내가 소속됐다는 느낌은 없었어요"라고 말했다. 지니는 자라나 대학을 졸업하고 공립학교의 선생이 된 후, 리(Lee)와 결혼을 해 첫 아이인 케이티(Katy)를 낳고 11년이라는 세월이 흘렀다.

　지니가 케이티를 유치원에 넣기로 결정했을 때, "마치 많은 사람들이 대학 인터뷰를 하듯 유치원 인터뷰를 했어요"라고 했다. 그리고 케이티를 루터교 유치원에 보냈다. "그런데 우리 꼬맹이 딸이 학교에서 돌아와서는 내가 대답해 줄 수 없는 질문들을 해 댔죠. 왜 우리는 주일학교에 가지 않느냐고 묻는 거예요. 그래야 나눔의 시간에 뭔가 이야기를 할 수 있다면서요." 지니와 리는 그들이 가지고 있는 목록 안에서 최고의 교회를 찾아 나섰고, 유치원에 계속 나가기 위해 한 루터교 교회를 찾았다.

1981년 어느 일요일, 지니, 리 그리고 두 딸은 기쁨의 공동체 교회를 방문했다. "문 앞에서 처음 환영을 받았을 때, 사랑받고 있음을 느꼈어요. 그리고 교회가 그렇게까지 재미있을 수 있다는 사실이 믿기지 않았죠. 처음엔 그저 의무감에 교회에 갔지만, 너무 좋았고, 돌아오는 주일을 기다릴 수 없을 정도였어요. 이제는 하나님께서 저를 이곳으로 인도하신 것을 알아요. 왜냐하면 많은 다른 루터 교회가 저를 받아들이거나 이곳처럼 편안하게 해 주지는 못했었거든요." 불신 가정에서 자란 리와 지니였지만, 이 교회에 등록을 하고 '여전히 재미있게 신앙생활'을 하고 있다. 때가 되어, 리는 교회 의회의 의장이 되었고, 지니는 성인 교육을 위한 봉사자들의 감독이 되었다.

교회에 등록한 지 얼마 안 되어, 지니는 주일학교 교사로 자원했다. 교회는 그녀를 450명의 새 주일학교 교사들을 위한 애리조나 주 템피에서 열리는 교단 훈련 행사에 보냈다. 그녀는 초등학교 2학년 때 한 번 갔었던 침례교회 주일학교에서 받은 작은 하얀색 흠정역 성경을 들고 갔다. 훈련을 담당하던 리더가 요한3서 3장 12절을 펴라고 하자 지니는 눈만 멀뚱거렸다. "마태나 마가, 누가, 요한복음은 분명히 기억하지만 요한3서는 전혀 새로웠어요!" 앞으로 겪게 될 난감함을 피하기 위해 지니는 1년 동안 성경을 읽었다. "점점 성경에 대한 열정이 일어나더군요. 성경과 사랑에 빠지게 된 거죠. 목사님만이 성경을 해석할 수 있는 줄로 알았는데, 성경이 바로 제 인생을 위한 안내 지도임을 깨닫게 됐죠." 때가 되어 지니는 교회의 성경 발견 교육 과정을 성경에 있는 많은 사람들을 기반으로 개발해 냈다.

어느 날, 지니는 사촌 재닛(Janet)과 그녀의 남편 돈(Don)에게 새로운 신앙의 의미를 전했다. 지니는 둘을 기쁨의 공동체 교회로 초대했다. "돈은 한 번도 교회라는 곳에 가 본 적이 없었죠." 하지만 두 부부와 두 아이들은 교회를 찾았고 지금은 제자 훈련에 참여하고 있다. 지니는 어린이 축구 시합과 걸스카우트에서 다른 부모들과 교류하는 것을 배우게 됐고, 그 관계를 통해 리 앤(Lee Ann)과 톰(Tom) 그리고 그들의 세 아이들이 기쁨의 공동체 교회에 나오게 됐다.

지니는 케이티의 1학년 담임이었던 로리(Laurie)와 친구가 되었다. 로리의 남편은 결혼식 날까지 한 번도 교회에 가 보지 못한 사람이었다. "꽤나 오래 걸렸죠." 로리와 더지(Doug) 부부와 그들의 두 아이들은 기쁨의 공동체 교회를 통해 예수 그리스도를 따르게 되었다. 때가 되어 로리는 친정 부모인 조지(George)와 글로리아(Gloria)를 교회로 인도했고, 로리의 여동생인 데비(Debbie)와 그녀의 남편 그리고 세 아이들까지 기쁨의 공동체 교회로 인도했다.

지니는 PTA(Parent Teacher Association, 부모 교사 모임)에 가입했고, 때가 되어 PTA의 회장과 부회장이 각각 기쁨의 공동체 교회에 찾아와 등록을 했고, 각자의 남편들과 세 명씩의 아이들이 모두 등록했다. 리는 사무실의 동료 몇 명을 교회로 인도했다. 지니는 이렇게 설명했다. "우리 딸들의 친구인 한 아이가 토요일 저녁을 우리 집에서 보내면, 다음 날 아침 교회에까지 함께 가게 됩니다. 그 아이들 중 몇몇 아이들은 집에 가서 이렇게 말을 합니다. '교회가 정말 재미있었어요. 우리도 꼭 같이 가야 해요!' 그리고 아이들의 부모와 형제자매들이 모두 교회에 등록하게 됩니다."

지니는 3년간, 매년 12월에 치과에 갈 때마다, 치위생사에게 성탄 예배 안내장을 주었다. "그녀는 불신자였기 때문에 좀 불편해 하기는 했지만, 그때마다 제게 질문들을 했죠." 1992년 12월, 치위생사와 그녀의 남편 그리고 두 아이가 교회 성탄 예배에 참석했다. 그들은 교회에 다니기 시작하면서 몇몇 예배에 참여했고, 친구를 사귀었으며, 신앙을 발견하여 교회에 등록하게 되었다. 어느 주일, 지니가 이렇게 말했다. "그들은 성찬식을 섬기고 있었고, 그 모습에 제 눈에는 눈물이 고이고 말았답니다."

지니 휠러는 이러한 경험들을 새 신자들을 위한 교회의 네 번째 세미나에서 전했다. 그리고 다음과 같이 제안했다.

> 여러분을 격려하기 원합니다. 억지로 밀어붙일 필요는 없습니다. 여러분의 모습과 격려, 환영들이 많은 사람들을 이곳으로 이끌고 있습니다. 이러한 모습들은 여러분이 나아가서 성경을 인용하거나 사람들의 머리를 친다거나, 괴상하게 생긴 초인종을 누르지

앉아도 여러분이 전도자임을 보여 주고 있습니다! 너무 흥분되는 일입니다. 사람들의 삶이 변화되는 것을 보는 것이 흥미진진한 부분입니다. 보통 사람들은 여러분이 자신들을 이곳으로 이끈 것을 인해 깊은 감사를 전합니다. 그렇기 때문에 당황해하거나 용서를 구할 일이 아닙니다. 여러분은 기회를 찾는 것을 시작하여, 찾아온 기회를 통해 사람들을 초대해야 합니다. 제 경험을 통해 많은 사람들이 여러분의 초대를 기다리고 있음을 보증합니다. 사람들이 더 많이 여러분을 좋아하게 될 때, 더욱더 여러분의 초대에 응하게 됩니다. 그러니 여러분 스스로를 전도자로 여기십시오. 이것이 교회가 이만큼 성장하게 된 비결입니다.

## 부르심, 보냄 그리고 문화적으로 적합한

처음 다섯 장은 지니와 리 휠러와 같은 잠재적 그리스도인들에게 다가가고 전염적인 기독교들을 생산하는 '사도적 교회'의 구별된 모양들을 전했다. 이런 유형의 교회는, 역사상 이전에도 드러났었고 1970년대 북미에서 다시 한번 모습을 드러냈다.

이 교회들은 부분적으로 '사도적'인데, 리더 자신들이 불신자 집단에게 복음을 전하도록 부름받고 보냄받았다고 깨닫게 됐기 때문이다. 예를 들어, 릭 워렌은 캘리포니아 오렌지카운티에 있는 교육 수준이 높고, 유복하며, 느긋하고, 많은 스트레스에 시달리는 세상 사람들에게 복음을 전하기 위해 새들백 공동체 교회를 세웠다. 데일 겔러웨이는 포틀랜드에 있는 고생하고, 뭔가 문제가 있는 노동자들에게 '새 소망'을 가져다주기 위해 뉴 호프 커뮤니티 교회를 세웠다. 존 에드 메디슨은 그 누구도 상상하지 못할 만큼 많은 불신자들이 몽고메리의 최남부 지방 성서 지대 안에 있음을 감지하고, 옛 프레이저 교회로 옮겨 가서 확정되지 않은 교회 이전을 촉매로 이용해서 교회가 복음을 전할 수 있게 만들었다. 윈 안(Win Arn)이 그의 영화 "사람들은 그것이 불가능하다고 했다"(And They Said It Couldn't Be Done)에 표현한 것처럼, 톰 울프는 브래디 교회와 같은 교회가 동부 LA에 있는 생활고와 싸우는 소수민족들에게 복음을 전할 수 있다는 하나님의 약속을 믿었고, 그는 이 교회를 이끌었다.

  1984년 10월, 디터 잰더는 실질적인 비전을 경험했다. "그때까지 그리고 그전까지 다른 것을 경험치 못했습니다. 클레어멘트에서 축구 연습을 마치고 차를 운전하며 우리 교회에 다니지 않고 있는 모든 젊은이들에 대해 생각하고 있었습니다. 라디오에서는 티나 터너(Tina Turner)의 '그게 사랑과 무슨 상관이지'(What's love got to do with it?)가 흘러나오고 있었습니다. 갑자기 하나님께서 이 환상을 내게 부어 주셨습니다." 잰더는 밴드, 드럼, 극장식 조명과 드라마가 있는 무대와 신실한 젊은이들이 하나님을 찬양하며 가득 메운 체육관을 보게 되었다. 이 비전은 디터 잰더가 1986년에 새 찬양 교회를 시작하게 만들었다. '베이비 버스터'로 알려지게 된 사람들에게 복음을 전하기 위해서였다.

이렇게 이 교회들은 신약성경의 헬라어 '아포스텔로'(Apostello)라는 개념에서 '사도적'이며, 하나님으로부터 한 개나 그 이상의 지역 사람들에게 복음을 전하도록 '보냄을 받은' 이들이다. 그들은 또한 3장에서 우리가 보았던 개념으로도 사도적이다. 초대 사도들과 그들의 지역들이 대상으로 삼은 이들의 문화의 형태와 언어, 음악, 스타일을 받아들였던 것처럼 말이다. 더 나아가, 그들의 신학과 말씀은 초대 사도적 기독교의 복음에 집중하고 있다.

더욱이, 사도적 교회가 기독교가 자주 이야기하는 교회 생활의 형태를 대표한다고 제안한다. 몇몇 주요 요점에서, 오늘날의 사도적 교회들은 신약성경에 반영된 초대 교회들과 개혁 기독교에 존재했던 재세례파, 경건파, 감리교 사도적운동과 매우 비슷하다(18세기 감리교도 선례를 든 이유는 내가 가장 잘 아는 부분이고, 이것은 역사적인 전문 서적도 만들지 않은 이들 교회들에 대한 몇몇 사도적 선례를 보여 줄 필요가 있었기 때문이다). 사도적 교회의 가장 중요한 열 가지 면들은 오늘날 성장하는 수많은 제3세계 교회에서 또한 두드러진다(이 형태를 사도적 한국 교회들로부터 증명하려고 하는 유혹도 받았지만, 세속적인 서양 세상, 특히 북미에서의 선교에 초점을 제한하기로 결정했다).

## 세상 사람들에게 다가가기 위해

나는 또한 사도적 교회의 주요한 일이 그리스도를 아직 믿거나 따르지 않고 있는 늘어 가고 있는 사람들에게 기독교 신앙을 전하는 것이라고 제안하고 있다. 거기에는 기독교에 대한 기억이 부족한 많은 사람들도 포함된다. 이 의제는 전통 교회가 교인들과 자녀들을 먹이고 돌보는 주요 일과는 대조된다. 사도적 교회는 근본적으로 복음을 잠재적 그리스도인들에게 전하는, 즉 '불신자들을 위한 교회'이다. 하지만 주목할 만한 역설은, 복음을 전하도록 사람들을 가장 잘 준비시키는 교회는 새로운 사람들을 받아들이고, 그들의 성장에 필요한 영양을 공급하며, 그들을 파송하는 데 있어서도 최고의 교회라는 것이다.

한때 기독교 메시지를 전하는 도전과 세계관이 오늘날만큼 강력하지 못했었다고 제안한 바 있다. 기독교 세계에서, 교회들은 전체 서구 세계가 중세 기독교 드럼과 함께 행진했고 교회의 법칙들로 인생의 게임을 한 '홈구장의 이점'을 즐겨 왔다. 그 시기에는 교회가 서구 사회에서 중심적인 역할을 하고 있었고 사실상 모든 시민들의 세계관에 영향을 주었다. 하지만 오늘날 서구는 실질적으로 세속화되어 왔고, 우리 사회의 많은 하위문화들이 지금은 이 경쟁하는 듯한 드럼에서 흘러나오는 불협화음으로 행진하고 있다. 이러한 더욱 세속적인 세상에서, 그 수가 늘어 가고 있는 사람들은 어떤 교회의 영향도 받지 않고 살고 있으며, 심지어 그리스도인들이 하고 있는 말들을 알아들을 수 있게 해 주는 것에 대한 아무런 배경도 갖고 있지 않다.

그렇다면 어떻게 우리가 미국을 포함한 이 서구 사회에서 늘어만 가고 있는 '세상 사람들'에게 복음을 전할 수 있겠는가? 이 질문에 대해, 사도적 교회들은 모든 교회들의 행동에 대한 중요한 개척을 해 왔다(지니 휠러의 경우가 다음의 원리들을 보여 주고 있다).

## 사도적 교회가 복음 전파를 개척하는 열 가지 원칙들

1. 그들은 다양한 방법으로 사람들을 준비시킨다.

우리는 이미 이 책의 대부분을 사도적 교회는 자신의 회중들이 복음을 증거하고 초대하도록 준비시켰다는 한 가지 점을 개발하는 데 바쳐 왔다. 그들이 성경에 뿌리 내리게 하고, 기도에 더욱 깊어지게 하고, 죄인들에 대한 긍휼과 지상 대명령에 대한 순종을 가르치고, 그들이 무엇이 될 수 있는지에 대한 사도적 비전으로 원고를 쓰는 것을 통해서이다. 더 나아가 사도적 교회는 사람들을 돌보고, 그들을 소그룹과 평신도 사역에 참여시키는 등 잠재적 그리스도인들에 대한 많은 사역들을 제공함으로 복음을 전하는 방법을 준비시키고 있다. 거기에는 '비굴하게 하는 것들'을 제거하고, 그리스도인들이 친구들을 초대함으로 자유롭게 하는 이 축제적이고 문화적으로 적합한 예배를 포함한다. 사실상 구도자 예배와 잠재적 그리스도인들을 대상으로 한 다른 범위의 사역들은 더 이상 많은 비그리스도인들을 매혹시키지 못하고 있는 다른 계승된 방법들과 부흥회, 주일 저녁 예배에 대한 사도적 교회의 후계자이다.

2. 그들은 전도의 목적을 분명히 하고 있다.

사도적 교회는 복음 전파의 목적이 단순히 그리스도께서 주시는 자비를 믿고 받아들이도록 설득하고 평범한 그리스도인들의 신분에 참여하게 하는 것이 아님을 분명히 하고 있다. 많은 전통 교회들이 단순한 신앙과 교인 수 그리고 그들의 참여에 만족하고 있지만, 사도적 교회들은 그렇지 않다. 윌로우크릭의 사명선언서에는 그들의 목표가 "거룩하지 않은 사람들을 온전히 헌신된 그리스도를 따르는 사람들이 되게 한다"라고 분명히 밝히고 있다(3장에서 우리는 이 목표를 우리가 만드는 데 영으로 참여하는 그리스도인들의 프로파일을 이해하는 것으로 확장한 바 있다).

평범한 기독교는 인간 영혼의 깊은 필요들을 채워 줄 수 없고 기독교의 위대한 약속 또한 전하지 못한다. 구도자들은 평범한 그리스도인들로부터 '믿을 만한 몸짓'을 발견하지 못한다. 사도적 교회들은 자신들의 선교 현장을 18세기 영국에서 존 웨슬리가 명목상의 그리스도인들의 나라를 직면했던 것처럼 보고 있다. 존은 실제적으로 영국을 이교도들의 나라로 여겼다. 그는 그의 수필 「원죄 교리」(The Doctrine of Original Sin)에서 대부분의 영국인들이 기독교 신앙에 대해 야만적이리만큼 무식하며, 자신들의 믿음을 진지하게 행하는 어떠한 흔적도 없다고 주장했다. 그는 영국의 명목상의 그리스도인들을 터키인이나 이교도들보다 조금도 나을 것이 없다고 여겼다.

옥스퍼드에 있는 성 마리아 교회의 설교단에서, 웨슬리는 '기독교 영국'을 한 신화라며 공격했다. '성경적 기독교'가 영국에서는 사실상 찾아볼 수 없고, 옥스퍼드에서는 더할 나위 없으며, 심지어 옥스퍼드의 리더들에게서도 그렇다는 점에서였다! 데이비드 보쉬(David Bosch)는 웨슬리와 18세기 감리교도들은 "명목상의 그리스도인들과 이교도들 간의 진정한 차이를 조금도 찾아볼 수 없었고, '안방' 사역과 '외지' 사역도 구분할 수 없었으며, … 전 세계가 '선교 현장'이었다"라고 결론 지었다.[1] 그러한 사도적 사명은 여전히 아직 천국에 온전히 헌신되지 못한 명목상의 그리스도인들을 대상으로 하고 있다.

### 3. 그들은 전도를 한 과정으로 이해하고 있다.

대부분의 사도적 교회의 지도자들은 그리스도인들을 만든다는 것이 수많은 시간을 두고 단계적으로 일어나는 과정임을 알고 있다. 사람들이 "첫눈에 사랑에 빠질 수 있다"라고 말하는 할리우드 신화처럼, 많은 전통 교회들은 '즉각적' 전도가 가능하고, 가능해야만 한다고 생각한다. 그렇기 때문에 단 한 번의 설교나 가르침 혹은 대화 그리고 교회에 오는 것이 구도자들이 교회에 참여할지 하지 않을지를 결정하게 하는 데 충분하다는 것이다. 하지만 사도적 교회들은 누군가가 그리스도를 따르도록 만드는 것이 주, 월, 년(보통은 몇 달) 단위의 과정 이상이 걸리기 때문에, 어떤 것이든 한 방에 주입되어 복음을 받아들인다는 것이 비현실적이고 비생산적임을 알고 있다. 존 웨슬리는 전도에 대한 단계적

접근을 분명히 알고 있었다. 그의 '구원의 단계' 모델은 다음 네 단계로 되어 있다.

1. 잃어버린 이들은 먼저 자신들의 상실된 상태, 죄, 하나님에 대한 필요, 하나님의 은혜를 경험하는 것에 대한 갈망에 눈이 떠졌다.
2. 눈이 떠진 이들은 감리교 속회에 참여하고 여정을 계속하며 감리교 신도회에 등록했다.
3. 때가 되어, 눈을 뜬 감리교도들은 의롭게 되고, 그들은 하나님께서 영접해 주심을 경험했다.
4. 때가 되어, 의롭게 된 감리교도들 중에 몇몇은 성화됐다. 그들은 그들의 의로움 안에서 하나님께서 시작하신 이생에서의 은혜로운 역사의 완성을 경험했고, 이제 하나님의 뜻과 이웃에 대한 사랑으로 살아갈 수 있도록 자유로워졌으며 능력을 입게 됐다.[2]

18세기 감리교의 자서전적 저술들에 대한 연구들은 의롭게 됨과 깨달음 간에는 평균 2년 정도의 시간적 차이가 있음을 보여주고 있다. 대부분의 감리교도들은 한 번도 성화를 경험치 못했지만, 웨슬리는 이생에서 창조된 목적대로 될 것을 기대하면, 영향력 있는 그리스도인으로서의 삶을 살게 될 것이라고 가르쳤다. 초기 감리교에 있어서, 이 과정은 온전한 헌신이라는 목표로 이끌었다. 새 찬양 교회는 교인들에게 상상할 수 있는 과정 모델을 가르치고 있다.

### '완전히 헌신된 교제'를 향한 계단
### 새 찬양 교회

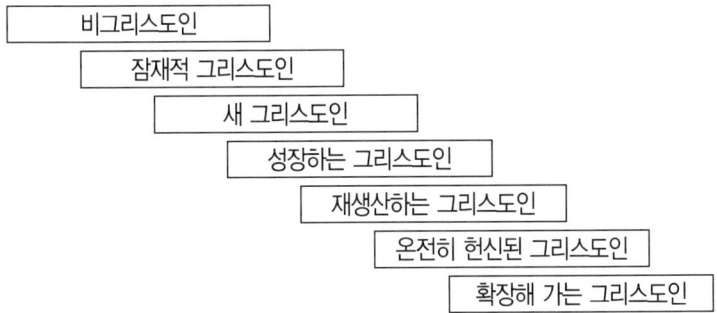

새 찬양 교회의 모델은 "예수 그리스도와 같이 자라 가는 것은 '사회적 지위가 내려가는' 것이다"라는 것을 보여 주려고 시도하고 있다. 이 교회는 각 단계에서 사람들에게 적합한 사역들을 제공하는 책임을 받아들이고 있다. 이 모델은 그리스도인이 다음과 같이 하도록 돕고 있다. (1) 이 과정에서 그들이 어디에 있는지를 인지한다. (2) 사람들이 다음 단계로 올라갈 수 있게 도울 수 있는 사역, 훈련, 자료나 경험들을 확인한다. (3) 그렇게 함으로 사람들이 이러한 것들을 어떻게 참조할 수 있는지를 알게 한다.

윌로우크릭의 리더들은 또한 전도를 과정으로 정의한다. 그들의 전도 철학은 다음과 같이 단언하고 있다.

모든 이들이 하나님께 중요한 존재이기 때문에 우리에게도 그렇다. 아직까지 그리스도와의 개인적인 관계가 없다면 우리 각자는 하나님으로부터 영원히 분리된 상태이다. 모든 사람들은 복음을 전해 들어야만 하며, 그들에게는 질문과 주제에 대한 해답을 얻을 기회가 주어져야만 한다. 이것은 문화적으로 적합한 방법으로 우리에 의해 이뤄져야 한다. 물론 그러기 위해서는 불신자들이 하나님을 신뢰하는 과정을 통과하는 시기들이 필요함을 깨달아야 한다.[3]

윌로우크릭의 충격 전도 세미나는 전도 사역에 있어, 우리가 이 과정에서 촉매작용을 하고 촉진시키는 것을 강조하고 있다. 그들은 교인들에게 "당신은 하나님께서 각 개인의 삶에서 통제하고 계시는 과정의 일부일 뿐이다. 그분은 다른 사건 또한 통제하고 계신다"라고 단언한다. 그들은 클리프 넥틀(Cliffe Knechtle)의 「해답을 주소서」(Give me an answer)의 다음과 같은 구절을 인용하고 있다.

한 개인이 그리스도께 나아오는 것은 많은 연결고리를 갖고 있는 사슬과도 같다. 첫 번째 연결고리, 중간 그리고 마지막 연결고리가 있는 것처럼, 한 개인이 그리스도를 영접하는 결정을 내리게 하는 과정에는 많은 영향들과 대화들이 관여한다. 나는 때때로 첫 번째 연결고리가 되고, 보통은 중간 고리 그리고 때때로 마지막 고리가 되는 기쁨을 알고 있다. 하나님께서는 나를 마지막 고리만을 위해 부르지 않으셨다. 그분은 나를 신실하고 모든 사람들을 사랑하도록 부르셨다.[4]

윌로우크릭은 "당신이 혼자 전체 고리가 돼서는 안 된다"라고 사람들에게 경고한다. 그들은 체인의 모든 연결고리가 마지막 고리만큼이나 중요하다고 단언한다. "누가 계약을 마무리하느냐가 중요한 것이 아니다. 하나님께서 함께 있도록 부르신 사람을 위한 연결고리나 고리들이 되라."

윌로우크릭의 진행 모델의 버전은 여덟 개의 구성 요소들을 포함하고 있다.

**영적 성장의 단계들**
- 영적인 것들에 적대적이다.
- 영적인 재건에 열리다.
- 능동적으로 영적인 것들을 구하고 조사한다.*
- 서약
- 예수 그리스도와 그리스도인의 삶을 배운다.
- 변화된 삶과 내적인 변화, 새로운 우선순위들*
- 서비스 모델, 일반적인 견습, 섬김의 청지기도*
- 그리스도인의 삶*

윌로우크릭의 리더들은 이 모델을 충격 전도 세미나에서 가르치고, 또한 매년 일주일간 모든 교인들이 참석하는 새로운 공동체 예배에서 가르친다. 그들은 이 모델을 전도의 목적을 사람들에게 일깨워 주는 데 사용한다. 회심자를 하나 더 얻는 것이 아니라, 사람들을 하나님께 온전히 헌신하도록 이끄는 것을 말한다.

리더들 또한 이 모델로 그리스도인들이 상호 협력하고 있는 과정을 가르치는 데 사용한다. "대부분의 경우에서, 당신의 목적은 그들을 한 단계 이동시키는 것이다." 그런데 별 문자(*)는 사람들이 대부분 단계들 사이에서 '타성에 젖는' 것을 경고하는 것으로, 그 단계에서는 개입이 허락된다.

윌로우크릭의 모델은 우리가 복잡한 과정에서 일하고 있음을 볼 수 있게 돕는다. 그 안에서 어떤 사람은 모델이나 이론을 초월하는 신비를 접하게 된다. 많은 경우들로부터, 이 과정이 말끔한 연결로 움직이지 않음을 알 수 있다. 예를 들어, 어떤 이들은 서약하기 전에 예수 그리스도와 그리스도인의 삶에 대한 상당한 것을 배운다. 어떤 이들은 이 모델이 지시하거나 후에 (심각한) 청지기도로 가르치기도 전에 소그룹 내에서 적극적으로 활동하게 된다. 이 모델은 또한 왜 현실이 이것이나 그 어떤 모델보다 복잡한지를 이해하도록 돕는다. 주어진 경우들에서, 누군가를 적대감에서 개방적인 상태로 이동시키는 데는 많은 대화와 중재, 경험이나 사역들이 필요할 수 있다. 거기에는 아마도 그들의 적극적인 추구로 이동하도록 충분히 오랫동안 열려 있게 해 주는 도움이 필요할 수도 있다.

### 4. 그들은 전도를 평신도의 사역으로 본다.

전통 교회는 전도를 목회자들에게 맡기지만, 사도적 교회는 준비된 사도적 평신도에게 맡긴다. 「어떻게 세상 사람들에게 다가갈 것인가」에서 나는 평신도 접근이 훨씬 효과적인 것에 대한 중요한 세 가지 이유를 제안한 바 있다.

1) 평신도들은 목회자들보다 잠재적 그리스도인들에게 다가갈 수 있는 더 좋은 기회들을 갖고 있다. 대상 그룹들과 더 많은 접촉을 하고 있기 때문이다.
2) 전도에 있어, 아마추어가 프로보다 2:1 정도로 뛰어나다. 몇 가지 이유가 있을 수 있지만, 그중 한 이유는 목회자들은 불신자들로부터 절반 정도 신뢰를 잃은 상태이기 때문이다. 목회자들은 기독교라는 종교를 위해 '월급을 받고' 종교 단체로서의 교회를 위해 사람들을 모으는 사람으로 여겨지고 있다.
3) 목회자들이 사람들을 끌어 모으는 데 성공한다 할지라도, 오래가지 못하는 경우가 많다. 심리학적으로 새로운 교인들이 교회에 참여했다기보다는 목사에게 붙어 있기 때문이다. 그렇기 때문에 목사가 떠나거나 은퇴하거나 혹은 죽게 되면 그 교인들은 심리학적으로 교회에 참여한 이들보다 훨씬 더 많은 비율로 활동을 멈추게 된다.[5]

전도에 대한 오래된 지혜가 말하는 것처럼 "목자가 새로운 양을 만드는 것이 아니라 양이 새로운 양을 만든다." 사도적 교회에서는 교회의 주요 사업이 아직 그리스도를 주로 알지도, 믿지도, 따르지도 않는 이들을 섬기고, 전도하고, 제자화시키는 것이라는 사실을 분명히 하고 있다. 모든 평신도들이 사역에 참여하도록 부름을 받았고 은사가 주어진 것처럼, 모든 그리스도인들이 증거와 초대의 사역으로 부름받았고, 전도를 위한 영적인 은사가 있는 평신도들은 자신들의 주요 사역을 만들도록 부름받았다.

5. 그들은 전도를 위해 사람들을 훈련시킨다.

우리는 사도적 교회들이 전도를 위해 사람들을 준비시키는 주된 방법을 강조해 왔다. 점점 더 많은 지역 사회에서 전통 교회가 교회 자체의 변화 없이 단순히 사람들만을 훈련시키는 것으로는 더 이상 생산적이지 못함을 목격해 왔다. 하지만 사도적 교회의 대부분의 멤버들은 구체적인 전도 훈련을 받지 못한 상태에서는 충분히 준비된 상태가 아니다(그것만으로는 불충분하므로 전도 훈련은 사도적인 사람들을 만들어 내기 위한 필요조건이다). 윌로우크릭의 충격 전도 세미나는 가능한 훈련 종류의 한 예이다. 각각 2시간씩 이뤄진 네 개의 과정은 다음 네 개의 중요한 주제들을 다루고 있다.

1) 자신에 대해 솔직하기
2) 자신의 이야기 전하기
3) 분명한 말씀 전하기
4) 효과적으로 전하기

6. 그들은 사회적 네트워크 전도를 하고 있다.

지니 휠러와 그녀를 통해 복음을 받아들인 이들이 '영향력의 그물'을 확장하는 기독교적 가능성으로 친구들과 친척들에게 복음을 전했던 것처럼 모든 사도적 교회들은 사회 네트워크 전도를 '자연스럽게' 믿음을 전하는 길로 가르치며 격려하고 있다. 교회 성장연구는 기독교 신앙이 전파된 어느 때, 어느 곳에서든 사회적 네트워크와 함께 전해졌음을 보여 줘 왔다. 사도적 교회의 리더들은 이 사실(과 교회 성장의 다른 기본적 안목)을 알고 있었고, 이 안목은 반복적으로 그들 교회의 전도 경험에서 확인되었다. 기독교 신앙은 다른 지역 사람들에게 퍼져 나가듯이 서구 세상 사람들 사이에 퍼져 나가고 있다. 믿는 이들의 친척 관계와 친구 네트워크, 특히 새로운 신자들에 의해 제공된 '하나님의 다리'(도널드 맥가브란)를 넘어, 세속주의에서 나온 대부분의 개종자들은 복음과 그리스도를 따를 기회가 신뢰하는 친구, 이웃, 동료나 친척들에 의해 전해졌다고 보고하고 있다. 한 명이나 여럿의 그리스도인들, 특히 한 그룹의 그리스도인들이나 구도자들 또한 전도에 한 역할을 해 왔다고 한다. 여전히 바울은 심고 아볼로는 물을 주는 것이다. 이 연구에서의 모든 사도적 교회들은 사회적 네트워크들을 통한 전도를 가르치는 것을 지지하고 있다. 브래디 교회의 톰 울프는 '가족들'에게 다가간 다음 그들에게 신앙을 전하는 것을 강조한다. 울프는 많은 신약 학자들과 선교학자들과 함께 헬라어 신약성경의 '오이코스'(Oikos)라는 말을 전략적으로 중요하게 받아들이고 있다. 오이코스는 보통 '가족'으로 번역된다. 누가는 사도행전 10장 2절을 통해 고넬료가 "온 집(오이코스)으로 더불어 하나님을 경외하며"라고 전하고 있으며, 바울은 빌립보 간수에게 "주 예수를 믿으라 그리하면 너와 네 집(오이코스)이 구원을 얻으리라"(행 16:31)고 선포했다. 오이코스(가족)는 그리스·로마 사회의 기본 단위였지만 오늘날의 핵가족보다는 보다 넓은 의미였다. 한 사람의 오이코스는 그 사람의 고객, 친구, 친척, 심지어 동료들과 배우자의 친척들까지 포함할 수 있었다. 이 사회 단위는 근본적으로 관계적이었고, 이 단위 내에서 실제로 살고 연관된 모든 사람들은 주어진 '가족'의 실질적인 일원들이었다. 초대 교회는 자연스럽게 주어진 가족들 내에서 퍼져 나갔고, 서로에게 어느 정도 연결된 가족들 사이에서 퍼져 나갔다. 톰 울프는 다음과 같이 믿고 있다.

> 오이코스 전도는 신약의 기본적인 전도법이었다. 자연스럽게 초자연적인 메시지를 전하는 하나님께서 주신 수단들이었다. 그것은 문화를 초월하고 모든 세대의 노력과 상응된다. 그것은 놀랍게도 예수 그리스도에 대한 복음을 사람들의 영향의 범위 내에서와 가족들로 이뤄진 엇갈린 사회 시스템, 친구, 동료들 내에서 전하는 것이다.[6]

울프는 오이코스 원리가 지구상의 도시들로 나아가는 길이고 가장 위대한 삶의 변화를 일으킬 것이라 믿고 있다. 이 전략과 함께 교회들은 초대 교회의 자연발생적인 확장과 같은 경험을 할 수 있고, 이 전략 없이는 도시 교회들은 자신들의 공동체들을 복음화시켜야 한다는 명령에 계속해서 압박에 시달리게 될 것이다. 이 연구의 모든 사도적 교회들은 사회적 네트워크 전도를 지지하고 있다. 그들의 새 멤버들 중 75~90퍼센트는 신앙으로 가는 다리 역할을 해 준 친척이나 친구들 중에 있는 그리스도인과 연결돼 있다. 이 교회들 중 적어도 두 교회, 윌로우크릭과 기쁨의 공동체 교회에는 한 가지를 추가할 수 있다. 오늘날의 대규모 세상 도시에서 늘어만 가고 있는 잠재적 그리스도인들 중에는 자신들과 연결돼 있는 친구나 친척들 중 가능성을 전해 줄 수 있는 살아 있는 그리스도인이 없는 경우도 있다. 이러한 세상 관계에서, 우리의 명령은 한 걸음 뒤로 물러나게 된다. 친구를 초대할 수 있게 되기 전에 먼저 친구를 만들어야만 한다. 그렇기 때문에 윌로우 크릭의 일곱 단계 전략의 첫 단계는 그리스도인에게 "불신자 해리와 친구가 되라"고 요구하고 있다.

### 7. 그들은 '한때 성자들에게 전해졌던 신앙'을 제공하고 있다

사도적 교회는 우리가 인류에게 제공해야 할 모든 것이 최초의 기독교, 즉 '성도들에게 전해진 신앙'이라고 믿는다. 이런 개념에서, 사도적 교회들은 신학적 정통에 뿌리를 두고 있으며, 그럴 듯한 모든 종교적 관점을 수용하는 교회들보다는 전통 복음주의 교회들과 더욱 공통점을 같이하고 있다. 사도적 교회들은 대체로 기독교 메시지의 내용에 관한 전통적 복음주의 교회들과 의견을 같이하지만 19세기 리더들이 정확히 올바른 메시지를 받았는지, 혹은 그들이 선호하는 주제들이 우리의 것이 될 필요가 있는지에 대해서는 그렇게까지 확신하지 않는다. 사도적 교회들은 깊게 전통의 영향을 받았지만 그들의 주된 근본은 성경이고, 그들의 사명은 의미 있는 성경적 메시지를 그들 세대의 잠재적 그리스도인들에게 전하는 것이다.

따라서 사도적 교회들은 그들의 대상 집단을 이해하기 위해 대가를 지불하며, 그들을 심각하게 받아들이고 있다. 그들은 기독교에 대해 수용력이 있는 잠재적 그리스도인들이 '현실적인 것'을 원함을 목격해 왔다. 세상 사람들 사이에 최초의 기독교에 대한 새로운 신학이나 '진보'라고 주장한 것들에 대한 시장은 사실상 존재하지 않는다. '새로운' 것을 선호하는 잠재적 그리스도인들은 종종 새로운 버전의 기독교를 향해 나아가려 하지 않는다. 그들은 현재 종교적인 시장에서 가용한 비기독교적 종교 옵션에 대해 끌리고 있다. 기독교로 돌아선 이들은 초대 교회 때로부터 꾸준하게 기독교가 제시한 것과 같은 의미와 실제를 접하기 원한다.

부분적으로 사도적 교회들이 자신들이 복음을 전하도록 부름받은 대상들이 있는 곳에서 시작하기 때문에, 그들은 기독교의 중심도 아닌 교리에 대한 신학적 논쟁이 있는 전통 복음주의자들의 관심거리를 전하지 않는다. 대상 집단들은 중요한 신학적 질문을 하지만, 대부분의 학문을 추구하는 신학자들의 관심과 같은 질문은 하지 않는다. 예를 들어, 뉴 호프 커뮤니티 교회에서는 1980년대 중반, 주간 시청자 전화 참여 라디오 프로그램을 가지고 있었다. 1985년에 49주 동안 그들은 5,122통의 전화 질문을 받았다. 그들은 그 어떤 분류보다 신학적 주제에 대해 가장 적은 질문을 받았다. 질병과 스트레스, 재정 문제, 결혼, 자녀, 삶의 의미와 같은 것에 훨씬 더 많은 질문을 받았다. 뉴 호프 커뮤니티 교회의 협력 목사인 데이빗 듀레이는 목회자들에게 이렇게 말한다. "그들은 당신이나 내가 갖고 있는 신학적 구별에는 아무런 관심이 없다."

8. 그들은 잠재적 그리스도인(과 그리스도인)들의 '삶의 근심'에 관심을 기울인다.

때때로 전통 복음주의 교회들은 사도적 교회들과의 유사관계를 깨닫지 못한다. 사도적 교회들이 전통 복음주의 주제에 대한 설교와 가르침에 제한되지 않기 때문이다. 사도적 교회들은 죄의 용서와 믿음을 통해 의롭게 됨이나 죽음 후의 삶에 대해 전하는 것처럼 고민, 자존감, 감정을 통제하지 못하고 있는 자신들과 같은 인간들의 노력들에 귀 기울이기를 좋아한다. 이런 광범위한 의제가 전통 복음주의 리더들을 혼동시켰을 수도 있지만, 폴 히버트(Paul Hiebert)의 영향력 있는 수필 「배제된 중간 단계의 결함」(The Flaw of the Excluded Middle)은 충분히 이것을 설명하고 있다.[7]

히버트는 대부분의 비 서구 사회의 사람들이 그들의 세계관에 세 단계를 포함하고 있다고 설명하고 있다(낮은, 중간, 높은). 낮은 단계는 감각들이 사용 가능한 '현실적', '자연적', '물질적'인 세계이다. 중간 단계는 사람들의 수확, 사업, 건강, 다산, 자녀 양육, 가족 관계, 사회 관계 그리고 그들의 삶의 즉각적인 관심들과 작용하여 내재하는 영적인 영역이다. 히버트는 중간 단계가 '미래의 불확실성, 현재의 위기, 미래의 설명할 수 없는 사건들, 인간 경힘들의 의미들'에 초점이 맞춰져 있다고 보고한다.[8] 높은 단계는 '기원의 궁극적인 이야기', '자아의 목적과 시험', '사회와 우주'와 같은 우주적 주제에 사람들이 집중하는 초월적인 영적인 영역이다.[9]

히버트는 그런 다음 서구에서 기독교 사명에 대한 많은 문제들을 조명하는 세 개의 설명을 제공한다. (1) 기독교, 힌두교, 이슬람교와 같은 '고등 종교들'은 우주적 주제들과 같은 높은 단계에 그들의 초점을 국한하는 경향이 있다. 그러므로 그들은 중간 단계는 무시하며, 그것을 샤머니즘이나 주술사, 점성가 그리고 토속 신앙의 무당에게 넘겨주고 있다. (2) 계몽주의에 영향을 받은 서구 사회(특히 서구 지식인들)는 감각들에 가용한 낮은 경험적 세상에 많은 초점을 두고 있다. 반면 중간 단계는 세계관에서 제외시키고 있다(그리고 나는 높은 단계를 '선택사항'으로 추가할 것이다). 어느 경우든 계몽운동 세계관의 가장 중요한 모습은 절대 만져서는 안 되는 영적 그리고 현실 세계이다. 우리는 그것들이 완전히 분리돼 있다고 배워 왔다.[10] (3) 히버트는 서양 세계관을 가지고 일하고 있는 많은 선교사들이 낮은 단계와 높은 단계만으로 사역해 왔고, 사람들의 중간 단계 관심사는 무시했기 때문에 많은 사람들을 잃어 왔다고 보고 있다. 그 결과, 심지어 복음을 받아들인 이들도 일상의 관심사들에 맞서는 잠재적 그리스도인의 습관으로 돌아가도록 강요당하고 있다. 대조적으로 히버트는 "대부분의 성공적인 선교사들 중 많은 수가 중간 단계 질문들에 대해 일련의 기독교식 대답

을 제공해 온 것은 전혀 우연이 아니다"라고 보고하고 있다.[11]

뉴 호프 커뮤니티 교회의 청취자 참여 라디오 프로그램이 보여 준 바와 같이, 높은 단계 질문들보다 중간 단계 질문들이 서양의 평범한 사람들을 현재 이끌고 있다. 더 나아가, 우리가 만일 기독교 교회가 이 질문을 충분히 다루지 않는다면, 사람들(잠재적 그리스도인들과 우리 그리스도인들 중 일부)은 그런 질문을 다뤄 주는 점성가나 치유사, 신문, 칼럼이나 정신적 지도자 혹은 그들의 동류 집단이 좋아하는 TV 드라마에 대한 문화적 가치들로 돌아서고 말 것이다.

전통 교회들은 그들의 초점과 주제들을 궁극적이거나 높은 신학적 문제에 국한한다(병든 자를 위한 기도는 널리 퍼진 예외이다). 하지만 사도적 교회들은 중간 단계를 높은 단계처럼 잘 다루도록 배우고 있다(또한 사람들이 하나님께서 어떻게 그들의 낮은 단계에 관여하시는지를 보도록 돕는 이들도 있다). 나는 전통 교회가 높은 단계에 몰두하게 된 것이 (무의식적으로) 계몽사상의 영향을 반영한 것이고, 사도적 교회들이 중간 단계 내에서 사역하고 구도자의 몸으로 느끼는 필요들과 중요한 질문들로 시작하는 분명한 성경적 근거를 갖고 있음을 시사한다. 그렇게 좋은 이유에서, 데일 겔러웨이와 같은 사도적 목회자들은 구도자들을 위해 「다른 사람과 함께하는 좋은 예술」(The Fine Art of Getting Along with Others), 「당신의 태도의 놀라운 능력」(The Awesome Power of Your Attitudes), 「자신을 훈련시키는 용기」(Dare to Discipline Yourself)와 「당신의 삶을 재건하라」(Rebuild Your Life)와 같은 책들을 썼다. 사람들의 중간 단계 질문들을 대하는 기독교에 대한 사람들의 굶주림은

「기억들의 치료」(The Healing of Memories)나 「상한 감정의 치유」(The Healing of Damaged Emotions)와 같은 데이비드 씨맨즈(David Seasmand)의 책들의 판매 부수가 설명해 주고 있다.

### 9. 그들은 대상 집단의 언어를 사용한다.

사도적 교회가 자주 전통 복음주의 교회들과 그들이 강조하는 주제들과 대조되는 것처럼, 형태와 스타일 그리고 특히 언어에 있어서 사도적 교회는 전통 교회와 대조를 이루고 있다. 영어를 사용하는 세계의 사도적 교회들은 기독교에 열려 있는 세상 사람들이 일반적으로 그 신앙이 엘리자베스 여왕 시대, 학문적, 신학적, 복음주의적, 성직자적이거나 정치적으로 옳은 언어로 표현되면 반응하지 않음을 알고 있다. 복음은 사람들이 이해하고 인정하도록 사람들의 언어로 의미 있게 해석돼야만 한다. C. S. 루이스(C. S. Lewis)는 우리가 선교사들이 반투족(Bantus)에게서 반투어를 배울 것은 기대하나, 미국이나 영국 선교사들에게 미국이나 영국에서 사용하는 문화적 언어들을 사용할 줄 아는지에 대해서는 묻지 않음을 상기시켜 주고 있다. 루이스는 어느 바보도 학문적이거나 종교적인 전문어를 흉내 낼 수 있다고 충고했다. 그는 그 지역의 토착 언어로 복음을 전하는 것이 다름 아닌 시험이라고 했다.

10. 그 세대에 적합한 복음을 대표한다.

지구상의 많은 선교지에서, 문화는 한 세대에서 다음 세대로 가면서 변하고 있다. 만일 교회들이 나이 든 사람들이 좋아하는 형태들을 고집스럽게 지속한다면, 교회들은 비기독교 세대를 잃고, 일어나고 있는 기독교 세대를 잃어버리는 위험에 처하게 될 것이다. 북미의 사도적 교회들은 미국 기독교에서 작용하고 있는 이 요소를 인지해 왔다. 그들은 자신들의 교회의 젊은이들이 세상의 이교도들과 음악적인 선호 및 현대 음악을 공유하고 있음을 알고 있었다.

결과적으로, 그들은 복음화 되지 않은 잠재적 그리스도인들의 문화에 관여하는 일련의 접근방법이 그들의 많은 젊은이들과 청소년들을 상대하는(유지하는) 것을 발견해 왔다. 이와 마찬가지로, 교회의 젊은이들이 불신자 이교도들에게 다가가는 방법을 종종 확인할 수 있다. 기독교에 반응하는 세상 사람들과 교회에 다니는 청소년들은 일반적으로 성가대 가운을 입은 성가대나 파이프 오르간 음악, 19세기 찬송가나 강대상에서 흘러나오는 '성직자'의 장엄한 목소리와 같은 전통 교회 형태에는 반응하지 않는다. 아버지의 오래된 차를 물려받으려 하지 않는 세대들은 마찬가지로 아버지 세대의 언어, 억양, 음악과 스타일을 갖고 있는 교회에 관심을 갖지 않는다. 마찬가지로 이 선교지에서 아웃사이더들과 새로이 일어나는 세대들을 대하고 있는 교회들은 고유하기까지 하다. 그것은 곧 신앙의 의미를 현대 문화적으로 적합한 억양과 음악, 문학, 의상, 리더십 스타일과 같은 것을 통해 표현하는 것을 말한다.

P. S. 그들은 '하나님께서 증가를 주시는 것'을 알고 있다.

사도적 교회들은 불신자 잠재적 그리스도인들에게 다가가는 독특한 방법을 개척하고 있지만, 그들은 자신들의 발견을 지나치게 신뢰하지는 않는다. 그들은 바울이 "성령으로 아니하고는 누구든지 예수를 주라 할 수 없느니라"라고 말한 것이 옳았음을 계속 재발견해 가고 있다. 그분의 앞선 은혜로 성령께서는 우리를 준비시키시고, 우리가 그분의 사신이 되도록 능력을 주시며, 그분을 통해 예수 그리스도께서 자신을 드러내실 것이다. 세상의 구도자들에 대한 우리의 사역에서 의미가 통하고, 종이 울리고, 사람들이 믿음의 은사를 발견하게 될 때, 이것은 본질적으로 우리의 위대한 신학이나 세련된 방법이나 전달 능력이 아니라, 성령께서 나타내시는 은혜로 역사하셨기 때문이다. 여전히 바울은 심었고 아볼로가 물을 주었다면, 하나님께서는 자라게 해 주신다. 그렇게 사도적 교회는 전도 사역에 있어 성령님을 의지해야만 함을 알고 있다.

# 사도적 교회가 복음을 전하는 열 가지 방법들

세상에서 복음을 받아들인 이들, 기독교를 전하는 이들 그리고 사도적 교회들에 대한 연구는 나를 복음을 효과적으로 전하는 열 개의 더욱 구체적인 원리들로 이끌어 왔다. 세상 사람들에게 기독교를 전하겠다고 하는 이들은 누구나 진심으로 다음 사항을 지킨다.

1. 그들은 보통 '적극적인 경청'으로 시작한다.

러셀 헤일(Russell Hale)은 "대부분의 사람들은 우리가 그들의 말을 경청하지 않으면 우리의 말도 들으려 하지 않는다. 그리고 당신이 그들에게 얼마나 관심이 있는지를 알기 전까지는 당신이 얼마나 아는지에 신경 쓰지 않는다"라고 말했다. 적극적인 경청의 적극적인 부분은 사람들에게 '내가 들은 것을 돌려주는' 것을 포함한다. 그들의 말을 경청하며, 우리가 알아들은 것과 그들이 어떻게 느꼈을지에 대한 것들을 우리의 말로 표현하는 것을 말한다. 팀 라이트는 기쁨의 공동체 교회의 사람들에게 특히 사람들의 이야기들을 경청하도록 가르친다. 이야기를 경청하는 것은 무조건적인 사랑과 공감을 전하고, 그리스도인들이 사람들의 이야기 속에 숨겨진 필요들을 추론하도록 돕는다. 그러면 구도자들은 '말씀이 그들의 삶에 있는 필요를 채워 주게 될 때에 최고로 경청'하게 된다.

2. 그들은 사람들이 있는 곳에서 시작한다.

도날드 소퍼(Donald Soper)는 "우리는 사람들이 있는 곳에서 시작해야 하지, 사람들이 있기를 바라는 곳에서 시작해서는 안 된다"라고 전했다. 이 전략은 '사람들이 가려워하는 곳을 긁어 줌'으로 기독교의 타당성을 보여 주는 것을 포함한다. 세속주의에서 나오는 회심자들은 종종 그리스도께서 먼저 그들이 얼마나 존귀한 자들인지를 깨닫게 해 주셨거나 또는 삶 가운데 통제 불가능한 문제들(중독과 같은)에 대한 힘을 주심으로 도우셨다고 보고한다. 사람들이 몸으로 느끼는 필요들이나 그들을 이끄는 동기들로 시작하는 것은 몇몇 비평가들이 '그저 사람들이 원하는 것을 주는 것뿐'이라고 비판한 것처럼 '필요 악'이 아니다. 우리는 사람들이 스스로 존귀히 여김을 받기 원하는 것과 같은 필요와 요구들을 채워 주기 위해 복음을 전한다. 뿐만 아니라 탐욕이나 완벽한 '최고의 경지'를 지향하라는 강박관념으로부터 사람들을 자유롭게 하는 능력으로 복음을 전한다. 더 나아가, 사람들이 직접적으로 느끼는 필요가 용서나 칭의, 화평케 되는 것과 성령의 능력에 대한 깊은 내적 필요의 한 증상임을 우리는 알고 있다. 복음이 이 내적인 필요와 외적인 필요를 모두 강조하고 있으니, 우리도 그러해야 한다.

3. 그들은 '기독교 101'을 가르친다.

교회들은 윌로우크릭이 '기독교 101'이라고 이름을 붙여 온 기본 교육 사역을 통해 사람들에게 다가간다. 세속적인 시대에서 우리의 대상 집단이 더 이상 기본적인 기독교를 이해하지 못하기 때문에, 우리가 사람들이 있어 주기를 바라는 곳에서가 아니라 사람들이 있는 곳에서 시작해야 한다. 소퍼는 오늘날 모든 사도적인 그리스도인들이 "사람들에게 기본적인 기독교 정신을 갖기 위해 무엇이 필요한지가 아니라 기독교가 무엇을 기본적으로 가르치고, 주장하고, 대표하고 제공하는지를 가르치는 데' 자신들의 전 생애를 드릴 준비가 돼야 한다고 오랫동안 강조해 왔다.

우리는 이 가르침의 사역에 대한 특히 중요한 두 가지를 배워 왔다. 먼저, 우리는 신학적 추상 관념들이나 논쟁보다는 이야기와 유사성을 통해 전달되는 진리의 명확성을 앞세운다. 예를 들어, 성 패트릭(St. Patrick)은 우리 그리스도인들이 삼위일체를 이해하고 있는 것을 아일랜드 토끼풀의 비유를 통해 설명했다. 토끼풀은 세 개의 잎이 하나로 연결되어 있는 한 식물이다. 그는 이 토끼풀을 가지고 어떻게 하나님, 예수님 그리고 성령님이 한 하나님인지를 설명하고 있다.

두 번째, 우리는 성인 교육에서 성인들이 그 교육에 직접 '참여' 해야만 하는 필요를 배워 왔다. 이런 사실은 몇몇 교회들이 '구도자 그룹들'을 소집하여 함께하도록 다음과 같이 이끌었다. 그룹 리더는 선생이라기보다는 촉매자와 같다. 그룹 멤버들이 기독교의 삼위일체 하나님에 대한 질문을 했을 때, 촉매자는 교회 도서관에서 두세 권의 자료들을 참석자들에게 빌려 주고 참석자들은 숙제로 연구한 다음, 구도자 그룹 모임에서 이 기독교 가르침을 발표한다. 몇몇 사도적 교회들은 그들의 교회 도서관(이나 서점)을 세상 구도자들에게 검증된 유용한 책과 비디오 또는 그 외 자료들로 가득 채우고 있다.

### 4. 불완전한 교회법으로부터

대다수는 아니지만, 몇몇 세상 사람들과 앞부분에서 나눈 대화를 하면서 기능적으로 불완전한 성경적 교회법에 대한 것부터 나누었다. 몇몇 세상 사람들은 바울의 서신들을 '독단론'으로 그리고 구약을 '율법주의'로 연결시켜 흥미를 잃게 했지만, 보통은 예수께 열려 있고 예수 그리스도께서 가르치신 것에 매우 관심이 있으니, 우리의 초기 증거는 사복음서에서 시작해야 할 것이다. 어떤 복음서가 구도자들에게 가장 유용할까? 몇몇 사도적 교회들이 경험을 통해 얻은 지혜로부터 대부분의 사람들에게는 누가복음을, 유대인들에게는 마가복음을, 철학적인 사람들에게는 요한복음을, 중독이나 장애, 다른 '힘'의 문제로 힘겨워하는 이들에게는 마가복음을 제안하고 있다.

### 5. '대화의 기적'을 행한다.

그리스도를 믿게 된 많은 사람들은 루엘 하우(Reuel Howe)가 '대화의 기적'이라고 부르는 것을 통한 가능성을 발견한다. 돌보는 사역과 지적인 대화(특히 사람들의 질문이나 궁금증에 대한 대화)는 내가 알고 있는 그 어떤 방법보다 세상 사람들이 믿음의 가능성에 열리도록 돕는다.

세상의 의심하는 이들과 구도자들과의 경험을 통해, 전달할 가치가 있는 합리적인 대화(혹은 '변증론') 사역에 대한 세 가지를 알게 되었다.

(1) 성경과 신학을 연구하는 데 들인 시간들이 생산적인 투자였음을 발견하게 될 것이다. 세상 사람들의 질문에 대한 온전히 만족할 만한 대답들이 이미 당신에게 맡겨진 상태이다!

(2) 아직까지 충분한 대답을 갖고 있지 않은 것들을 사람들이 당신에게 물어보게 될 것이다. 이런 발견은 당신을 무릎 꿇게 하고, 당신을 말씀과 신학적 연구와 사상으로 이끌어 반성하게 할 것이다. 그러나 당신이 대답할 수 없는 질문들에 대해 고민하다 보면 '탁상 이론'이라는 학위 프로그램에서 배울 수 있는 것보다 훨씬 유용한 신학을 배우게 된다.

(3) 사람들은 당신이 대답할 수도, 답을 찾을 수도 없는 질문을 하면서 그 즉시 만족할 만한 답을 내놓으라고 요구할 것이다. 하지만 그것은 결국 문제가 되지는 않는다. 그들이 원하는 것은 모든 질문에 대한 대답을 얻는 것이 아니다. 기독교가 믿을 만한 충분한 이유들이 있는 것만으로도 충분하다. 게다가, 사람들은 당신이 인간이 갖고 있는 가장 당혹스러운 질문들에 모두 대답할 수 있는 권위자가 되기를 절대 기대하지 않는다.

당신과 솔직한 대화를 나누면서 사람들은 그들의 의심을 기꺼이 받아들이고 이야기하는 방어적이지 않고 비판하지 않는 그리스도인과 대화하는 경험을 한 것이고, 성령께서는 자주 이런 경험들을 사용하신다. 당신은 그들에게 기독교가 합리적인 미덕임을 알게 하는 충분히 좋은 이유를 주었고, 그들은 믿음의 첫 단계로 자신들에게 남은 의심들을 가지고 오게 된다.

### 6. '누적 결과'의 원리와 협력한다.

부분적으로, 기독교 복음이 여러 면을 가진 보석이기 때문에, 아무도 단 한 번의 노출로 메시지를 '붙잡지'는 못한다. 전형적으로 복음의 의미, 함축 그리고 제자화라는 말을 충족시키는 데는 몇 주에서 몇 달까지 걸린다. 아무도 한 번에 깨달을 수 없기 때문에, '누적 결과'의 원리가 기독교 지지자들을 가르친다. 말하자면, 구도자들이 반복적으로 '은혜'의 의미에 노출되는 것은 믿음을 받아들이기 위해 대부분 세상의 구도자들에게 필요한 부분이다.

### 7. 그들은 '창조적인 중복'을 행한다.

하지만 같은 메시지가 오랫동안 반복해서 전해지는 것은 단순한 반복으로 이뤄지는 것이 아니다. 이러한 것은 오히려 복음을 듣는 사람들이 영접하기 전에 주의와 관심을 잃게 만들기 때문이다. 그렇기 때문에 동반자 원리는 창조적인 중복을 제공한다. 효과적인 복음 전도자는 같은 내용을 십여 개나 그 이상의 방법으로 전하는 능력을 개발한다. 사도 바울은 사도행전과 서신서들에 자신이 한 이야기를 모델로 삼고 있다. 믿음을 통해 은혜로 의롭게 되는 것이 널리 알려진 것임에도, 바울은 절대 똑같은 방법으로 설명하지 않고 있다. 예수께서 바리새인에 대해 사용하신 비유와 세리에 대해 사용하신 비유를 같은 의미가 있는 드라마로 보게 될 때, 창조적인 중복의 가능성은 더욱 분명해진다.

물론 홀로 복음을 전하는 이보다는 전체 교회가 창조적인 중복에 대해 많은 능력을 갖고 있다. 예를 들어, 윌로우크릭의 구도자 예배에 처음 참석한 사람은 그 사람을 초대한 친구와 여러 차례 대화를 나눈 후 왔을 것이다. 참석한 첫 주, 여러 노래들과 드라마 그리고 은혜에 대한 설교를 듣고, 나가는 길에 설교 테이프를 구입하고, 윌로우크릭의 서점에 들러서 그날의 주제에 대한 추천 도서나 테이프를 사게 된다. 그는 자신을 초대한 친구와 윌로우크릭에서 만난 사람들 그리고 직장에 있는 또 다른 구도자들과 더 많은 대화를 나누게 된다. 은혜에 대한 주제로 연속 설교가 전해지는 주말 예배에 더 참석하게 될 것이다. 그리고 궁금해 하는 것을 질문할 수 있는 토론에 참석하거나 구도자 그룹에 다른 이들과 함께 이야기를 나누기 위해 참여할 것이다.

### 8. 구도자들이 믿기 전에 먼저 동화시킨다.

세상에서 나온 점점 더 많은 회심자들이 신앙을 발견하게 되기 전에 먼저 신앙 공동체에 동화가 된다고 보고하고 있다. 내가 그들에게 "언제 당신이 진정으로 소속감을 느낍니까?"라고 물었을 때, 그들은 믿기 전에 자신들이 소속됐다고 느꼈고, 그것이 믿는 데 도움을 주었다고 고백했다. 이 사실을 지켜본 존 웨슬리는 사람들에게 어떤 경험이나 믿음과는 상관없이 구도자들이 감리교 속회에 참여하고 3개월 내에 감리교 공동체에 참여하도록 격려했다. 웨슬리는 심지어 성체를 '변화의 정례의식'으로 보고, 구도자들이 식탁과 제단에서 은혜로운 존재를 발견하도록 환영했다.

전통 복음주의 교회들은 보통 반대되는 패러다임으로 작용한다. 먼저 사람들이 구원받고 신앙을 고백하게 한 후, 그들을 친교 서클에 받아들인다. 하지만 점점 더 많은 교회들이 웨슬리가 알고 있었던 것을 다시 발견하고 있다. 다름 아닌 세상이 구원의 신앙을 발견하는 사람들의 수만큼 그 수가 늘어나지 않고 있으며, 세속으로 급습하는 특별 전도가 급격한 차이를 만들어 내지 못하고 있지만, 사람들은 교회 밖이 아닌 구원하는 셀과 같이 교회에 참여함을 통해 더 많이 믿음을 발견하게 된다는 사실이다. 디터 젠더는 특히 베이비 버스터 세대의 경우에서 다음과 같은 것을 전하고 있다. "우리는 공동체의 선을 옮겨야 한다. 사람들은 복음을 받아들인 후에야 공동체 안으로 들어오는 것이 허락되었다. 오늘날 점점 더, 우리는 사람들을 공동체 안으로 먼저 초대해야 한다. 그래야 공동체 안에 있는 것이 무엇인지를 알 수 있게 된다. 그렇기 때문에 뉴 호프 커뮤니티 교회에서 우리는 어떻게 구도자들을 자신들의 영역 안에 포함시키는지를 알고 있는 공동체를 만들었다.

### 9. 그들은 기독교가 '잘 퍼져 나가도록' 허락한다.

이 사실은 또한 다른 원리를 소개한다. 소퍼 경은 기독교 신앙이 '가르쳐진다기보다는 잡히게' 되는 것이라고 오랫동안 전해 왔다. 부분적으로, 전도 사역의 목적은 기독교 신앙의 전염성을 사람들이 경험케 하는 것이다. 나는 이미 전염성을 만들어 내는 것을 돕는 몇몇 형태를 언급해 왔다. 사람들은 그들의 삶에서 쉽게 받아들이는 시기에 자신들의 언어와 문화의 형태로 의미 있게 복음을 전하는 교회에 다니는 친구나 친척들이 직접적인 필요와 의문들을 가지고 최초의 기독교를 설명하기 시작하는 것에 더 잘 반응한다.

더 나아가, 세상 사람들은 먼저 믿음을 교회 밖보다 안에서, 전통 예배보다는 구도자 예배에서, 대형 교회보다는 소그룹에서, 일방적인 대화보다는 양방향 대화로부터, 목회자보다는 평신도들로부터, 한 번의 경험보다는 다양한 경험으로부터 '붙잡기'를 좋아한다. 더 나아가, 그들은 독립된 관찰보다는 메시지나 친교 혹은 예배에 참여함으로 믿음을 붙잡게 되기를 좋아한다. 점점 더 교회들은 구도자들이 신앙을 발견하는 것을 허락해 주는 분위기, 예배, 삶, 대화 사역과 참여 기회 등을 만드는 것을 자신들의 사명의 일부로 보고 있다.

10. 그들은 '믿음의 실험'을 요구한다.

수십 년 전 샘 슈메이커(Sam Shoemaker)는 '믿음의 실험'을 안내하기 위해 사람들을 자주 초대했다. 이 실험은 일정 기간 동안 마치 기독교가 진짜인 것을 인정하는 것처럼 그리스도인들이 행하는 것들을 해 보는 것을 말하며, 그것을 통해 사람들이 스스로를 위해 기독교가 '스스로를 증명해 낼 수 있는지' 아닌지를 발견할 수 있었다. 수정하는 과정에서 윌로우크릭은 결혼과 같이 사람들이 삶의 한 영역에서 '성경의 지혜'를 한 시기 동안 연결시켜 보도록 사람들을 초대한다. 사람들은 성경이 신뢰할 수 있는 것임을 배우고, 어쩌면 하나님을 신뢰할 수도 있다.

## 교회들이 사도적으로 될 때 무엇을 발견하게 되는가?

우리는 이제 수 세기 전에 세속화가 시작된 이후 그 어떤 신실한 사람들이 알게 된 것보다 더 많이 세상 사람들에게 기독교를 전하는 것에 대해 알게 됐다. 여전히 미국 교회의 2퍼센트도 안 되나, 점점 더 많은 교회들이 현재 미국의 선교 현장에서 사도적 사명을 개척하고 있다. 나는 '전통에서 선교'로 옮겨 간 많은 교회들을 관찰할 수 있는 특권을 누려 왔다. 그리고 이들 교회들이 공통적으로 경험하는 다섯 개의 발견을 전할 수 있게 됐다.

1. 이 교회들은 불신자 잠재적 그리스도인들에게 다가간다는

'가장 중요한' 결정을 한 교회들로 '앞서 행하시는 은혜'의 본질, 즉 모든 시기에 하나님의 영이 사람들이 복음을 받아들이고 은혜를 경험할 수 있도록 마음을 준비시키신다는 사실을 발견한다. 그렇기 때문에 이 교회들은 항상 '추수기'임을 발견하고 자신들의 사역 영역에서 수용적인 사람들과 그룹들을 항상 찾을 수 있다.

예를 들어, 북동부에 있는 한 교회가 '전통에서 선교'로 옮겨 갈 결정을 했다. 그들은 구도자 예배를 시작하고 새로운 소그룹, 평신도 사역 그리고 전도 훈련에 많은 멤버들을 참여시키며 준비했다. 세 명의 평신도로 이뤄진 한 팀이 잠재적 그리스도인 가정을 방문했다. 그들은 "그리스도를 따르는 것이 당신의 삶과 가족의 삶에 어떤 의미가 있는지 이야기해 보고 싶지 않은가요?"라고 물었다. 이 가족은 매우 관심이 있다고 했고 처음 이런 방문을 한 사람들은 "정말이요?"라고 소리쳤다. 그들은 하나님께서 그 이후로 자신들을 계속해서 놀라게 하셨다고 전한다!

2. 세상 사람들을 자신들의 영역 안으로 받아들이기 시작한 교회들은 일반적으로 이 사람들이 자신들의 문제도 함께 가져옴을 발견하게 된다. 주로 교회가 경험한 것과는 다른 종류의 문제들로, 이 교회들은 또한 그런 문제들에도 동일하게 그리스도의 은혜가 부족함이 없다는 것을 발견하게 된다. 12단계 회복 사역들을 추가하고 있는 수백 개의 교회들은 그리스도의 능력이 사람들을 술과 마약, 음악, 성, 도박, 일, 관계, 폭력과 수많은 다른 파괴

적인 중독으로부터 자유롭게 하는 것을 발견하고 있다.

3. 이런 교회들은 자신들을 향한 믿음의 새로운 깊이를 발견하고 있다. 아웃사이더들에게 기독교 신앙을 설명하고 해석해 주는 데 당신의 삶을 사용할 때, 전 생애를 그리스도인들과 보내며 얻어지는 것보다 신앙의 의미를 더욱 깊게 이해할 수 있게 된다. 물론 이것은 초대 교회 사도들이 발견한 것들이다. 그들이 초대 기독교운동의 표준 신학자가 된 것은 비단 예수님과 3년이라는 세월을 함께했기 때문만이 아니라 수년간 복음을 들어보지 못한 사람들에게 믿음을 전하고 설명해 주었기 때문이다.

4. '사도적 교회로 가는' 교회들은 더 이상 기독교 시대의 '안방에서의 이점'을 놓치지 않고 있다. 사도적 교회들은 노트르담 축구 팀과 같다. 그들은 상대 팀의 경기장에서 시합하기를 좋아하는데, 그 이유를 루 홀츠(Lou Holtz) 코치는 이렇게 설명하고 있다. "그렇게 하면 우리의 서약, 특성, 용기, 공동체에 더 큰 도전이 되기 때문입니다."

5. 새로운 사도적 교회들은 많은 전통 교회들이 좀처럼 경험하지 못하는 삶, 의미, 흥분, 능력, 전파를 자주 경험한다. 최근 몇 년간, 샌디에이고에 있는 스카이라인 감리교회는 기독교 배경을 전혀 갖고 있지 못한 사람들을 대상으로 삼았다. 어느 주일, 존 맥스웰 목사가 한 운동선수에게 믿음으로 세례를 주고 있었다. 이 청년이 세례장 안으로 눕혀지면서, 맥스웰 목사는 한 손으로 등을 받쳐 주었고 다른 한 손으로는 청년의 이마와 평형을 이루

었다. 이마 위에 있는 목사의 손을 본 청년은 머리 뒤쪽에서부터 맥스웰 목사에게 '하이파이브!'를 해 주었다. 신도석에 있던 사람들은 그리스도 안에서 새 생명이 시작되는 이 자연스러운 축하 행위에 서로에게 '하이파이브'를 하기 시작했다.

## 모든 곳에 존재하는 기회(그렇다. 모든 곳에 존재한다!)

나는 한때 내가 모험하지 못할 만큼 너무 지나치게 주의를 기울였다는 결론을 내렸다. 사실상 우리는 모든 곳에 '불신자들을 위한 교회'가 필요하다. 기독교운동이 이 도전에 응답할 때 새로운 교회들이 세워질 것이고, 이미 세워진 교회들은 '전통에서 선교'로 옮겨 갈 것이며, 전통 교회들은 사람들에게 제공하는 선택 목록에 구도자 회중을 추가시킬 것이다.

최근 학기에, 나는 애즈베리 신학대학에서 한 과정의 기본 복음주의를 가르쳤다. 전통 교회의 목사가 되기로 이미 결정을 내린 몇몇 수강생들은 인내를 가지고 나의 독특한 이야기를 견뎌내고 있었다. "여러분들은 지역 사회를 선교지로, 여러분들의 교회를 선교하는 교회로 보시기 바랍니다. 단순히 교회 신도나 명목상의 기독교에 만족하지 말고 역동적으로 제자 훈련을 시키십시오. 사람들이 있는 곳에서 시작하고, 그들의 언어를 사용하고 그들의 음악으로 복음을 찬양하고 '비굴한 요소'들을 제거하고 교회에 다니지 않는 잠재적 그리스도인들을 자신들의 교회로 초대하고 이끌도록 자유로운 예배를 시작하시기 바랍니다."

몇몇 학생들이 이 생각들에 반응했다. 인생의 두 번째 큰 선택을 한 뛰어난 학생이었던 릭 볼드윈(Rick Baldwin)이 내 비전을 뛰어넘는 비전을 붙잡았다. 그는 윌모어 연합 감리교회에서 구도자 예배를 시작하겠다고 제안했다. 그는 교회가 '윌모어에 복음을 전하는' 것을 도울 한 팀의 신학생들을 조직하려고 했다. 그의 제안을 들으며 릭의 원탁의 기사 비전을 감지한 나는 조심스럽게 릭을 격려하면서 개인적으로는 의심을 품고 있었다. 어떤 의심인가?

다른 대부분의 지역과 비교해 보면, 켄터키의 윌모어는 세상 이교도들의 따뜻한 침대가 아니었다. 가장 최근의 인구 조사에 의하면, 윌모어의 인구가 4,215명이지만 거기에는 동물들과 모든 알려진 식물들이 포함된 것이 분명했다! 윌모어를 여행하다 보면, 애즈베리 대학과 애즈베리 신학대학(둘 다 감리교 성결 전통주의 계통의 기독교 교육기관이다)을 보게 되고, 두 개뿐인 교통신호와 피치의 식료품 가게를 비롯한 십여 개의 가게를 볼 수 있는데, 이들 대부분이 일요일에는 문을 닫는다. 또한 이미 기능이 멈춰진 기차역과 몇 백 채의 집 외에 몇 개 안 되는 상점들만을 볼 수 있는데, 그 도시에는 이미 적어도 여덟 개의 교회가 섬기고 있었다.

모든 사람들이 그러하듯, 나 또한 윌모어는 미국이 다시 한번 선교 현장이 되는 데 있어 분명한 예외라고 생각했다. 심지어 "윌모어는 죄를 제한하지 않아도 되는 도시야!"라는 말이 돌 정도였다. 하지만 릭과 그의 친구들과 지역 선교 교회의 사람들이 윌모어를 조사했고, 그 누구도 예상치 못한 많은 사람들(약 1,800명)이 제자 훈련을 받지 못한 사실을 발견했다. 그들과 인터뷰를 한 결과, 교회에 다니지 않는 윌모어 사람들은 교회를 적절하지 않고, 돈에 굶주려 있고, 배타적이며 친근하지 않다고 여기고 있었다. 만일 그들이 교회에 간다면 일요일 아침 11시를 선호했을 것이다.

릭과 친구들은 1993년 봄, 윌모어 연합 감리교회의 오래된 예배당에서 11시에 '구도자 예배'를 시작할 것을 분명하게 협의했다(같은 시간에 전통 대예배가 새롭고 더 커진 예배당에서 드려졌다). 그들은 이 오래된 예배당에 피아노와 두 대의 기타 그리고 드럼을 들여왔다. 스크린에 가사를 비추며, "나의 주, 크고 놀라운 하나님", "비추소서" 그리고 "주의 이름 높이며"와 같은 찬양을 불렀다. 몇 명의 신학생들이 돌아가며 말씀을 전했다. 사람들에게는 격식을 갖추지 않은 옷을 입으라고 했다.

예배가 리더들이 원하는 탁월함을 늘 이뤄 낸 것은 아니다. 사실, 몇몇 리더십들과 스타일은 문화적으로 적절한 구도자 예배를 향한 부흥운동으로부터 부분적인 이식만을 보여 줄 뿐이었다. 이 예배는 1992년 봄, 여름 그리고 가을을 지나며 열심히 노력했고, 1994년 겨울로 가면서 참석자는 평균 40명 정도뿐이었다. 하지만 그 무렵, 학생들과 다른 이들이 윌모어의 교회에 다니지 않는 잠재적 그리스도인들과 친구가 되어 예배로 초대하기 시작했다.

핵심을 이루고 있던 23명이 새로이 참석하기 시작한 이들을 방문하기 시작했고, 교회에 다니지 않는 사람들과 새로이 다니기 시작한 이들에 대한 평신도 사역들에 참여하기 시작했다.

1994년 겨울이 지날 무렵, 이 예배는 '갑작스레' 성장했고, 1994년 3월에서 5월로 가면서 평균 200명이 참석했다(오래된 예배당이 수용할 수 있는 최대인원이었다!). 1994년 봄에는 참석자들 중 3분의 1이 대학교와 관련된 이들이었고, 3분의 1은 신학대학에, 나머지 3분의 1은 윌모어의 교회에 다니지 않는 사람이거나 근처의 니콜라스빌에서 온 사람들이었다(이 데이터를 다르게 분석해 보면, 적어도 절반은 현대식 예배가 시작되기 전에 교회에 나오기 시작한 사람들이고, 나머지 절반은 교회에 새로이 나온 이들이었다). 1994년 4월 말, 이 예배에 나온 일곱 명이 교회에 등록했고, 일곱 명이 더 교인이 되겠다고 요청해 왔다.

그러나 안타깝게도 11시 구도자 예배는 계속되지 못했다. 예배의 규모가 작고 기를 쓸 때에 비판을 가하던 교회의 리더들이 이제는 예배가 성장하고 성공을 거두며 전통 대예배에 참석했을지도 모를 수십 명의 사람들을 매료시키자 또 다시 비판을 해 왔다. 목회의 변화는 이 구도자 예배를 1994년 여름으로 연기시키는 영향력을 행사했다. 1994년 가을, 이 교회는 주일 대예배에서 선택적인 예배를 새로이 만들었지만, 이미 '안주한' 형태의 릭 볼드윈의 실험은 더 이상 구도자들을 목표로 삼지 않았다. 이 예배는 이제 그리스도인을 위한 비형식적 '현대식' 예배가 돼 버렸다. 명성 때문에 젊은이들, 대학생들과 그 외 다른 이들이 참석하기는 했지만, 캐밀롯의 전성기는 이미 바람과 함께 사라진 상태였다.

그럼에도 불구하고, 릭 볼드윈과 동료들은 윌모어에서(틀림없이) 문화적으로 적합한 교회에 대한 필요와 '시장'을 보여 주었고, 세상의 구도자들이 있는 곳에 나아가기 시작하는 사도적 비전으로 현대식 예배를 이루었다. 만일 윌모어에 사도적 교회에 대한 필요가 있다면, 그 필요는 모든 곳에 존재한다! 북미는 계속 발생하고 있는 추수 감들을 돌보고 받아들일 만큼 충분히 담대한 교회들에게 전례 없는 기회를 제공하고 있다. 우리 대부분이 여전히 살아 있는 동안, 이 땅 모든 곳에 수십만 개의 사도적 교회와 그 안에 새로운 제자들이 그들의 지역 안으로 꾸준히 들어가는 모습을 보게 될 것이고, 기독교는 북미에서 강력하게 퍼져 나가는 운동이 될 것이다.

부록

# 사도적 교회를 세우기 위한 엄선된 자료들

## 개교회에 대한 현대 시각들과 패러다임들

Anderson, Leith. *A Church for the 21st Century: Bringing Change to Your Church to Meet the Challenges of a Changing Society.* Minneapolis, Minn.: Bethany House Publishers, 1992.

Frazee, Randy. *The Comeback Congregation: New Life for a Troubled Ministry.* Nashville: Abingdon Press, 1995.

Hybels, Lynne, and Bill. *Rediscovering Church: The Story and Vision of Willow Creek Community Church.* Grand Rapids, Mich.: Zondervan, 1995.

Kallestad, Walt, and Tim Wright. *The Mission-Driven Church.* A workbook and six cassettes, published by and available from The Community Church of Joy Book Shop, 16635 N. 51st Avenue, Glendale AZ 85306.

Mead, Loren B. *The Once and Future Church: Reinventing the Congregation for a New Mission Frontier.* Washington D.C.: The Alban Institute, 1991.

Mouw, Richard J. *Consulting the Faithful.* Grand Rapids, Mich.: Wm. B. Eerdmans, 1994.

Robinson, Martin. *A World Apart: Creating a Church for the Unchurched.* Tunbridge Wells, U.K.: Monarch Publications, 1992.

Roxburgh, Alan J. *Reaching A New Generation: Strategies for Tomorrow's Church.* Downers, Grove, Ill.: InterVarsity Press, 1993.

Schaller, Lyle. *Innovations in Ministry: Models for the Twenty-first Century.* Nashville: Abingdon Press, 1994.

―――. *The Seven-Day-A-Week Church.* Nashville: Abingdon Press, 1992.

Slaughter, Michael. *Beyond Playing Church: A Christ-Centered Environment for Church Renewal.* Anderson, Ind.: Bristol House, 1994.

Sweet, Leonard. *FaithQuakes.* Nashville: Abingdon Press, 1994.

Towns, Elmer L. *An Inside Look at Ten of Today's Most Innovative Churches.* Ventura, Calif.: Regal Books, 1990.

Warren, Rick. *The Purpose-Driven Church.* Grand Rapids, Mich.: Zondervan, 1995.

## 현대 예배와 구도자 예배

Benedict, Daniel, and Craig Kennet Miller. *Contemporary Worship for the 21st Century: Worship or Evangelism?* Nashville: Discipleship Resources, 1994.

Dobson, Ed. *Starting a Seeker Sensitive Service: How Traditional Churches Can Reach the Unchurched.* Grand Rapids, Mich.: Zondervan, 1993.

Warren, Rick. "How to Build a Seeker Sensitive Service" (2 tapes).

―――. "Communicating to Change Lives" (on preaching—2 tapes).

―――. "Saddleback Church Growth Lectures" (Rick Warren's tapes are available from: The Encouraging Word, Box 6080-388, Mission Viejo CA 92690).

Wright, Timothy. *A Community of Joy: How to Create Contemporary Worship.* Nashville: Abingdon Press, 1994.

현대 그리스도교 음악의 가장 널리 이용된 공급 회사들은 다음과 같다.

- **Integrity's Hosanna Music,** P.O. Box Z, Mobile AL 36616. Tel. (800) 239-7000.
- **The Vineyard,** Psalmist Resources, 94820 East Watson Road, St. Louis MO 63126. Tel. (314) 842-6161.
- **Maranatha Music Net,** P.O. Box 1396, Costa Mesa CA 92628. Tel. (800) 245-7664.
- **Christian Copyright Licensing, Inc.,** 6130 NE 78th Court, Suite C11, Portland OR 97216-2853. Tel. (800) 234-2446.

이 회사들의 전반적인 음악 허가는 대부분의 주요 종교음악 출판사들을 포함한다. 이 회사들은 교인이 예배시 가사를 인쇄하거나 스크린으로 투사하는 것 정도만 허용한다. 비용과 정보를 위해서는 전화하거나 편지를 쓰라.

## 복음 전도와 교회성장

Arn, Win, and Charles Arn. *The Master's Plan for Making Disciples.* Pasadena, Calif.: Church Growth Press, 1982.

Barna, George. *Evangelism That Works.* Ventura, Calif.: Regal Books, 1995.

Green, Michael. *Evangelism Through the Local Church.* Nashville: Thomas Nelson, 1990.

Hunter, George G., III. *How to Reach Secular People.* Nashville: Abingdon Press, 1992.

_____. *To Spread the Power: Church Growth in the Wesleyan Spirit.* Nashville: Abingdon Press, 1987.

Hybels, Bill, and Mark Mittelberg. *Becoming a Contagious Christian.* Grand Rapids, Mich.: Zondervan, 1994.

Kallestad, Walt, and Tim Wright. *Reaching the Unchurched: Creating the Vision, Planning to Grow.* Minneapolis: Augsburg Fortress, 1994. A four-session "video workshop" for a local church's planning committee. In four parts: (1) Creating a Vision, (2) Knowing the Parts, (3) Reaching the Audience, (4) Planning for Growth. Includes handouts that "may be reproduced for local use."

McGavran, Donald A. *Understanding Church Growth,* 3rd ed. Grand Rapids, Mich.: Eerdmans, 1990.

Mathison, John Ed. *Tried and True: Eleven Principles of Church Growth from Frazer Memorial United Methodist Church.* Nashville: Discipleship Re-

sources, 1992.
Mittelberg, Mark, Lee Strobel, and Bill Hybels. *Becoming a Contagious Christian Evangelism Seminar*. Grand Rapids, Mich.: Zondervan, 1995. The kit includes participant's guide, leader's guide, and video of dramas.
Sjogren, Steve. *Conspiracy of Kindness*. Ann Arbor, Mich.: Servant Publications, 1993.
Strobel, Lee. *Inside the Mind of Unchurched Harry and Mary*. Grand Rapids, Mich.: Zondervan, 1993.
Wright, Tim. *Unfinished Evangelism: More Than Getting Them in the Door*. Minneapolis, Minn.: Augsburg Fortress, 1995.

## 평신도 사역

Bugbee, Bruce, Don Cousins, and Bill Hybels. *NetWork: The Right People . . . In the Right Places . . . For the Right Reasons*. Grand Rapids, Mich.: Zondervan, 1994.

155달러의 고급 화일 꽂이 교본은 윌로우 크릭 교회의 완벽한 세미나를 나타내는데, 사람들의 영적 은사들, 열정, 개인 스타일을 발견하도록 돕는다. 이 교본은 사람들이 자신들의 적합한 사역에 참여케 할 목적을 갖고 있는 수단이다. 이 교본은 (1) 참여자 안내 (2) 실행 안내 (3) 자문관(상담자) 안내 (4) 지도자 안내 (5) 두 편의 훈련 비디오이다.

Galloway, Dale E. *Ministry Skills for Small Group Leaders*. 52과의 8카세트 테이프로 된 워크북. 뉴 호프 커뮤니티 교회 서점에서 구입할 수 있다. 주소 : New Hope Community Church's book shop, 11731 S.E. Stevens Road, Tortland OR 97266, TEL. (503) 659-5683이다.(한국은 와그너 교회성장 연구소 032-323-2243).

뉴 호프 커뮤니티 교회 평신도 목회자들을 훈련하는 52 과를 나타내는 이 교본은 목회적 돌봄에서 평신도를 준비시킬 수 있는 한 가지 좋은 실례이다. 공과는 8가지 다른 단원에서 기본 통찰들을 개진한다.

- **성경**: 성경을 알고 사용하는 법
- **그리스도인 지도력**: 영적 지도력 원리들
- **상담**: 개인 및 성경 상담에서의 기본 기법들
- **전도와 제자도**: 전도와 영적 성장
- **평신도 목회자 기법**: 목회적 돌봄 제공 원리들
- **개인 경영**: 성공적인 삶의 훈련
- **소그룹 기법**: 소그룹 인도 기초 기법들
- **신학**: 그리스도교의 기초 신앙 지식

평신도 목회자 기법 단원은 다음 내용을 포함한다. 가정 방문, 병자와 병원 환자 방문, 위기에 대처하는 사역, 슬픔과 상실에 빠져 있는 사람들을 위한 도움, 치유 기도법, 그리고 돌봄의 사역이다. 더 정확히 슬픔과 상실에 빠져 있는 사람들을 돕는 내용에서는 슬픔과 상실의 성경적 통찰을 나타내고 난 다음, 공동 슬픔 단계들을 소개한다. Elisabeth Kübler-Ross의 「죽음과 죽어감에 대해」(On Death and Dying, 1993). Wayne Oats의 「목회적 돌봄과 슬픔과 이별 상담」(Pastoral Care and Counseling in Grief and Separation, 1976)의 각 목양 단계들을 제시한다. 뉴 호프 커뮤니티 교회의 평신도 목회자들은 지역 목사의 감독을 받고 주간 교회에서 계속 훈련을 받는다.

Kraemer, Hendrick. *A Theology of the Laity*. Louisville, Ky.: Westminster Press, 1958.
Ogden, Greg. *The New Reformation: Returning the Ministry to the People of God*. Grand Rapids, Mich.: Zondervan, 1990.
Snyder, Howard. *Liberating the Church*. Downers Grove, Ill.: InterVarsity Press, 1983.
Steinbron, Melvin J. *Can the Pastor Do It Alone? A Model for Preparing Lay People for Lay Pastoring*. Ventura, Calif.: Regal Books, 1987.
Tillapaugh, Frank. *Unleashing the Church*. Ventura, Calif.: Regal Books, 1992.
Trueblood, Elton. *The Incendiary Fellowship*. New York: Harper and Row, 1967.
Warren, Rick. "How to Turn an Audience into an Army" (tape).
———. "CLASS 301: Discovering MY SHAPE" curriculum. (Tapes available from: The Encouraging Word, Box 6080-388, Mission Viejo CA 92690.)

## 회복 사역들

존 베이커, "새들백 교회의 회복 프로그램" 새들백 밸리 공동체 교회가 지역적으로만 출간한 6가지 소책자. 이 소책자를 얻으려면 다음 주소로 연락하라.

The Encouraging Word

Box 6080-388

Mission Viejo, CA 92690, U.S.A.

Galloway, Dale E. "New Life Victorious" (Spiritual Recovery Program), section 4 in Dale Galloway, *7 Days-A-Week Church: How To Build Multi-Need Meeting Ministries*. Portland, Ore.: New Hope Community Church, 1994.

데일 겔로웨이의 "승리하는 새 생명(영적 회복프로그램)" 교본은 내가 본 것 중 개교회가 회복 사역들을 어떻게 실제적으로 행하고 왜, 어떻게 행하는지를 종합적으로 소개하는 가장 좋은 책이다. 이 교본은 단순히 뉴 호프 커뮤니티 교회 사역들의 세 구멍 자리 바인더용 책자 21가지 교훈들 중의 한 교본이다. 이 모음집 안에 있는 다른 교본들은 그들(교회 신자)의 아동, 청소년, 청년, 미혼, 청장년, 장년, 남성, 여성, 노인에 대한 사역들을 소개하고, 결혼 (즉 혼전 상담, 사별, 이혼 회복, 재혼 상담, 재혼자) 사역 중심의 사역들을 소개하며, 방문자들, 새신자들, 발전하고 있는 제자들, 임무와 사역들에 배치된 자원자들의 사역들을 소개하며, 슬픔과 상실 회복 중심의 뉴 호프 커뮤니티 교회 사역들을 소개하며 기도와 치유 사역들을 소개한다. 예배와 음악 교본도 구도자들과 신자들을 위한 더 현대적이고 문화적으로 상관있는 예배 경험들로 전환하기 원하는 교회들을 위한 우수한 자료이다.

New Hope Community Church's book shop, 11731 S.E. Stevens Road, Tortland OR 97266, TEL. 1-800-935-4673

Miller, J. Keith. *A Hunger for Healing: The Twelve Steps as a Classic Model for Christian Spiritual Growth*. San Francisco: HarperCollins, 1991.
Morris, Bill. *The Complete Handbook for Recovery Ministry in the Church: A Practical Guide to Establishing Recovery Support Groups within Your Church*. Nashville: Thomas Nelson, 1993. (Includes an excellent bibliography.)
*Twelve Steps and Twelve Traditions*. New York: Alcoholics Anonymous World Services Inc., 1952.

## 세속화와 포스트모더니티

Allen, Diogenes. *Christian Belief in a Postmodern World: The Full Wealth of Conviction*. Louisville, Ky.: Westminster/John Knox Press, 1989.
Berger, Peter L. *A Rumor of Angels: Modern Society and the Rediscovery of the Supernatural*. Rev. ed. New York: Anchor Books/Doubleday, 1990.
Bibby, Reginald. *Fragmented Gods: The Poverty and Potential of Religion in Canada*. Toronto: Irwin Publishing, 1987.
Chadwick, Owen. *The Secularization of the European Mind in the Nineteenth Century*. London: Cambridge University Press, 1985.
Dyrness, William. *How Does America Hear the Gospel?* Grand Rapids, Mich.: Eerdmans, 1989.
Newbigin, Lesslie. *Foolishness to the Greeks: The Gospel and Western Culture*. Grand Rapids, Mich.: Eerdmans, 1986.
_____. *The Gospel in a Pluralist Society*. Grand Rapids, Mich.: Eerdmans, 1989.

## 소그룹들

Arnold, Jeffrey. *The Big Book On Small Groups.* Downers Grove, Ill.: InterVarsity Press, 1992.

Coleman, Lyman. *Basic Training for Small Group Leaders.* Littleton, Colo.: Serendipity House, 1992.

Donahue, Bill. *Willow Creek Small Groups: Leadership Handbook.* South Barrington, Ill.: Willow Creek Community Church, 1994.

Galloway, Dale E. *20/20 Vision: How To Create a Successful Church.* Rev. ed. Portland, Ore.: Scott Publishing Company, 1993.

George, Carl. *Prepare Your Church for the Future.* Tarrytown, N.Y.: Fleming H. Revell Company, 1991.

Griffin, Em. *Getting Together: A Guide for Good Groups.* Downers Grove, Ill.: InterVarsity Press, 1982.

Neighbor, Ralph W., Jr. *Where Do We Go From Here?* Houston, Tex.: Touch Publications, 1990.

Scazzero, Peter. *Introducing Jesus: Starting an Investigative Bible Study for Seekers.* Downers Grove, Ill.: InterVarsity Press, 1991.

Sorensen, Paul, and Tim Hedrick. *Small Group Leader's Training Manual.* A workbook, published by and available from The Community Church of Joy Book Shop, 16635 N. 51st Avenue, Glendale AZ 85306.

Wuthnow, Robert. *Sharing the Journey: Support Groups and America's New Quest for Community.* New York: MacMillan Press, 1994.

⟨ Notes ⟩

## 1. 다시 등장한 사도적 교회

1. 내가 상세하게 다룬 세속화 역사와 세속적인 사람들 신상 명세를 보라. 조지 헌터 3세. 「세속화된 사람을 복음으로 접하는 방법」(1992), 서론 1, 2장
2. 1988년까지 미국 사람들의 18%가 종교 훈련(양육)을 받지 않은 것으로 보고되었다. 나는 이 통계를 1994년 11월 15일 조지 갤럽 2세와의 전화 대화를 통해 받았다(갤럽은 1950년과 1965년 자료들이 ⟨카톨릭 다이제스트⟩에 출간되었다고 전하였다. 1978년과 1988년 자료는 갤럽의 책 「비 교회된 미국인」에 보고되어 있었다). 우리의 대화에서 갤럽 박사는 종교 지식 수준은 쇠퇴하였음과 세대와 세대에 이르는 종교적 변천은 점점 더 약해지고 있다고 전하였다. 그는 결과적으로 대부분의 미국인들이 자신들이 무엇을 믿고 왜 믿는지를 모른다고 말한다. 사실상 대부분의 신앙을 공언하는 그리스도인들은 믿음을 설명할 수 없고 하물며 변호할 수 없다. 갤럽은 보통 그리스도인의 준비 부족을 세속화의 외적 현상보다는 그리스도교 장래에 대한 더 큰 위협으로 간주한다.
갤럽의 조사 자료는 아마도 미국인의 마음 가짐에서 세속화가 계속되는 규모를 완전히 반영시키지는 않는 것 같다. 1978년 종교 훈련(양육)이 없다고 보고한 수치가 그 해 17%에서 1988년 18%로 변동한 것은 초기의 약간 감소한 것만큼 가파른 감소는 아니다. 이 분명한 수준의 감소는 오늘날 "자체를 보고하는"조사들에서 실정들을 잘못 나타내는 많은 사람들의 경향 때문인 것 같은데, 즉 이제 많은 사람들은 자신들이 스스로를 어떻게 생각하느냐를 보고한다(또는 면담자가 어떻게 자신들을 생각하기 원하는지를 보고한다). 예를 들면 1992년 15% 이상의 사람들은 실제적으로 보통 선거에서 투표한 것보다는 대통령 선거에서 투표를 하였다! 1994년 의회 선거에서 39%의 자격있는 등록 선거인들이 실제적으로 투표하였다. 임의적인 표본 조사는 이들 중의 50%가 선거한 것으로 말했다고 알렸다! 그러므로 실제적인 1988년 종교 훈련 수치는 아마도 종교 훈련이 없는 25%에 근접해야 했던 것이다.
사회학자 커크 해더웨이는 스스로 보고한 교회출석 조사에 관한 동일한 문제를 고찰하였다. 스스로 보고된 교회 출석수가 약 42%에 머물 때, "전형적인" 오하이오 카운티들에서 해더웨이가 조사한 것은 실제적으로 일요일에 이 오하이오 주 인구의 20% 가량만 참석한 것을 나타냈다. 커크 해더웨이, 페니 통말러, 마크 췌이부스의 "인구 조사가 보여주지 않는 것: 미국 교회 출석을 더 상세하게 봄"이란 논고를 ⟨미국 사회학 리뷰⟩(1993. 12월)에서 보라. 이 공저자들은 교회에 가는 자들과 교회에 간다고 보고한 자들 간의 갭(틈새)이 지난 수십 년간 확대되었다고 주장한다.
나는 많은 사람들이 그들의 배경에서 어떤 종교 훈련을 받지 않은 것은 자신이 보고한 갤럽 자료가 암시하는 것보다 더 증가하였다고 주장하고자 한다. 이 주장을 내세우는 한 가지 이유는 장기간 사도적인 방향을 가진 교회들의 전 세계적인 체험에서 온 것이다. 이 교회들은 모두가 그리스도인 추억이 없는 채 불어나는 사람들을 만난다. 또 다른 이유는 갤럽의 1960년대와 1970년대 자료에서 추측될 수 있다. 종교 훈련과 사람들에 대한 그리스도인 영향력의 다른 증거들 때문에 영접되는 사람들의 수를 볼 때 첫째, 미국에서의 대 감소는 1960년대와 1970년대 초엽에 일어났다. 이제 장년이 된 그 세대의 자녀들은 그 자녀들을 위해 종교 교육을 제공할 가능성이 훨씬 더 약한데 그 자녀들은 다시 한번 종교 훈련에서 멀어지는 추세를 가속화할 것이다.
3. Newsweek(1994. 11. 28):52-54.
4. Ibid., 54.

5. Ibid., 53.
6. Ibid., 53.
7. 계몽운동과 현대성에 대한 두 가지 우수한 논문들을 들면,
   Diogenes Ailen, 「탈 현대 세계에서 그리스도교 신상: 확신의 온전한 재산」(Knox Press, 1989)과 Stephen Toulmin, 「대도시: 현대성의 숨은 무대」(Free Press, 1990).
8. 툴민, 「현대성의 숨은 활동 무대」를 보라. 툴민은 시계의 운동이 있었던 것 같이 기능을 한 합리적인 사례들을 세우기 위하여 "현대성의 숨겨진 활동 무대"를 설명한다.
9. 데이빗 버넷은 초자연에 대한 인간의 다양한 접근법들을 설명하는데 초자연 느낌에 대한 탈 현대적인 회복을 포함한다. 그 두 가지 우수한 책들은 「땅에 없는 능력들」(1992)과 「세계들의 충돌」(1992)이다. 그는 예를 들어 뉴에이지 운동은 탈 현대인들의 "세속주의로부터의 도피" 증세요, 뉴에이지 운동이 어떻게 잠재적 그리스도인(예비신자인 불신자)을 색슨, 켈트, 기타 고대 종교들에서 선별적으로 나오는지를 증명한다. 또 그는 뉴에이지 운동이 샤머니즘, 마술, 사단운동 뿐만 아니라 동방 종교들과 현대 과학 및 심리학에서 나온 것임을 증명한다.
10. 예를 들면 남침례교회 조지아 주 연맹의 전도부장인 론 존슨은 그 교인들 중 20%가 개인 전도를 훈련받지만, 단 1%만이 실제적으로 전형적인 해외 전도를 행한 것으로 평가한다.
11. 그리스도인들이 "예"라고 말하였을 때 나는 "당신은 어떻게 그 일을 행합니까?"라고 물었다. 나는 실제적으로 그것을 행하지 않는 그리스도인들로부터 많은 것을 배웠다.
12. 리 스트로벨, 「교회에 다니지 않는 해리와 메리의 내면」(1993) 162-163쪽. 나는 어떤 사람들 특별히 "과정 중에 있는" 사람들이 스트로벨의 타이틀 중의 하나에 완전히 어울리지 않는 것을 관찰하였다. 예를 들면 교회들이 "베이비 버스터" 세대(1964년 이후 출생자)의 음악과 변화하는 문화에 적응하지 못할 때 우리의 반열에 든 사람들을 보면, 한때는 10대 그리스도인에 들었던 많은 장년들이 이제는 비 교화된 그리스도인들(불신자들)이 되었다. 또 오늘날 비 교화된 그리스도인들인 많은 사람들은 어느 날엔가 비 교화된 비 그리스도인들이 될 것이다. 왜냐하면 그런 세대들은 믿음의 사꾸으로 가장 잘 유지되기 때문이다. 우리는 다른 사람들, 예를 들면 명목상으로 교화되어 있는 그리스도인들 타입에 속한 사람들의 두 유형 가운데서 어떤 한 유형에 드는 "사람들" 임을 발견한다.
13. "세속적인 사람들"과 "비 교화된 비 그리스도인들"이란 용어들은 완전히 동의어이거나 중복된 말이 아니다. 예를 들면 나는 명목상 교인들이지만 본질적으로 세속적인 비 그리스도인을 만난다. 이를 테면 그들은 실제적으로 어떤 이유이든 그 이유에 영향을 받지 않고 그 이유를 과거로 흘려보낸다. 더욱이 나는 세속적이지 않은 비 교화된 비 그리스도인들을 이따금씩 만난다. 이를 테면 그들은 그리스도인 추억, 배경, 어휘를 갖고 있다. 그럼에도 불구하고 아주 많이 비 교화된 비 그리스도인들이란 용어들은 실제적으로 세속적인 사람들과 교대적으로 사용될 수 있는 말이고, 내가 "세속적인 사람들" 뿐만 아니라 "비 교화된 비 그리스도인들"에 대해 말하는 것은 교회 지도자들에게 우리의 사도적인 도전과 기회를 이해하여 소유하도록 돕는 것임을 발견하였다.
14. 나는 이 책의 3가지 주제, 즉 사람들에 대한 목표들, 문화적 상관성, 세속적인 사람들과의 커뮤니케이션을, 이 여덟 교회들을 방문하기 오래 전부터 연구하기 시작하였다. 제 2장, 3장, 6장의 일부 통찰들은 따라서 이 교회들로부터 배우기 이전에 더 확인된 것들이다. 그러나 2장에 나타난 "사도적 교회들"의 신상명세서와 제 4장, 5장에 나타난 소그룹들과 평신도 사역자에 대한 통찰들은 실제적으로 이 교회들로부터 배웠다.

15. 많은 사람들 또 저자들의 문제는 한 가지 원인에 있고, 그 해결책은 한 분의 개입을 요청하는 길이라고 생각한다. 그러나 우리는 조직체의 실상을 사람들이 생각한 것보다 더 복잡한 조직체 발전의 연구 기초에서 알게 된다. 따라서 이 프로젝트는 많은 교회들이 전도에서 전염적이고 효과적이기 위해 가담해야 할 다양한 개입 사항 중에 몇 가지를 규명한다.
16. 사도적 전통은 우리에게 대부분의 초대 사도들이 오랜 동안 그리스도교를 확장하면서 복음을, 한 민족 이상의 독특한 비 교화된 사람들에게 해석해 주는데 헌신하였음을 알려준다. 예를 들면 베드로는 복음을 소아시아, 바벨론, 로마에 전파하였다. 도마는 믿음을 남인도에 심었고, 빌립은 복음을 아시아의 기타 지역과 아테네에 전파하였다. 요한의 형제 야고보는 스페인의 사도였다. 바돌로메는 인도에, 유다와 셀롯인 시몬은 초대 그리스도교 운동의 많은 "사도팀들" 중의 하나를 형성하여 페르시아에 믿음을 전파하였다. 조지 헌터 3세, 「세속적인 사람들에게 복음으로 접하는 방법」(1992), 108-11, 윌리엄 바클레이, 「주님의 사람들」(1959)을 보라.
17. 사도적 메시지를 전달하는 이 특성은 이 프로젝트에서 어떤 교회들을 이 연구에서 배제시키는 기준이 된다. 나는 그리스도교를 "번성(성공) 복음", 시민 종교, 심지어는 초 애국주의로 혼동하는 사도들의 교리들과 그들의 신학적 전통에서 전혀 탈선한 몇 교회들을 배제시켰다. 나는 그러한 교회들에서 온 자료들은 이 프로젝트에 유용하지 않다고 생각했다.
18. 나는 모든 새 개혁 표현들과 여러 곳 제 3세계 선교지들에서 오늘날의 사도 교회들을 위한 전례들을 확증하려 유혹받지만, 개혁 전례들의 초점을 존 웨슬리의 18세기 메서디스트 운동에 국한시키고, 현대 초점을 북아메리카에 국한시키기로 정하였다. 나는 확대적인 개혁과 국제적인 자료가 이 프로젝트의 사명에서 나온 것임을 인식하였다.
19. 나는 내가 통찰한 사도 교회들이 모든 면에서 복사해도 좋은 "완전한" 교회들인 척 하지 않겠다. 그 교회들은 1970년대 비 교화된 잠재적 그리스도인들(예비신자인 불신자들)을 복음으로 접해 나가기 위한 교회들이 시작되었을 때, 전례들과 모델들은 없었고, 대부분의 교회들은 그들 확증거리에 대한 지원거리도 없었다. 그러므로 윌로우 크릭 교회 출신의 낸시 비치가 고백하듯이, 그 교회들은 함께 가면서 도중에 실수를 하더라도 시행착오를 겪기로 결정하였다. 이 각 교회들은 오늘날 문제들을 갖고 있지만, 나는 그들이 더 전통적인 교회들에서 내가 발견하는 유형의 문제를 갖는 그런 문제 유형을 선호한다!
20. Michael Slaughter, Beyond Playing Church: A Christ-Centered Environment for Church Renewa(Bristol, 1994), 69.
21. Bruce Larson and Ralph Osborne, The Emerging Church(World, 1970).
22. 나는 그리스도인들이 효과적인 전도에 종사하기 전에 사도 교회의 이 모든 10대 특성들을 체험해야 한다고 제안하지 않는다. 나의 연구 범위는 내가 이 10대 특성 중 "얼마나 많은 특성"을 필요로 한다거나, "어떤 특성들"이어야 하느냐를 처방하는 것을 허용하지 않지만, 나는 그런 것을 생각은 할 수 있다. 나는 동기를 부여받지 않은 연민으로 전도를 행하는 많은 사람들과 인터뷰하지 않았다. 그것은 아마도 본질적인 것이리라. 나는 특별히 지상 대명령을 말하지 않은 한 공정한 교인과 인터뷰하였다. 또 사람들을 복음으로 접해 나가게 촉진하는 기타 성경적이거나 신학적인 주제들이 있다. 소그룹들과 목회적 돌봄은 많은 사람들이 이런 저런 체험으로부터 전도를 행하고 있는 아주 비슷한 체험들이다. 나는 다음과 같은 것을 숙고할 수 있다. (1) 한 교회는 각 특징으로 그 교회 전도 효과성을 증가시켜야 한다. (2) 한 사람은 이 특징들 중의 더 많은 것을 체험하는 것으로 전도에 더 종사할 공산이 크고, 한 교회가 이 특성들 중의 더 많은 것에 배치될수록 "그 교회는 더 사도적일 것이다."

## 2. 사람들이 어떻게 변할 수 있는가?

1. Loren B. Mead, *The Once and Future Church: Reinventing the Congregation for a New Mission Frontier* (Washington D.C.: The Alban Institute, 1991), 22.
2. See Tatiana Goricheva, *Talking About God Is Dangerous* (New York: Crossroads, 1986), 17.
3. James Russell Lowell, "The Present Crisis" in *The Complete Poetical Works of James Russell Lowell* (Boston: Houghton Mifflin, 1925), 67.
4. Stephen C. Neill, "Conversion," *Scottish Journal of Theology*, vol. 3 (1950).

## 3. 문화적으로 적합한 교회의 사례

1. 할례의 요구는 다행스럽다. 왜냐하면 할례는 비유적으로 한 사람의 문화를 변화시키는 것이 피상적인 행동이 아님을 예시하기 때문이다. 이는 한 윗도리를 또 다른 윗도리로 바꾸는 것과 같은데 한 사람의 기본적 정체가 포함되어 있기 때문이다. 또 할례 비유(유추)는 한 사람이 문화 변화를 생각할 때 취약점을 느낄 수 있음을 설명해 준다.
2. 이 토착성 원리는 그리스도교의 이슬람에 대한 우월 차이성 중의 하나가 될 수 밖에 없었다. 회교도들은 코란이 실제적으로 번역될 수 없음, 즉 코란의 완전한 의미는 원 아랍어와 문화로만 이해될 수 있다고 믿는다. 그러나 그리스도인들은 그리스도교 성경이 이 땅의 어떤 말로도 번역될 수 있음과 그리스도교의 본질적 의미는 어떤 문화를 통해서도 이해될 수 있음을 볼 수 있다.

3. See Martin Robinson, *A World Apart: Creating a Church for the Unchurched* (Tunbridge Wells, U.K.: Monarch Publications, 1992), 37. Chapter 2, "Secularization and the Contemporary Church," is especially helpful.
4. Robinson, *A World Apart*, 37.
5. C. Peter Wagner, *Church Growth and the Whole Gospel: A Biblical Mandate* (San Francisco: Harper & Row, 1981), 177-78.
6. David Burnett, *Clash of Worlds* (Nashville: Thomas Nelson Publishers, 1992). See especially chapter 13, "The Biblical Worldview."
7. See *The Willowbank Report—Gospel and Culture*, Lausanne Occasional Paper no. 2 (1978), 13.
8. See Kenneth Scott Latourette, *A History of Christianity, Volume 2* (New York: Harper & Row, 1953), 721, 732.
9. John Wesley, "The Character of a Methodist," *The Works of John Wesley, Volume 8* (Grand Rapids, Mich.: Baker Book House), 340.
10. Lyle Schaller, "When, How, & Why to *Change* Your Worship Service," *Circuit Rider*, vol. 18, no. 10 (December 1994/January 1995): 10.
11. Walther P. Kallestad, "Entertainment Evangelism," *The Lutheran* (May 23, 1990): 17.
12. *Circuit Rider*, vol. 18, no. 10 (December 1994/January 1995).
13. Don E. Saliers, "Our Liturgical Dilemma," *Circuit Rider*, vol. 18, no. 10 (December 1994/January 1995): 4-6.
14. "Big-band Fan Turns Missionary to Metal Heads," *Christianity Today* (February 10, 1992): 10-11.

## 4. 어떻게 소그룹이 사도적인 회중을 형성하는가?

1. 이러한 구절에서, 포틀랜드 뉴 호프 커뮤니티 교회의 데일 갤로웨이는 사람들을 복음으로 접해나가 성장하기 원하는 교회들을 위해 20/20비전을 권장한다.
2. 나는 교회성장 전략의 성경적이고 초대 교회적인 바탕이 조지 헌터의 「능력을 퍼뜨리라」(1987)의 5장에서 "단위들의 배가"로 불린 것을 보여줬다.
3. 초대 그리스도교의 아주 더 철저한 형성 내용을 위해서는, 초대 교회의 사회적 문화적 상황이라면 다음 책을 보라. 「1세기 도시 그리스도인들: 사도 바울의 사회 세계」(The First Urban Christians: The Social World of the Apostle Paul) 3장 "교회의 형성"(Yale University, 1983).
4. Hunter, To Spread the Power, 125. Emphasis added.
5. Kenneth Scott Latourette, A History of Christianity, Volume II: Reformation to the Present(New York: Harper and Row, 1953), 894-97.
6. 초대 감리교는 영국 교회 안에 평신도의 사도적이고 갱신적인 단체를 발전시켰으므로, 채플(예배당)들 안에서 만난 메서디스트 소사이어티들(신도회들)은 다소간 영국 교회에 충성하였다. 웨슬리의 죽음 이후에, 감리교는 영국 교회에서 분리되었는데, 영국 교회들로부터 어떤 "압력"을 받아서 그리하였다! 그래서 신도회들은 "교회들"이 되었다.
7. Hunter, To Spread the Power, p.58. 웨슬리의 사도 전략 안에 있는 속회(구역들)들 용법을 위해서는 제 2장과 5장의 통찰을 더 상세하게 살펴보라.
8. Dale E. Galloway, 20/20 Vision: How to Create a Successful Church, 126.
9. 그러나 두 유형의 그룹들은 일단 그 정교인이 구성되면 "폐쇄"되어야 한다. 즉 슬픔 회복 그룹들과 혼인화해 그룹들이다.
10. 뉴 호프 커뮤니티 교회는 그 교회 평신도 목회자의 연장적인 조직망에 계속적인 주간 훈련을 위해 몇 번의 시간대 선택안들을 제공한다. 즉 일요일 오전 8시 15분과 오후 5시 15분, 수요일 오전 9시 30분과 오후 5시 30분이다.
11. Galloway, 20/20 Vision, 155.
12. Ibid., 150.
13. 나는 윌로우 크릭 교회가 최근 청지기직 단계의 제 7단계를 변경한 것을 알았지만, 7단계 전략의 "개정 기준판"을 칭찬하지 않는다. 나는 한 회심자의 지갑이 열리는 것은 보통 그 자율성의 마지막 부분에 결심된 것임을 깨닫지만, 민감하게 되는 청지기직은 그 과정의 초기에 소개되어야 함도 믿는다(새들백 교회는 청지기직을 "제 2루"에서 행한다). 또 나는 마지막 그 우수성은 세속성에서 회심한 자들 가운데에서 "그들이 실제적으로 원하는 것의 전부라는, 결국 나의 돈이었다"라는 잠재적인 두려움을 강화시킴을 믿는다. 또 나는 이러한 변화가 전략의 원판을 완전케 하는 견고화를 소멸시킨다.
14. David L. Olsson, Willow Creek Community Church Church Leaders Handbook, Second Edition(South Barrington, III.: Willow Creek Association, 1993), 69. ⓒ 1993 Willow Creek Association. Reprinted with permission.
15. Church Leaders Handbook, 70.
16. Ibid.,71.

17. Willow Creek Small Groups Leadership Handbook(Willow Creek Community Church, 1994), 7. ⓒ 1994 Willow Creek Community Church. Reprinted with permission.
18. Willow Creek Small Groups Leadership Handbook, 3.
19. Bob and Betty Jacks with Ron Wormser, Sr., Your Home a Lighthouse(Colorado Springs, Colo.: NavPress, 1986). Denise Theetge leads this ministry at Saddleback, in cooperation with Navigators. For information, she can be reached at Saddleback Church, 23456 Madera, Suite 100, Mission Fiejo, CA 92691. Tel.(714)581-9100 extension 140. Fax(714)581-7614. 데니스 팃지는 새들백 교회에서 네비게이토 선교회원들과 협력하며 이 사역을 인도한다. 그녀는 정보를 새들백 교회에서 얻을 수 있었다. 그 주소는 다음과 같다. Saddleback Church, 23456 Madera, Suite100 Mission Viejo, CA 92691 U.S.A. Tel:001-714-581-9100(교 140)
20. Excerpt from "Lift High the Cross" by George McLeod, as printed in Lighthouse: A Training Seminar on Hosting and Leading Home or Office Evangelistic Bible Studies, a training resource used by Saddleback Valley Community Church.
21. 새들백 교회는 그 회복 사역들에 든 사람들 때문에 "중복성"을 "다른 결과를 기대하는 매번 거듭 다시 동의하는 것을 행하는 것"으로 정의한다.
22. 보통 라인홀드 니부어의 것으로 돌리는 "평온을 구하는 기도"는 새들백 밸리 공동체 교회가 배부한 소책자에서 온 것이다.
23. 상실된 어린 시절 문제를 어떻게 발견하느냐 하는 것 때문에 불구적인 가정에서 자란 장년 그룹은 하나님, 다른 사람들, 자기와의 현재 관계에 영향을 끼치고 있다.
24. 이들은 자기 행복을 위해 또 다른 사람에게 의존하고, 그들이 스스로를 위해 할 수 있고, 하고 있어야 하는 것을, 저들을 위해 행함으로 또 다른 행복의 책임을 느끼는 사람들을 돕는 그룹이요, 자기 자신의 욕구를 돌볼 새롭고 건강한 길들을 찾는 사람들을 돕는 그룹이다.
25. 억눌린 감정과 느낌을 만나는 사람들을 조장하는 그룹이 있다면 그 해결책은 임함(생김) 것이고, 자유는 두려움, 근심, 우울증으로부터 나타나게 된다.
26. "사람들이 경계선들을 터득하고 그들의 삶의 결정을 내리도록 돕는 것은 반복된 위기를 유발하고 있는 실제 문제를 찾게 함으로 경영될 수 있다."
27. 홀 마크의 아만다 브레들리의 시에서 발췌.
28. Willow Creek Small Groups Leadership Handbook, 79.
29. Ibid.,85.
30. 갤로웨이의 "승리하는 새 생명" 교본은 개교회가 회복 사역들에서 실제적으로 무엇을, 왜, 어떻게 행하고 있는지에 대한 좋은 개론이다. 사실 나는 바인더 형태로 된 책자인 데일 갤로웨이의 「일주일 내내 교회: 다양한 욕구를 이루는 사역들을 세우는 방법」을 아주 권장한다. 이 자료는 뉴 호프 커뮤니티 교회 사역들의 21가지 교본들 중의 한 가지 교본일 뿐이다.
31. See Flavil R. Yeakley, Jr., The Discipling Dilemma: A Study of the Discipling Movement Among Churches

of Christ(Nashville: Gospel Advocate Company, 1988).

32. See Robert Wuthnow, Sharing the Journey: Support Groups and America's New Quest for Community(New York: Free Press, 1994).

33. Sharing the Journey, 78.

34. Ibid., 230-31.

35. Ibid., 350-51.

36. Wuthnow, Sharing the Journey, 251-55.

그는 "섬"이 되는 그룹의 경향들을 보게 함으로써 교회 프로그램들과 활동들, 교회 우정 활동들, 가르침, 예배들에 참여하는 그룹원들의 가치를 본다. 또 그는 자기 믿음을 깊게 했다고 보고하는 그룹원들이 "덜 개인화된" 믿음을 갖고, 교회들에 대한 더 긍정적인 태도를 갖는 것처럼 보임을 긍정적으로 보고한다. 그러나 우리는 "큰 축하모임"의 "내면화된" 면에 대해 심각히 사랑하는 모든 것 때문에 사도 교회들에서 그러한 것들을 발견하게 된다.

37. Sharing the Journey, 229.

38. Ibid., 278.

39. Ibid., 246.

40. Ibid.,

## 5. 어떻게 평신도 사역이 기독교운동을 앞으로 나아가게 하는가?

1. Kenneth Scott Latourette, *A History of Christianity, Volume II: Reformation to the Present* (New York: Harper and Row, 1953), 713-14. Copyright 1953 by Harper & Brothers, renewed © 1981 by Wilma E. Hogg, Errol Hollowel and Alan Hollowel. Revised edition copyright © 1975 by Harper & Row, Publishers, Inc. Reprinted by permission of Harper Collins Publishers, Inc.

2. See Greg Ogden, *The New Reformation: Returning the Ministry to the People of God* (Grand Rapids, Mich.: Zondervan Publishing House, 1990).

3. John Ed Mathison, *Every Member in Ministry* (Nashville: Discipleship Resources, 1988), 21-22.

4. Ibid., 32.

5. Bruce Bugbee, Don Cousins, and Bill Hybels, *Network: The Right People . . . In the Right Places . . . For the Right Reasons* (Grand Rapids, Mich.: Zondervan Publishing House, 1994), 230.

6. David L. Olsson, *Willow Creek Community Church Church Leader's Handbook*, Second Edition (South Barrington, Ill.: Willow Creek Association, 1993), 118.

7. Excerpts from audiotapes of a #301 Seminar on Ministry, taught by Rick Warren, at Saddleback Valley Community Church.

8. Excerpts from an outline used by Saddleback.

9. Excerpts from *Saddleback Church Lay Pastor Institute* training resource.

10. Melvin J. Steinbron. *Can the Pastor Do It Alone? A Model for Preparing Lay People for Lay Pastoring* (Ventura, Calif.: Regal Books, 1987).

11. Ibid., 63. Chapter 5 delineates these four roles.

12. Michael Slaughter, *Beyond Playing Church: A Christ-Centered Environment for Church Renewal* (Anderson, Ind.: Bristol House, 1994), 133.

## 6. 사도적 교회는 어떻게 세상 사람들에게 다가가는가?

1. David J. Bosch, *Transforming Mission: Paradigm Shifts in Theology of Mission* (Maryknoll, N.Y.: Orbis Books, 1991), 277.
2. For a full explanation of Wesley's "Ordo Salutis" see George G. Hunter III, *To Spread the Power: Church Growth in the Wesleyan Spirit* (Nashville: Abingdon Press, 1987), chapter 2, especially 56-59.
3. David L. Olsson, *Willow Creek Community Church Church Leaders' Handbook*, Second Edition (South Barrington, Ill.: Willow Creek Association, 1993), 179.
4. Cliffe Knechtle, *Give Me An Answer* (Downers Grove, Ill.: InterVarsity, 1986).
5. George G. Hunter III, *How to Reach Secular People* (Nashville: Abingdon Press, 1992), 113-17.
6. Thomas A. Wolf, "Oikos Evangelism: Key to the Future," in *Future Church*, Ralph W. Neighbor, compiler (Nashville: Broadman Press, 1980), 153-54, 166.
7. See Paul G. Hiebert, "The Flaw of the Excluded Middle," in *Missiology: An International Review*, vol. X, no. 1 (January, 1982): 35-47. See also Bryant Myers, "The Excluded Middle," in *MARC Newsletter*, Number 91-2 (June 1991): 3-4.
8. Paul G. Hiebert, "The Flaw of the Excluded Middle," 45.
9. Ibid.
10. S. Bryant Myers, "The Excluded Middle," 3.
11. Paul G. Hiebert, "The Flaw of the Excluded Middle," 46.